Die Eizellspende im deutschen
und dänischen Recht

Europäische Hochschulschriften

European University Studies
Publications Universitaires Européennes

Reihe II **Rechtswissenschaft**

Series II Law

Série II Droit

Band/Volume **5623**

Johanna Radatz

Die Eizellspende im deutschen und dänischen Recht

PL ACADEMIC RESEARCH

Bibliografische Information der Deutschen Nationalbibliothek
Die Deutsche Nationalbibliothek verzeichnet diese Publikation in der Deutschen Nationalbibliografie; detaillierte bibliografische Daten sind im Internet über http://dnb.d-nb.de abrufbar.

Zugl.: Berlin, Humboldt-Univ., Diss., 2014

11
ISSN 0531-7312
ISBN 978-3-631-65327-2 (Print)
E-ISBN 978-3-653-04519-2 (E-Book)
DOI 10.3726/ 978-3-653-04519-2

PL Academic Research ist ein Imprint der Peter Lang GmbH.
Peter Lang – Frankfurt am Main · Bern · Bruxelles · New York · Oxford · Warszawa · Wien

Diese Publikation wurde begutachtet.

www.peterlang.com

Danksagung

Meinem Doktorvater, Herrn Prof. Dr. Jens Kersten, danke ich herzlich für die sorgfältige Betreuung, die vielen hilfreichen Ratschläge und die zu jeder Zeit gewährte Unterstützung bei der Erstellung dieser Arbeit.

Ferner bedanke ich mich bei Frau Prof. PhD Mette Hartlev, LL.M., LL.D. von der Universität Kopenhagen -Lehrstuhl Gesundheitsrecht- und den Mitarbeitern der Staatsbibliothek Aarhus für ihre Unterstützung.

Von Herzen möchte ich mich außerdem bei meiner Familie und Freunden bedanken, die mir zu jeder Zeit hilfreich zur Seite gestanden haben.

Die Fertigstellung dieser Arbeit wäre ohne sie alle nicht möglich gewesen.

Inhaltsverzeichnis

A. Einleitung

Unbeeindruckt von den rasanten Entwicklungen der Fortpflanzungsmedizin in den letzten Jahrzehnten und den so entstandenen Möglichkeiten für ungewollt kinderlose Paare verbietet der deutsche Gesetzgeber seit 1991 die Eizellspende. Die Verbotsregelung im Embryonenschutzgesetz existiert seither unverändert und nimmt Frauen die Freiheit, ihre Keimzellen anderen zu überlassen bzw. aufgrund einer Eizellspende ein Kind zu gebären. Die hierzu erst kürzlich ergangene Entscheidung der Großen Kammer des Europäischen Gerichtshofes für Menschenrechte (EGMR) im Fall *S.H. und andere gegen Österreich*[1] versäumt eine endgültige Beseitigung dieser Freiheitseinschränkung, gibt jedoch, durch die am Ende ergangene eindrückliche Aufforderung an die Konventionsstaaten zur Reform der Rechtslage, Hoffnung auf eine umfassende Neugestaltung einer veralteten Gesetzgebung.

Im benannten Fall klagten vier österreichische Staatsbürger, das Ehepaar S.H. und D.H. (geboren 1966 und 1962) sowie die ebenfalls verheirateten H. E.-G. und M. G (geboren jeweils 1971), am 04.05.1998 vor dem Verfassungsgerichtshof auf Zulassung spezieller reproduktionsmedizinischer Maßnahmen. S.H. und D. H. blieben aufgrund einer eileiterbedingten Sterilität der Frau und Infertilität des Mannes ungewollt kinderlos. Diese Diagnose hätte eine In-vitro-Fertilisation (IVF) mit Spendersamen erforderlich gemacht, die in Österreich gemäß §3 Abs.1 und 2 FortpflMedG bis heute verboten ist. Assistierte Reproduktion erfolgt nach nationalem Recht nur im homologen System unter Verwendung des Samens des Ehepartners oder Lebensgefährten. Eine Ausnahme sieht §3 Abs. 2 FortpflMedG lediglich vor, wenn keine IVF erforderlich und zur Reproduktion der „Fremdsamen" nur in die Fortpflanzungsorgane der Frau einzubringen ist. Dieses Vorgehen war jedoch aufgrund der eileiterbedingten Sterilität der Frau nicht erfolgversprechend. Beide Krankheitsaspekte zusammengenommen führten insofern dazu, dass das Ehepaar, anders als andere ungewollt kinderlose Paare in Österreich, nicht von den Errungenschaften der modernen Reproduktionsmedizin partizipieren konnte. Das andere Paar -H.E. G. und M. G.- konnte aufgrund der Gonadendysgenesie der Frau keine Kinder bekommen. Die einzig mögliche Behandlungsmethode wäre die Eizellspende mit anschließendem Embryonentransfer

1 S.H. u.a./Österreich, Urteil der Kammer des EGMR vom 1.4.2010, 57813/00; S.H. u.a./Österreich, Urteil der Großen Kammer des EGMR vom 3.11.2011, 57813/00.

gewesen. Auch dieses Vorgehen ist allerdings in Österreich unzulässig (§3 Abs. 1, 3 FortpflMedG) und so musste auch dieses Paar auf die Unterstützung der Medizin verzichten. Zur Überprüfung der Verfassungsmäßigkeit des österreichischen Fortpflanzungsmedizingesetzes reichten die Paare am 04.05.1998 beim österreichischen Verfassungsgerichtshof Beschwerde ein. Diese wurde Ende 1999 negativ entschieden, da der Verfassungsgerichtshof der Ansicht war der österreichische Gesetzgeber bewege sich bei seinen Entscheidungen im Fortpflanzungsmedizingesetz noch im Rahmen seines Beurteilungsspielraumes, indem er assistierte Reproduktion im homologen System erlaubt und im heterologen System nur ausnahmsweise zulässt. Das Ergebnis entsprach nach Ansicht des Verfassungsgerichtshofs insbesondere dem Konsens der Gesellschaft. Nach dieser abweisenden Entscheidung brachten die Paare ihre Beschwerde vor dem Europäischen Gerichtshof für Menschenrechte vor und erhoben im Mai 2000 Individualbeschwerde. Die Kammer Entscheidung erfolgte fast zehn Jahre später am 01.04.2010 und ließ die Paare zunächst auf einen positiven Ausgang ihrer Beschwerde hoffen. So entschied die Kammer, dass durch die Verbote des Fortpflanzungsmedizingesetzes in Bezug auf die IVF im heterologen System und die Eizellspende eine Verletzung von Art. 8 in Verbindung mit Art. 14 EMRK vorliegt. Sie wies im Wesentlichen darauf hin, dass ein Staat, der reproduktionsmedizinische Maßnahmen gesetzlich regele, diese konsequent und nachvollziehbar für alle Bürger gleich regeln muss[2]. Nachdem Österreich gegen diese Entscheidung Rechtsmittel eingelegt hatte, entschied am 03.11.2011 die Große Kammer, dass der österreichische Gesetzgeber die in Frage stehenden Rechte der Beteiligten zum damaligen Zeitpunkt in einen adäquaten Ausgleich miteinander gebracht hat und die Entscheidungen sich innerhalb des Beurteilungsspielraumes der Staaten bewegen, der bei moralischen Fragen entsprechend umfassend ist. Insofern war nach Ansicht der Großen Kammer der Eingriff in die Rechte der Familien nach Art. 8 EMRK gerechtfertigt. Zwar wurde der klare Trend zur Zulassung der Eizellspende in den Konventionsstaaten ausdrücklich erwähnt, letztlich aber, da der Gerichtshof über den Fall zum Zeitpunkt der Einreichung der Beschwerde entschied, außer Acht gelassen[3]. Allerdings wies der Gerichtshof darauf hin, dass der Trend zur Zulassung der Eizellspende und Reproduktion im heterologen System demnächst zu einem Wandel dieser Bewertung führen kann, und vor diesem Hintergrund die Konventionsstaaten ihre Gesetzeslage dringend überprüfen müssen.

---

2 S.H./Österreich, Urteil der Kammer vom 01.04.2010, 57813/00, Pkt. 74 ff.

3 S.H. u.a./Österreich, Urteil der Großen Kammer vom 03.11.2011, 57813/00, Pkt. 97, 103 ff.

Das zuletzt genannte Urteil der Großen Kammer des EGMR gegen Österreich erzeugt nur „inter partes“ unmittelbare Rechtswirkung (Art. 44 Abs. 1 oder 2 in Verbindung mit Art. 42 EMRK), weshalb lediglich Beschwerdeführer und beklagter Staat das Urteil gegen sich gelten lassen müssen[4]. Es hat weiterhin aufgrund des Verfassungsrangs der Europäischen Menschenrechtskonvention im österreichischen Rechtssystem für dieses unmittelbare Bedeutung[5]. Trotzdem empfiehlt es sich auch für andere Staaten die Rechtsansicht des EGMR aufzugreifen. Für Deutschland gilt dies im gegenständlichen Fall insbesondere deshalb, weil es die Eizellspende verbietet und der EGMR explizit darauf hingewiesen hat, dass sich aufgrund der mittlerweile fast konventionsweiten Zulässigkeit der Eizellspende der Beurteilungsspielraum verringert hat und eine Entscheidung zum heutigen Tage wohl anders ausfallen würde. Dies hätte dann auch unmittelbare Wirkung auf Deutschland, da die EMRK in das System des Grundrechtsschutzes integriert wird[6]. Zwar gelten in Deutschland die Konventionsrechte lediglich im Rang eines einfachen Bundesgesetzes (Art. 59 Abs. 2 GG)[7]. Dies wurde aufgrund des umfassenden Grundrechtskataloges der deutschen Verfassung zur Zeit der Schaffung der EMRK als unproblematisch eingestuft, was sich im Verlauf der Zeit allerdings geändert hat[8]. Durch die Rechtsprechung des Bundesverfassungsgerichts ist mittlerweile sichergestellt, dass die EMRK und die Rechtsprechung des EGMR, obwohl kein Verfassungsrang besteht, Auslegungshilfe auf Ebene des Verfassungsrechts und des einfachen Rechts sind[9].

Daher muss Deutschland dieser Aufforderung zur Kontrolle der eigenen Gesetzgebung dringend nachkommen. Nicht nur um nicht selbst Adressat einer Verurteilung durch den EGMR zu werden, sondern auch damit unbefriedigende Sachverhalte, wie von den Paaren im Fall S.H. gegen Österreich selbst erlebt, der Vergangenheit angehören.

---

4 Hoffmann, Die EMRK und nationales Recht, S. 12.

5 Peters/Altwicker, EMRK, 2. Auflage, 2012 S. 3 ff; BGBl. 1964/59.

6 so: Hoffmann, Die EMRK und nationales Recht, S. 110.

7 Heckötter, Die Bedeutung der EMRK und der Rechtsprechung des EGMR, 2007, S. 92 und 110; Peters/Altwicker, EMRK, S. 3; Grabenwarter/Pabel, EMRK, S. 18 f.; Hoffmann, Die EMRK und nationales Recht, S. 94, 110; BVerfGE 111, 307, 329 (Görgülü Beschluss);Wortlaut des Zustimmungsgesetzes: Konvention wird mit „Gesetzeskraft“ veröffentlicht, BGBl. II, 1952, 685.

8 Hoffmann, Die EMRK und nationales Recht, S. 93.

9 Hoffmann, Die EMRK und nationales Recht, S. 94ff.; Heckötter, Die Bedeutung der EMRK und der Rechtsprechung des EGMR, 2007, S. 164; BVerfGE 111, 329; Peters/Altwicker, EMRK, 2012 S. 3.

Vor diesem Hintergrund beginnt die vorliegende Arbeit, nach einer kurzen Darstellung der medizinischen Grundlagen der Eizellspende, mit der Überprüfung des Verbots der Eizellspende anhand der Rechtsgrundlagen des Europarates sowie der geltenden europarechtlichen und verfassungsrechtlichen Normen. Im weiteren Verlauf wird ein Rechtsvergleich mit der Rechtsordnung Dänemarks vorgenommen. Die dänische Regelung der Eizellspende stellt einen weitreichenden Gegenentwurf zum deutschen Verbot dar. Diese entwicklungsfreudige und über Jahrzehnte hinweg immer wieder nachgebesserte Rechtslage zur Eizellspende soll als Beispiel für eine mögliche zukünftige Regelung der Eizellspende in der Bundesrepublik dienen, weshalb sich unmittelbar ein Gesetzesvorschlag zur Eizellspende anschließt, mit dem die Arbeit zugleich endet.

Der Gang der Untersuchung wird zuerst verdeutlichen, dass das Verbot der Eizellspende eine Verletzung der verfassungsmäßigen Freiheiten der potentiellen Eizellempfängerin und ihrem Partner, sowie der Eizellspenderin darstellt und anschließend zeigen, wie ausdifferenziert den gesundheitlichen Gefahren und moralischen Bedenken der Eizellspende im Rahmen der dänische Norm Rechnung getragen wird, wie eine Neuregelung in Deutschland aussehen könnte und was diese berücksichtigen muss.

B. Medizinische Grundlagen

Im Folgenden werden die medizinischen Rahmenbedingungen der Eizellspende erörtert. Die Darstellung soll verdeutlichen, welche Möglichkeiten und Risiken die Eizellspende in verschiedenen Bereichen mit sich bringt. Daher beziehen sich die folgenden Ausführungen nicht nur auf die Bedeutung der Eizellspende in der Reproduktionsmedizin, sondern auch auf die Anwendungsmöglichkeiten in der Regenerativmedizin (therapeutisches Klonen). Erst nach Klärung der Begrifflichkeiten und genauen Umstände der Verfahren hinsichtlich Eingriffstiefe und -schwere, lässt sich die bestehende gesetzliche Regelung an den Grundrechten überprüfen[10].

I. Einleitung

Die Geschichte der Eizellspende in der Reproduktionsmedizin und in der Regenerativmedizin ist noch jung.

In der Reproduktionsmedizin beginnt sie in den späten siebziger Jahren des 20. Jahrhunderts. 1978 erblickte Louise Brown als erstes Kind einer in vitro - Fertilisation (IVF) das Licht der Welt. Dieses Ereignis stellte den Auftakt einer Reihe bemerkenswerter Fortschritte der Fortpflanzungsmedizin dar. Bereits wenige Jahre später, im Jahr 1983, ermöglichten die gewonnenen Erkenntnisse Medizinern die erste Eizellspende[11]. 1984 folgte die erste erfolgreiche Schwangerschaft aufgrund einer Eizellspende[12]. Die Eizellspende bietet Paaren, die bislang aufgrund der Unfruchtbarkeit der Frau kinderlos blieben, die Möglichkeit, Nachfahren zu zeugen. Die Bevölkerung in Deutschland hat bereits Zugang zu Verfahren wie der

---

10 Dabei ist zu berücksichtigen, dass bereits vielfach die biologischen Details in diesem Bereich erörtert wurden (siehe medizinische Einleitung des Kommentars zum Embryonenschutzgesetz von (Günther/Taupitz/Kaiser), weshalb nur auf die Fakten eingegangen wird, die speziell für diese Arbeit grundlegend sind.

11 Über die erste Eizellspende berichtete Trounson 1983: Trounson/Mohr, Nature Vol. 305,1983, S. 707.

12 Die erste erfolgreiche Schwangerschaft aufgrund einer Eizellspende erfolgte 1984 im Department of Obstetrics and Gynecology, Monash University, Queen Victoria Medical Centre, Melbourne, Victoria Australia. Dazu: Leeton/Harman, Journal of In Vitro Fertilisation and Embryo Transfer, Vol. 3, No. 6 1986.

Samenspende, der IVF und der Intrazytoplasmatischen Spermieninjektion (ICSI). Die Eizellspende mit anschließendem Embryonentransfer (ET) ist aber bis heute im Gegensatz zu den vorgenannten Verfahren umstritten. Während in den USA die Eizellspende weit verbreitet ist und Spender hohe Geldbeträge erhalten, wird sie in Europa uneinheitlich geregelt und in einigen Staaten verboten. So sieht Deutschland ein Totalverbot der Eizellspende in der Reproduktionsmedizin vor (§1 Abs. 1 Nr. 1 und 2, Abs. 3 ESchG). Selbst überzählige Embryonen sterben ab und dürfen nicht verwendet werden[13]. Dänemark hingegen lässt die Eizellspende zur Reproduktion unter bestimmten Voraussetzungen zu (Gesetz Nr. 923 inklusive diverser Änderungsgesetze).

Die Geschichte der Eizellspende in der Forschung beginnt erst später. Der Zellkerntransfer in eine entkernte Eizelle gelang erstmals im Jahr 1996 beim Klonschaf Dolly und wird seither erforscht. Aus ethischen Gründen wird das reproduktive Klonen allerdings weltweit abgelehnt[14] und soll daher nicht Gegenstand weiterer Erörterungen sein. Die Zulässigkeit des therapeutischen Klonens ist stark umstritten und ist in Deutschland nach derzeit geltender Gesetzeslage verboten[15]. Im Folgenden wird dementsprechend nur die Bedeutung der Eizellspende im Hinblick auf das „therapeutische Klonen" diskutiert. Ziel dieser Forschung ist die Herstellung körpereigenen Ersatzgewebes, das nicht der Immunabwehr unterliegt und dadurch ohne begleitenden Einsatz von Immunsuppressiva transplantiert werden kann[16]. Zu diesem Zweck wird eine gespendete Eizelle entkernt und mit dem Kern einer Zelle des Patienten bestückt. Durch einen (chemischen) Reiz von außen kann nun bei dieser veränderten Eizelle eine Teilung in Gang gesetzt werden[17]. Die auf diese Weise entstehenden embryonalen Stammzellen sind dann beim Spender des Zellkerns zu therapeutischen Zwecken einsetzbar[18]. Die Forschung

---

13 Depenbusch/Schultze-Mosgau, Reproduktionsmedizin 2013, S. 287, 289.

14 Für Europa gilt Art. 3 Abs. 2 Alt 4 der Grundrechtscharta, International gilt: Zusatzprotokoll zum Übereinkommen des Europarats zum Schutz der Menschenrechte und der Menschenwürde im Hinblick auf die Anwendung von Biologie und Medizin über das Verbot des Klonens von menschlichen Lebewesen vom 12. 1. 1998, European Treaty Series No. 168; Report IBC 2001; Zielformulierung hinsichtlich einer Bioethik Konvention der Vereinten Nationen in UNESCO Ministerratskonferenz 22.–23. Oktober 2002; Hirschmüller, Internationales Verbot des Humanklonens, 2010 S. 27, 35, 42 und 165 ff.

15 Hirschmüller, Internationales Verbot des Humanklonens, 2010 S. 65.

16 Laufs A., in:, Laufs/Katzenmeier/Lipp, Arztrecht, 6. Auflage 2009 Rn. 45.

17 Jaenisch, New England Journal of Medicine 30.Dec. 2004 S. 2787; French/Adams/Anderson/Kitchen/Hughes/Wood, Stem Cells Feb 2008, Vol. 26, Issue 2, S. 485.

18 Hochedlinger/Jaenisch, New England Journal of medicine, 17. Jul 2003, S. 275.

zum therapeutischen Klonen ist äußerst umstritten. Visionen von der Rettung der Menschheit durch die Heilungsmöglichkeit jeder Krankheit stehen der Angst vor der ungehemmten Manipulation am menschlichen Körper gegenüber. Halten die einen das Verbot des therapeutischen Klonens für fahrlässig hinsichtlich möglicher medizinischer Fortschritte[19], so sehen andere darin einen Tabubruch, der insbesondere dem reproduktiven Klonen Tür und Tor öffne[20]. In der Praxis befindet sich die Forschung noch in den Anfängen. Neuen wissenschaftlichen Erkenntnissen aus dem Jahr 2008 zur Folge gelang ein Versuch des therapeutischen Klonens mit einer menschlichen Eizelle, die sich bis zum 4. Tag nach dem Zellkerntransfer entwickelte[21]. Zu diesen generellen Durchführungsschwierigkeiten des Klonverfahrens kommen in der Praxis diverse weitere problematische Aspekte hinzu. So beispielsweise die sehr hohe Anzahl von Eizellen, die erforderlich wären, um einem einzigen Patienten zu helfen und eine ausreichende Anzahl gesunder Zellen herzustellen. Zur Heilung eines Parkinsonpatienten wären beispielsweise ca. 270 Eizellen zur Gewinnung von Stammzellen nötig[22]. Gesetzliche Normen zur fortpflanzungsfremden Verwendung von Eizellen, insbesondere zu Forschungszwecken, enthält das Embryonenschutzgesetz und das Stammzellengesetz. Ersteres untersagt die Verwendung der Eizellspende zu fortpflanzungs*fremden* Zwecken (§§1 Abs. 1 Nr. 2; 2 Abs. 2 ESchG). Das gilt auch für die gezielte Keimbahnintervention nach §5 ESchG und das Klonen nach §6 ESchG. Regelungen zur Einfuhr und Verwendung embryonaler Stammzellen aus dem Ausland finden sich im Stammzellengesetz. Im dänischen Recht ist das therapeutische Klonen im selben Gesetz geregelt wie auch die Eizellspende in der Reproduktionsmedizin; sie ist im Rahmen der Forschung nur an „überzähligen“ Embryonen möglich und ansonsten untersagt, (§§ 25ff. des Gesetzes Nr. 923).

II. Reproduktionsmedizin

Seit der ersten IVF 1978[23] etablierte sich eine Vielzahl von Behandlungsmethoden ungewollter Kinderlosigkeit. Die bedeutendsten Verfahren der künstlichen

---

19 Gratwohl, Therapeutisches Klonen nicht verbieten, NZZ 9.Sept. 2003, S. 59.

20 Fülle, Embryonenforschung und Embryonenschutz, 2008 S. 44 ff.

21 French et al., Stem Cells Feb. 2008, Vol. 26, Issue 2 S. 485; Mitalipov et al., Cell, Vol.153, Iss.6, Mai 2013, S. 1228 ff.

22 Baumann-Hölzle, NZZ 9.Feb. 2002 S. 41.

23 Historischer Abriss zur Reproduktionsmedizin bei: Schmedders/Wlotzka, Ungewollte Kinderlosigkeit und Reproduktionsmedizin, S. 124.

Befruchtung sind die Intrauterine Insemination (IUI), der Intratubare Gametentransfer (GIFT), die IVF und die ICSI[24]. Weltweit wurden bereits über 4 Mio. Menschen mit Methoden technisch assistierter Reproduktion gezeugt[25]. In Deutschland werden jährlich über 50.000 Behandlungen zur künstlichen Befruchtung mit oder ohne ICSI durchgeführt[26].

1. Ursachen ungewollter Kinderlosigkeit

Eine aus medizinischer Sicht ungewollte Kinderlosigkeit von S. n der Frau lässt sich entweder als Sterilität oder als Infertilität bezeichnen[27]. Unter weiblicher Sterilität versteht man die Unfähigkeit einer Frau, überhaupt eine Leibesfrucht zu empfangen. Primäre Sterilität liegt bei einer Frau vor, die noch nie schwanger war. Sekundäre Sterilität bezeichnet Fälle in denen eine Schwangerschaft vorausgegangen ist, eine erneute jedoch nicht gelingt[28]. Unter Infertilität versteht man dagegen den Umstand, dass eine Schwangerschaft nie zur Geburt eines lebensfähigen Kindes führte[29].

Je nach Ursache für die Infertilität oder Sterilität gestaltet sich die Behandlung unterschiedlich[30].

a) Hormonelle Defekte

Die häufigste Ursache (30–40 Prozent[31]) ungewollter Kinderlosigkeit ist eine hormonelle Störung[32]. Dazu führen bereits kleinste Fehlfunktionen in den für den monatlichen Zyklus der Frau verantwortlichen Organen wie dem Zwischenhirn (Hypothalamus), der Hirnanhangdrüse (Hypophyse) und den Eierstöcken

---

24 Schmedders/Wlotzka, Ungewollte Kinderlosigkeit und Reproduktionsmedizin, S. 126.
25 Büro für Technikfolgenabschätzung beim dt. Bundestag: TAB Brief No. 38 Dezember 2010 S. 9 ff.
26 Ludwig, Die Hebamme 1/2003, S. 6; IVF Register von 2010, Journal für Reproduktionsmedizin und Endokrinologie, 4/2011, S. 14 ff.
27 Schmedders/Wlotzka, Ungewollte Kinderlosigkeit und Reproduktionsmedizin, S. 118.
28 Kaufmann/Costa/Scharl, Die Gynäkologie, S. 180 ff.
29 Kaufmann/Costa/Scharl, Die Gynäkologie, S. 180 ff.
30 Zur Arzt – Paar Beziehung und dem zumeist zu hohen Erwartungsanspruchs des Paares: Schmedders/Wlotzka, Ungewollte Kinderlosigkeit und Reproduktionsmedizin, S. 130.
31 Schmedders/Wlotzka, Ungewollte Kinderlosigkeit und Reproduktionsmedizin, S. 119.
32 Ritzinger/Weissenbacher, Später Kinderwunsch - Chancen und Risiken, S. 118.

(Ovarien)[33]. Verantwortlich können unter anderem Stress[34], innere Verletzungen, Erkrankungen, Nikotin-, Alkohol- und Koffeinkonsum sowie starkes Über[35]- oder Untergewicht[36] sein. So bedingen beispielsweise Gewichtsschwankungen veränderte Hormonwerte (nämlich erhöhte Androgenwerte) im Blut und führen unter anderem zum häufig auftretenden polyzystischen Ovar-Syndrom (PCO)[37].

b) Organische Ursachen

Nichtfunktionsfähige oder fehlende Eierstöcke nach Entzündungen wie z.B. Infektionen oder Verwachsungen im Anschluss an Operationen oder auch Unfällen, Zystenbildungen oder eine Krebserkrankung können es der Frau ebenfalls unmöglich machen, ein Kind zu empfangen oder zu gebären[38]. Viele sterile Frauen leiden an einer Endometriose. Dabei kommt es zu einer ortsfremden Ansiedlung von Gebärmutterschleimhaut, z.B. in den Eileitern oder auf den Eierstöcken, wobei durch Verwachsungen die Beweglichkeit des Eileiters eingeschränkt wird[39]. In seltenen Fällen bildet das Immunsystem der Frau Antikörper gegen die eigenen Eizellen und verhindert so eine Befruchtung[40]. Etwas häufiger finden sich Antikörper gegen die Spermien des Partners im Gebärmutterhalssekret[41]. In seltenen Fällen sind die Follikelreserven frühzeitig erschöpft und die Frau tritt in das Klimakterium ein. Dies kann bereits vor dem 35. bzw. 40. Lebensjahr vorkommen und wird als verfrühte Menopause (premature ovarian failure) bezeichnet[42].

c) Alter der Frau

Mit zunehmendem Alter der Frau sinkt die Wahrscheinlichkeit, ohne reproduktionsmedizinische Hilfe ein Kind zu gebären. Das Konzeptionsoptimum der Frau

33 Bikas/Ahner/Lang/Husslein, Physiologie des mütterlichen Organismus, S. 179.
34 Hochuli, Geburtshilfe, Gynäkologie und Grenzgebiete, S. 34.
35 Strowitzki, Reproduktionsendokrinologie, S. 241.
36 Strowitzki, Reproduktionsendokrinologie, S. 236.
37 Hochuli, Geburtshilfe, Gynäkologie und Grenzgebiete, S. 34.
38 Nieschlag/Wagenfeld/vom Schönfeldt/Schlatt, Keimzellspende: Möglichkeiten und Entwicklung, Symposium für Fortpflanzungsmedizin 2000, S. 112.
39 Ritzinger/Weissenbacher, Später Kinderwunsch-Chancen und Risiken, S. 119.
40 Ritzinger/Weissenbacher, Später Kinderwunsch-Chancen und Risiken, S. 119.
41 Schultze-Mosgau/Schill/Strik/Germer, Gynäkologie und Geburtshilfe, S. 113/114.
42 Schultze-Mosgau/Schill/Strik/Germer, Gynäkologie und Geburtshilfe, S. 103.

liegt zwischen dem 20. und 25. Lebensjahr[43]. Zwischen dem 25. und 35. Lebensjahr bleibt es einigermaßen konstant erhalten. Vom 35. Lebensjahr verringert sich die Fruchtbarkeit allerdings aufgrund des natürlichen Alterungsprozesses[44]. Fast ein Drittel aller Frauen haben ab diesem Zeitpunkt Probleme schwanger zu werden[45]. Die Eizellen altern und im Laufe der Zeit entstehen kleine Schäden, weshalb sie dann schlechter befruchtungsfähig sind[46]. Bei Vierzigjährigen liegt sie im Schnitt nur noch bei ungefähr 10 Prozent der anfänglich vorhandenen Fertilität[47].

d) Sonstige Ursachen

Auch an Erbkrankheiten (Turner-Syndrom o.ä.) leidende Frauen produzieren zum Teil keine befruchtungsfähigen Eizellen[48]. Andere Frauen verzichten aufgrund einer rezessiven x-chromosomal gebundenen Erbkrankheit von vornherein auf eine Schwangerschaft[49] (z.B. Veitstanz). Auch urogenitale Chlamydieninfektionen sind in 90 Prozent der Fälle Anlass für Sterilität. Hierbei kommt es zu einer bakteriellen Infektion des Urogenitalsystems. Unbehandelt stellt diese Art der Chlamydieninfektion sogar den häufigsten Grund für die infektionsbedingte Unfruchtbarkeit bei Frauen dar[50]. Daneben haben Umweltbedingungen und Alltagsverhalten Einfluss auf die Fertilität. Stress kann beispielsweise zu Fruchtbarkeitsproblemen führen[51].

2. Behandlungsmethode Eizellspende

Die Eizellspende als Behandlungsmethode hilft Frauen, die trotz fehlender Ovarien, Gonadendysgenesie, Chromosomenbesonderheiten wie dem Turner-Syndrom,

---

43 Schirren, Unerfüllter Kinderwunsch, S.133.

44 Seelig/Ludwig, Pregnancy and birth after assisted reproductive technologies, S.79.

45 Ritzinger/Weissenbacher, Später Kinderwunsch-Chancen und Risiken, S.119.

46 Ritzinger/Weissenbacher, Später Kinderwunsch-Chancen und Risiken, S.119.

47 Schirren, Unerfüllter Kinderwunsch, S.133.

48 Nieschlag/Wagenfeld/v.Schönfeldt/Schlatt, Keimzellspende: Möglichkeiten und Entwicklung, S. 112.

49 Nieschlag/Wagenfeld/v.Schönfeldt/Schlatt, Keimzellspende: Möglichkeiten und Entwicklung, S. 112.

50 Ritzinger/Weissenbacher, Später Kinderwunsch-Chancen und Risiken, S. 119.

51 Ströbel-Richter/Brähler, Chancen und Verzicht, S. 16; kritisch dazu: Schmedders/Wlotzka, Ungewollte Kinderlosigkeit und Reproduktionsmedizin, S. 120, die darauf hinweisen, dass in der Medizin allzu oft Symptome anstatt der Ursachen bekämpft werden.

prämaturer Menopause oder chirurgisch entfernten Eierstöcken, einen Kinderwunsch besitzen[52]. Diese ist in Deutschland gemäß §1 Abs.1 Nr.1 und 2, Abs. 2 ESchG untersagt. In Ländern, in denen die Eizellspende erlaubt ist, gelten die nun folgenden Daten zu Spender, Empfänger und Verfahren.

a) Verfahrensablauf

Das Verfahren zur Eizellspende beginnt mit der zeitgleichen hormonellen Behandlung von Spenderin und Empfängerin. Dabei nimmt die *Eizellspenderin* Hormone ein, um die Eierstöcke zu stimulieren und zur Produktion von Eizellen anzuregen. Auf diese Weise können mehrere Eizellen entnommen werden[53]. Die zugeführten Hormone sind den körpereigenen ähnlich, werden aber in einer wesentlich höheren Dosierung verabreicht. Die Behandlung dauert ca. 10 Tage, wobei die Spenderin sich die Hormone täglich selbst injiziert[54]. Die auf diese Weise produzierten Eizellen werden dann mittels einer dünnen Nadel, die in die Eibläschen im Eierstock (Follikel) eingeführt wird, entnommen. Wahlweise erfolgt die Eizellentnahme auch durch eine Laparoskopie unter Vollnarkose, wobei es sich hierbei um den für die Frau risikoreicheren Eingriff handelt[55]. Die Entnahme dauert ca. 30 Minuten. Schon nach wenigen Stunden Erholung kann die Spenderin die Klinik wieder verlassen[56]. Die *Eizellempfängerin* nimmt währenddessen Östrogen in steigender Dosierung ein, das normalerweise von den Eierstöcken produziert wird, um das Wachstum der Gebärmutterschleimhaut anzuregen. Im Anschluss verabreicht man das Hormon Progesteron. Dies macht den Uterus für den Embryo aufnahmebereit. Anschließend findet die in vitro Befruchtung der Eizelle statt. Sind die Zyklen synchron, transferiert man wenig später die befruchtete Eizelle (Embryo) (zwischen 1–4 Embryonen)[57]. Die Empfängerin erhält Östrogen und Progesteron, bis eine Schwangerschaft vorliegt. Die Hormoneinnahme endet erst zwischen der 10.–14. Schwangerschaftswoche. Besonderheiten gelten für das Verfahren, wenn die Empfängerin der Eizellspende noch funktionsfähige Eierstöcke besitzt. In diesem Fall synchronisiert der Arzt durch

52 Hepp, Reproduktionsmedizin im Spannungsfeld von Wissenschaft und Recht in: 54. Kongress der deutschen Gesellschaft für Gynäkologie und Geburtshilfe, 2002, S. 302.
53 Novaes, The medical management of donor insemination, 1998, S. 105.
54 Steinbock, New England Journal of Medicine 01/2006 S. 324.
55 Novaes, The medical management of donor insemination, 1998, S. 105.
56 Steinbock, New England Journal of Medicine 01/2006 S. 325.
57 Depenbusch/Schultze-Mosgau, Reproduktionsmedizin 2013 S. 287, 289.

die Verabreichung von Hormonhemmern bei der Eizellempfängerin zuerst die Zyklen von Spenderin und Empfängerin[58].

b) Spenderin

An eine „ideale“ Spenderin werden verschiedene Anforderungen gestellt. Sie muss gesund sein und darf vor dem Hintergrund des Fertilitätsoptimums ein bestimmtes Alter nicht überschritten haben[59]. Weiß die Spenderin zu wenig über ihre Abstammung und kann Erbkrankheiten nicht ausschließen, wird ihr nahegelegt, von einer Spende abzusehen. Auch Drogenabhängigkeit und psychische Krankheiten können einem positiven medizinischen Gutachten entgegenstehen[60]. An die Beantwortung dieses umfangreichen Fragenkatalogs schließen sich die Aufklärung über das medizinische Prozedere und die inhärenten Risiken einer Operation an[61]. Als Spenderinnen kommen aus Patientensicht grundsätzlich Personen naher Verwandtschaftsgrade in Betracht, sowie Freunde oder Bekannte. Aber auch Unbekannte spenden gelegentlich aus altruistischen Motiven Eizellen[62]. Beim sog. *„egg sharing“* stimmen Frauen, die sich gerade selbst in einer IVF Behandlung befinden und nicht alle Eizellen benötigen, dem Verfahren der Eizellspende zu und erhalten dafür einen Preisnachlass auf ihre eigene Behandlung[63]. Hier handelt es sich im Wesentlichen um ein Finanzierungsmodell der eigenen reproduktionsmedizinischen Maßnahme. Empirischen Untersuchungen zufolge würde eine überwiegende Mehrheit (66,2 Prozent) von Kinderwunschpatienten selbst Eizellen spenden[64]. Auch Reproduktionsmediziner befürworten diese Methode, während überwiegende Teile der Bevölkerung Kommerzialisierungsgedanken im Gesundheitsbereich ablehnen[65]. Weiterhin steht die Methode der *personalisierten*

---

58 Steinbock, New England Journal of Medicine 01/2006 S. 324; zu den Risiken: Pearson, Nature Vol. 442 International weekly journal of science, Aug.2006 S. 607.

59 Sauer et al., The Lancet, Feb. 1993, Vol 341 S. 321; Abdalla et al., Human Reproduction 1993 Vol. 8 S. 1512; Steinbock, New England Journal of Medicine 01/2006 S. 324.

60 Steinbock, New England Journal of Medicine 01/2006 S. 324.

61 Steinbock, New England Journal of Medicine 01/2006 S. 324.

62 Englert et al., Human reproduction 1996, Vol.11, No. 11, S. 2353, 2354, 2357.

63 Ahuja et al., Human Reproduction 1996 Vol.11, Issue 5, S. 1126 f.

64 Weghofer, Geburts- und Frauenheilkunde 2002, 62(6) S. 574 f.

65 Rauprich, Berns und Vollmann, in Gynäkologische Endokrinologie, 2011 Vol. 9, S. 60–68, 67.

Anonymität zur Verfügung. Hier tauscht man den von zwei an einer Eizellspende interessierten Paaren mitgebrachten bekannten Donor aus[66].

c) Empfängerin

Bei der Empfängerin der Eizelle steht die Untersuchung des Uterus, sowie die Überprüfung von Infektionskrankheiten und genetischen Krankheiten im Vordergrund. An diese körperliche Untersuchung schließt sich ein Gespräch an, in dem die emotionale Stabilität bzw. Lage der Patientin untersucht wird[67].

d) Vor- und Nachteile

Ein Risiko für die *Empfängerin* der Spende bergen zunächst die während der Behandlung verabreichten Hormonhemmer. Hierdurch können Hitzewallungen, Trockenheit der Vagina, Mattheit, Schlafprobleme, Schmerzen im Körper, Gefühlsschwankungen, Brustschwellungen, Kopfschmerzen und/oder Sehstörungen auftreten[68]. Neben dem Risiko für die Frau hinsichtlich eines Aborts, besteht für das Kind das Risiko einer Frühgeburt und, durch das geringe Geburtsgewicht, eine erhöhte Morbidität und Mortalität[69]. Ansonsten ist das größte Risiko für die Empfängerin der Eizellspende die Schwangerschaft selbst, insbesondere die Gefahr einer Mehrlingsschwangerschaft. Letztlich verhindert die Begrenzung der Zahl in vitro befruchteter Eizellen aber die Schwangerschaften mit Drillingen, Vierlingen und sogar Fünflingen[70]. In Deutschland dürfen höchstens bis zu 3 Embryonen eingesetzt werden (§1 Abs. 1 Nr. 3 ESchG)[71]. Bei drei eingesetzten Embryonen ist jedoch das Risiko einer höhergradigen Mehrlingsschwangerschaft sehr hoch.

Zur Vermeidung dieser Risiken existieren unterschiedliche Lösungsansätze. In Deutschland wird der intrauterine Fetozid praktiziert, der aufgrund der Tötung

---

66 Ahuja et al., Human Reproduction 1996 Vol.11, Issue 5, S. 1126 f.; zu den ethischen Dimensionen der Spenderauswahl siehe: Djerassi, Sex in an age of technological reproduction (ICSI and taboos), 2008.

67 Goodwin, Family Law Quarterly, 1992, S. 275 ff.

68 Norsigian, Publication Hampshire College No.33, 2005.

69 Günther/Taupitz/Kaiser; ESchG Kommentar, 2008 §1 Abs. 2 Nr. 3 S. 162.

70 Urdl, Felberbaum und Küpker, Gynäkologische Endokrinologie 2007, Vol.5 No. 4 S. 212, 218.

71 Urdl, Felberbaum und Küpker, Gynäkologische Endokrinologie 2007, Vol.5 No. 4 S. 212, 218; Günther/Taupitz/Kaiser; EschG Kommentar 2008 §1 Abs. 2 Nr. 3 S. 162.

von Foeten im Mutterleib im ersten Schwangerschaftsdrittel stark umstritten ist. In Süddeutschland praktiziert man daher überwiegend den sog. Deutschen Mittelweg, das DET Verfahren (double embryo transfer)[72]. Danach produziert man im Verfahren möglichst zwei entwicklungsfähige Embryonen, die dann transferiert werden. Weiterhin besteht das Risiko der Übertragung von Krankheiten wie HIV oder Hepatitis, wenn die Eizelle von einer anderen Person stammt[73]. Bei älteren Frauen kommt es oft zu Nebenwirkungen wie Bluthochdruck[74] und Diabetes[75]. Eher selten sind Nebenwirkungen wie *plazenta previa*[76] oder eine Frühgeburt[77]. Vorteil der Eizellspende für die Eizellempfängerin ist das Erlebnis der Schwangerschaft und Geburt.

Im Gegensatz zur Empfängerin der Eizellspende handelt die *Eizellspenderin* vornehmlich altruistisch und zieht keinen weiteren Nutzen außer dem Weiterleben ihres eigenen Genmaterials aus der Spende. In den USA gibt es noch finanzielle Vorteile[78], da hier die Kommerzialisierung der Eizellspende anders als in Europa nicht verboten ist. Die Kompensationsleistung an eine Eizellspenderin liegt in den USA bei zwischen 5.000 und 10.000 Dollar. In besonderen Fällen sind auch größere Summen bekannt geworden, die bei bis zu 65.000 Dollar lagen[79]. Für die Spenderin sind die Nachteile der Eizellspende ungleich größer als für die Empfängerin. Durch die Injektion von Hormonen zur Produktion mehrerer Eizellen entstehen starke Schmerzen, Rötungen und Hämatome an der Injektionsstelle. Außerdem kann es durch die Hormongabe zu Stimmungsschwankungen, Brustschwellungen, vergrößerten Eierstöcken und einer Überstimulierung der Eierstöcke (Hyperstimulation/OHSS ovarian hyperstimulation syndrom) kommen[80]. Bei einer leichten Überstimulation kommt es überwiegend zu Unterleibsschmerzen, Druckgefühl und Schwellungen. Diese Beschwerden enden in den überwiegenden Fällen nach der nächsten Periode. Bei einer etwas stärkeren Überstimulation werden eventuell

72 Bals-Pratsch/Dittrich/Frommel, Journal für Reproduktionsmedizin und Endokrinologie 2010, 7 S. 89.

73 Garrido et al., Human Reproduction Vol 17 Issue 12, 2002, S. 3142 f.

74 Pecks/Maass/Neulen, Deutsches Ärzteblatt Jg. 108, Heft 3, 21. Januar 2011.

75 Passuello/Seufert/Fischl, Journal für Gynäkologische Endokrinologie, 2009 3 (3) S. 13.

76 Vor den inneren Muttermund verlagerte Plazenta, die eine normale Geburt unmöglich macht.

77 Norsigian, Publication Hampshire College No.33 2005.

78 http://www.eggdonorsurrogacyusa.com/egg_donor_compensation.php.

79 http://www.usatoday.com/money/industries/health/2006-03-15-egg-donors-usat_x.htm.

80 Steinbook, New England Journal of Medicine, Jan 2006, S. 324–326.

Bettruhe und ein Schmerzmittel verordnet. Eine sehr starke Überstimulation der Eierstöcke kann gravierende Komplikationen wie Blutgerinnsel, Nierenversagen, Wasser in der Lunge und Schockzustände verursachen[81]. Aus diesen Gründen ist teilweise ein stationärer Aufenthalt im Krankenhaus erforderlich. Wurden die produzierten Eizellen entnommen, sinkt das Risiko einer Überstimulation[82]. Entscheidet man sich allerdings nach der Einnahme der Hormone zur Produktion mehrerer Eizellen *gegen* eine Follikelentnahme, steigt das Risiko einer Überstimulation. In seltenen Fällen dreht sich eine Eizelle um die eigene Schnur, womit die Blutzufuhr abgeschnitten wird. Diese Eizelle muss umgehend operativ entfernt werden. In sehr wenigen Fällen reagiert die Frau allergisch gegen die Hormone zur Produktion mehrerer Eizellen[83]. Darüber hinaus besteht für die Spenderin das Risiko einer gefährlichen Komplikation durch die Anästhesie, wie Schlaganfall, Aspiration bis hin zum Tod[84]. Bei ungeschütztem Geschlechtsverkehr und einer daraus resultierenden Schwangerschaft existiert das Risiko der Mehrlingsschwangerschaft. Frühere Vermutungen, die Spenderin könne infolge der Behandlung einem erhöhten Risiko für eine Brust- oder Gebärmutterkrebserkrankung ausgesetzt sein, konnten sich nicht erhärten[85]. Für die Eizellspenderin vermutete man lange Zeit die erhöhte Gefahr der Krebserkrankung aufgrund der Einwirkung der im Rahmen des Spenderverfahrens eingenommenen Hormone[86]. Verschiedene Studien führten aber zu dem Ergebnis, dass die Hormoneinnahme zu keiner gesteigerten Brust- oder Uteruskrebsgefahr gegenüber Frauen besteht, die sich nie einer solchen Behandlung unterzogen haben[87]. Andere Studien bewiesen, dass auch die Kinder aus IVF und Eizellspenden keine Entwicklungsstörungen aufgrund der artifiziellen Zeugung erleiden[88]. Etwaige Identitätsfindungsstörungen sind vielmehr auf den familiären Umgang mit der artifiziellen Zeugung innerhalb der Familie zurückzuführen[89]. Insgesamt ist die Spenderin aber während des gesamten Behandlungszeitraums

---

81 Norsigian, Publication Hampshire College No. 33 2005.

82 Norsigian, Publication Hampshire College No. 33 2005.

83 Seibel, Fertility and Sterility Vol. 64 (1) Jul 1995, S. 199.

84 Abramov et al., 1999, Vol. 14 Issue 9, S. 2181, 2883; Norsigian, Publication Hampshire College No. 33 2005 S. 2.

85 Pearson, Nature-International weekly journal of science, Aug. 2006 S. 607.

86 Ahuja/Simons, Human Reproduction Vol. 13 1998, S. 227–231.

87 Pearson, Nature-International weekly journal of science, Aug. 2006, S. 607.

88 Murray et al., Fertility and Sterility, Vol. 85 Issue 3, Mar 2006, S. 610 f; Golombok et al., Journal of Child Psychology and Psychiatry, Vol. 40 Issue 4, May 1999, S. 519 f.

89 Murray/Golombok, Human Fertility 2003 Vol. 6 No. 2 S. 89 f.

durch regelmäßige Bluttests und Ultraschalluntersuchungen belastet. Diese Tests erfolgen, um die Follikel und die sich in diesen entwickelnden Eizellen zu beobachten und festzustellen, ob die Spenderin auf die Hormongabe reagiert. Kurz vor der Eizellentnahme wird dann ein Medikament injiziert, das die Eizelle auf die Entnahme vorbereitet. Durch die Entnahme kann es zu Blutungen und Schäden an Darm, Blase oder Blutgefäßen kommen. Unwahrscheinlich sind schwere innere Blutungen oder ernste Verletzungen im Beckenbereich, sodass eine Unterleibsoperation nötig wird[90]. Sollte es zu einer Infektion kommen, kann das die eigene Fruchtbarkeit für die Zukunft beeinflussen[91]. Befindet sich die Spenderin selbst in einer IVF- oder GIFT- Behandlung, werden also ihre Ovarien ohnehin stimuliert und gibt sie im Sinne des „egg-sharing" eine Eizelle ab, liegen auch für die Spenderin keine Nachteile über das Maß hinaus vor, die sie ohnehin gerade für die eigene Behandlung in Kauf nimmt.

e) Bedeutung

Die Eizellspende ermöglicht Frauen mit oben beschriebenen Sterilitäts- bzw. Fertilitätsproblemen das Erlebnis der Schwangerschaft und Geburt. Das Paar entginge durch sie dem Schicksal der Kinderlosigkeit. Zwar bestünde auch grundsätzlich die Möglichkeit einer Adoption, die aber mangels Erlebens der Schwangerschaft sowie fehlender genetischer Verwandtschaft mit zumindest einem Elternteil nicht vergleichbar ist. So stellt die Eizellspende für viele die Erfüllung eines lang gehegten Kinderwunsches dar und in vielen Fällen zugleich den Ausweg aus einer durch Kinderlosigkeit begründeten Lebenskrise.

Letztlich sind jedem Menschen unterschiedliche Aspekte an einem Leben mit Kind wichtig. Insbesondere beeinflussen gesellschaftliche und kulturelle Hintergründe die Einstellung zu Kindern und Familie[92]. Unter anderem bedeutet Nachfahren zu zeugen, im Kind weiterzuleben, den eigenen Rollenwechsel von Kind zu

---

90 Seibel, Fertility and Sterility Vol. 64 (1) Jul 1995, S.199; Pearson, Nature-International weekly journal of science, Aug. 2006, S. 607.

91 Seibel, Fertility and Sterility Vol. 64 (1) Jul 1995, S. 199; Pearson, Nature-International weekly journal of science, Aug. 2006, S. 607.

92 Für Deutschland ergab eine Umfrage des Instituts für Demoskopie Allensbach im Jahr 2001 zur Frage: Was bedeutet ihr Kind bzw. was bedeuten ihre Kinder für sie? Folgende wichtigsten drei Fakten: Verantwortung, gebraucht werden, viel Freude, weitere Faktoren siehe: http://de.statista.com/statistik/daten/studie/911/umfrage/bedeutung-der-eigenen-kinder/.

Mutter und Vater und die Funktionstüchtigkeit des eigenen Körpers zu erleben[93]. Auch Motive wie gesellschaftliche Anerkennung, Kinder als Lebenssinn und die Fortpflanzung als Wille Gottes werden von Paaren angeführt[94]. Eigene Kinder bedeuten nach Ansicht von Eltern zum Teil auch die Bestätigung der eigenen Paarbeziehung, und das Kind ist für viele konkret sichtbarer Ausdruck der Liebe des Partners[95].

Die Familie erfreut sich trotz der steigenden Anzahl von Single-Haushalten großer gesellschaftlicher Anerkennung. Bei einer Familienstudie aus dem Jahr 2012, durchgeführt von dem Institut für Demoskopie in Allensbach[96], ergaben die Befragungen, dass für 91 Prozent der Mütter und für 82 Prozent der Väter die Familie das Wichtigste im Leben sei[97]. Die Familie stelle eine Gemeinschaft dar, in der sie materielle und immaterielle Unterstützung erhielten und sich in schwierigen Situationen gegenseitig vertrauen könnten[98]. Erlebnisse wie Liebe, Freude und Gebrauchtwerden überwögen die Nachteile psychischer Belastung wie Stress, Streit, Abhängigkeit und materielle Erwägungen, vor allem höhere Ausgaben. Paare mit Kindern beschreiben ihre Erfahrungen in der Familie positiv. So freuen sie sich trotz all der Anstrengungen und Schwierigkeiten, die das Großziehen von Kindern mit sich bringt, daran, die Welt durch Kinderaugen wahrnehmen zu können und sich im Nachwuchs selbst zu verwirklichen[99]. Familie biete vielen die Möglichkeit des Schutzes vor negativen Gefühlen wie innerer Leere, Einsamkeit und Enttäuschung – selbst wenn sie Gleiches immer auch auslösen könne[100]. Weil Unfruchtbarkeit immer noch ein Tabuthema ist, kann Kinderlosigkeit in manchen Bereichen noch immer soziale Isolation bewirken. Frauen aus steril gebliebenen Paarbeziehungen mit Kinderwunsch sehen ihr gesamtes Leben negativer. Sie sind

---

93 Maier, Ethik in der Gynäkologie und Geburtshilfe, S. 112.
94 Schirren, Unerfüllter Kinderwunsch, S. 30.
95 Schirren, Unerfüllter Kinderwunsch, S. 30.
96 Vorwerk Familienstudie Juli 2012, Institut für Demoskopie Allensbach
97 Sommer, Familie in Deutschland-ein Auslaufmodell?, S. 469.
98 Sommer, Familie in Deutschland-ein Auslaufmodell?, S. 469.
99 Sommer, Familie in Deutschland-ein Auslaufmodell?, S. 470.
100 Ausführlich zum Kinderwunsch: Schmedders/Wlotzka, Ungewollte Kinderlosigkeit und Reproduktionsmedizin, 2000 S. 122, die insbesondere auch kritisch darauf hinweisen, dass im Fall der Sterilität aus einem meist ambivalenten Kinderwunsch ein durchweg positiver Kinderwunsch wird. Dadurch kann es leicht zu einer Fixierung auf den Kinderwunsch kommen, weshalb der Kinderwunsch von Paaren nicht nur oberflächlich, sondern immer auch in einem größeren Kontext gesehen werden sollte.

mit der beruflichen Situation weniger zufrieden und auch die Einstellung zu ihrer Beziehung ist schlecht[101].

Zurzeit wenden sich kinderlose Paare oftmals an ausländische Kliniken und nehmen dort Hilfe in Anspruch. Die Paare reisen nach Spanien, Belgien, die Tschechische Republik, Polen, England oder in die Slowakische Republik, um dort eine Eizellspende zu empfangen[102]. Auch im Internet hat sich bereits ein Eizellen-„Markt“ etabliert. Potentielle Spenderinnen sind mit Bildern und Beschreibungen zur Karriere und Hobbys zu betrachten.

III. Regenerativmedizin

Die Eizellspende spielt des Weiteren in der Forschung im Bereich des therapeutischen Klonens eine Rolle. Mit Hilfe einer Eizelle können im Wege des Zellkerntransfers embryonale Stammzellen zur Herstellung von Ersatzgewebe gewonnen werden.

Embryonale Stammzellen sind noch nicht ausdifferenzierte Zellen, die eine Teilungs- und spezifische Entwicklungsfähigkeit besitzen[103]. Das Stammzellgesetz definiert embryonale Stammzellen als „alle aus Embryonen, die extrakorporal erzeugt und nicht zur Herbeiführung einer Schwangerschaft verwendet worden sind oder einer Frau vor Abschluss ihrer Einnistung in der Gebärmutter entnommen wurden, gewonnenen pluripotenten Stammzellen“ (§3 Nr. 2 StZG). Man isoliert sie aus dem jüngsten Embryonalstadium und kultivert sie in vitro unbegrenzt[104]. Auf dem Weg der Spezialisierung dieser Zelle nimmt ihr Differenzierungspotential immer weiter ab. Zunächst entsteht -bis zum achten Zellstadium- eine totipotente Zelle, die sich jeweils zu einem Individuum entwickeln kann[105]. Danach ist die Zelle pluripotent und kann sich in verschiedene Gewebetypen des Körpers ausdifferenzieren. Anschließend sind die Zellen in ihren Entwicklungsmöglichkeiten erheblich eingeschränkt[106].

---

101 Stauber, Endokrinologie und Reproduktionsmedizin Bd.3, S. 94.

102 Der Spiegel 2005, Die Babygrenze, in: Spiegel 46/2005 S.108–118.

103 Ausführlich zum Verfahren und den Chancen dieser Therapieform bei Franz/David, Embryonale Stammzellen-Chancen für die Therapie und ethische Herausforderung, 2003, S. 153, 155ff.

104 Beier, Totipotenz und Pluripotenz, 2002, S. 46.

105 Zuck, in: Quaas/Zuck, Medizinrecht Kommentar, §68 Rn. 90, 91 S. 871.

106 Beier, Totipotenz und Pluripotenz, S. 45.

1. Verfahren

Das Klonieren menschlicher Zellen zu therapeutischen Zwecken erfolgt im Wege des Zellkerntransfers[107] (somatic cell nuclear transfer/SCNT oder cell nuclear transfer/CNR). Es erfordert die Gewinnung eines Zellkerns (Karyoplast) und einer entkernten Zelle (Zytoplast), die diesen Zellkern aufnimmt[108]. Die Herstellung eines Zytoplasten erfolgt durch die Aspiration mit einer Hohlnadel. Beim Kerntransfer existieren zwei mögliche Verfahrensarten, die Mikroinjektion und die Zellfusion. Bei der Mikroinjektion wird die Zellmembran der Eizelle mit einer Glaspipette punktiert, der Zellkern angesaugt und direkt in die fremde Eizelle injiziert[109]. Dabei kann der Zellkern von unterschiedlichen Zelltypen stammen, von embryonalen Zellen, kultivierten embryonalen Stammzelllinien oder Zellen aus differenziertem Gewebe[110]. Vorteilhaft am Verfahren ist die Trennung der Verfahrensschritte der Injektion des Zellkerns in die entkernte Eizelle und deren Aktivierung. Beim Verfahren der Zellfusion[111] wird eine Eizelle durch Aspiration entkernt und in die intakte Spenderzelle injiziert[112]. Die anschließende Fusion der Zellmembranen von Zytoplast und Spenderzelle kann durch die kurzzeitige Applikation eines elektrischen Stroms, die Inkubation der beiden Zellen in einer Suspension von inaktiviertem Sandai-Virus oder durch chemische Substanzen herbeigeführt werden[113]. Im Gegensatz zu den beiden letztgenannten Möglichkeiten führt die Elektrofusion zu einer Aktivierung der Eizelle, d.h. zu einer Freisetzung von Calcium aus interzellulären Speichern, wodurch eine Wiederaufnahme der in der Metaphase II arretierten Meiose bei der Eizelle eingeleitet wird. Diese Reprogrammierung des Zellkerns in ein embryonales Stadium ist hinsichtlich der Vorgänge weitestgehend ungeklärt. Es wird angenommen, dass sich die

107 Müller-Terpitz in: Spickhoff, Medizinrecht, Kommentar, ESchG §6 Rn. 2.

108 Ethikrat Stellungnahme „Klonen zu Fortpflanzungszwecken und Klonen zu biomedizinischen Forschungszwecken, 2004 S. 18.

109 Erstmals an Eizellen von Fröschen durchgeführt: Briggs/King 1952: Proceedings of the National Academy of sciences USA, 1952 Vol.38, S. 455–463; Gurdon/Elasdale/Fischberg 1958: Nature 1958 Vol. 182, S. 64–65.

110 Heinemann/Klein, Klonierung menschlicher Stammzellen-medizinisch-naturwissenschaftliche Konzepte und Ergebnisse der Forschung, S. 251.

111 Ethikrat Stellungnahme „Klonen zu Fortpflanzungszwecken und Klonen zu biomedizinischen Forschungszwecken, 2004 S. 19.

112 Hirschmüller, Internationales Verbot des Humanklonens, S. 30 ff.

113 Heinemann/Klein, Klonierung menschlicher Stammzellen-medizinisch-naturwissenschaftlich Konzepte und Ergebnisse der Forschung, S. 251.

Entwicklung eines durch Kernzelltransfer erzeugten Embryos in einer ähnlichen Abfolge von Ereignissen vollzieht, wie sie bei der natürlichen Embryogenese stattfindet[114]. Die Aktivierung einer weiblichen Eizelle ohne Beteiligung eines männlichen Gameten wird als Parthenogenese bezeichnet[115]. Durch dieses Verfahren werden in der Regel keine vollkommen identischen Klone erzeugt, da die Mitochondrien der gespendeten Eizelle auch DNA enthalten und diese übertragen wird[116]. Eine Ausnahme liegt nur vor, wenn ein Zellkern in eine Eizelle aus dem gleichen Organismus transferiert wird[117]. Lange Zeit vermuteten Wissenschaftler aufgrund der Ergebnisse aus Versuchen an Fröschen, dass die Experimente bei Säugetieren nicht anwendbar seien. Die Versuche gelangen dann aber auch bei Säugetieren, zunächst mit embryonalen oder weniger differenzierten Zellen[118], danach auch aus adulten Zellen[119]. Versuche an Rhesusaffen führten bislang nicht zu geborenen Tieren[120]. Berichte am Menschen ergaben zuletzt eine Zellentwicklung der Blastozyste bis zum 4. Tag nach Kerntransfer[121].

2. Ziele der Methode

Sinn und Zweck des therapeutischen Klonens ist die Herstellung von Ersatzgewebe. Die durch Zellkerntransfer (SCNT) gewonnenen embryonale Stammzellen werden -nach Differenzierung- in vitro zu einem bestimmten Gewebetyp transplantiert[122]. Eine Abstoßungsreaktion würde wegen des zelleigenen Gewebes bei diesem Verfahren wohl minimiert, wie bereits Versuche an Mäusen bewiesen[123].

---

114 Heinemann/Klein, Klonierung menschlicher Stammzellen-medizinisch-naturwissenschaftliche Konzepte und Ergebnisse der Forschung, S. 253.

115 Sun/Moor 1995, Current topics in Development Biology, 1995, Vol.30, S. 176.

116 Wolf, Reprogrammierung durch Zellkerntransfer, S. 55, 57.

117 Heinemann/Klein, Klonierung menschlicher Stammzellen-medizinisch-naturwissenschaftliche Konzepte und Ergebnisse der Forschung, S. 254.

118 Willadsen 1986, Nature 1986 Vol. 320, S. 63.

119 Das am 5.Juli 1996 geborene Schaf Dolly war durch Fusion einer Zellinie aus einer adulten Zelle entstanden: Wilmut et al. 1997, Nature 1997 Vol. 385, S. 810.

120 Simerly et al., 2003, Science 2003 Vol.300, S. 297; Wolf, Reprogrammierung durch Zellkerntransfer, 2002, S. 55.

121 French et al. 2008, Stem Cells, 2008, Vol. 26, Issue 2, S. 485.

122 Heinemann/Klein, Klonierung menschlicher Stammzellen-medizinisch-naturwissenschaftliche Konzepte und Ergebnisse der Forschung, S. 256.

123 Rideout et al. 2002, Cell 2002 Vol. 109, S. 17 f.; zur Vertiefung hinsichtlich der Differenzierung der Zellen in Herzmuskelzellen, Pankreas, Eizellen bei: Heinemann/

Die Wissenschaft verfolgt weiterhin Ziele grundlagenwissenschaftlicher und humantherapeutischer Art[124]. Die Grundlagenwissenschaft behandelt anhand der Stammzellforschung Fragen der Entwicklungsbiologie. Durch die Identifizierung unbekannter Gene oder Signalmoleküle sollen Spontanaborte, Infertilität oder Geburtsdefekte verhindert werden[125]. Die Pharmakologie und Toxikologie testet an embryonalen Stammzellen neue Medikamente im Bereich der Tumorforschung[126]. In der Humantherapie soll die Forschung die Bildung von Ersatzgewebe für geschädigtes oder untergegangenes Gewebe ermöglichen. Außerdem möchte man Stammzellen für die gezielte Heranführung von therapeutisch wirksamen Substanzen an ein im Körper definierten Ort nutzen. Weiterhin verfolgt man den Ansatz, ruhende Stammzellen zur Teilung und Reparatur in geschädigtes Gewebe zu transferieren[127].

3. Gefahren

Aus Versuchen sind im Rahmen des Verfahrens der Stammzelltherapie verschiedene Gefahren bekannt. Die Unreinheit der transplantierten Zellpopulation kann Dysfunktionen des Transplantats erzeugen bis hin zur Tumorbildung, wobei Reinheit sich auf das gewünschte Differenzierungsstadium der Zellen bezieht. Diese Reinheit herzustellen, stellt insbesondere vor dem Hintergrund des großen Differenzierungspotentials embryonaler Stammzellen eine große Schwierigkeit dar[128]. Zusätzlich besteht das Risiko der Tumorbildung nach Transplantation, das bereits mehrmals nachgewiesen wurde[129]. Hinzu kommt das Problem der Infektion der Stammzellen durch die Kulturbedingungen, insbesondere bei ES-Zellen,

---

Klein, Klonierung menschlicher Stammzellen-medizinisch-naturwissenschaftliche Konzepte und Ergebnisse der Forschung, S. 256.

124 Wiestler/Brüstle, Forschung an embryonalen Stammzellen, S. 68 ff.; ausführlich auch: Heinemann/Klein, Klonierung menschlicher Stammzellen-medizinisch-naturwissenschaftliche Konzepte und Ergebnisse der Forschung, S. 292 ff.

125 Heinemann/Klein, Klonierung menschlicher Stammzellen-medizinisch-naturwissenschaftliche Konzepte und Ergebnisse der Forschung, S. 292.

126 Heinemann/Klein, Klonierung menschlicher Stammzellen-medizinisch-naturwissenschaftliche Konzepte und Ergebnisse der Forschung, S. 292.

127 Heinemann/Klein, Klonierung menschlicher Stammzellen-medizinisch-naturwissenschaftliche Konzepte und Ergebnisse der Forschung, 2009, S. 294.

128 Heinemann/Klein, Klonierung menschlicher Stammzellen-medizinisch-naturwissenschaftliche Konzepte und Ergebnisse der Forschung, 2009, S. 295.

129 Trapp et al. 2002, Acta Neuropathologica 2002 Vol. 104, S. 572.

die sich in einem Nährmedium, wie beispielsweise tierischem Serum, befinden[130]. Weitere zahlreiche Risiken existieren bei jedem nötigen Arbeitsschritt zur Herstellung des Ersatzgewebes, die bislang kaum kalkulierbar sind[131]. Jedenfalls liegt die Effizienz des Klonierungsverfahrens im Hinblick auf die Erzeugung lebender Tiere bei 3–5% und viele der Tiere weisen Abnormitäten auf[132]. Hinzu kommt, dass eine hohe Anzahl von Eizellen zur Herstellung von Ersatzgewebe nötig ist[133]. Zur Produktion einer embryonalen Stammzelllinie verbraucht man bei Tierversuchen etwa 60 Eizellen[134]. Da bei einer Hormonbehandlung ca. 8–10 Eizellen entnehmbar sind, ist dieser Bedarf schwer zu decken[135]. Insgesamt ist die Methode eher Vision als Realität. Neuesten Forschungen zufolge ist das therapeutische Klonen menschlicher Zellen erstmalig gelungen. Die Blastozyste entwickelte sich bis zum Tag 4 nach Zellkerntransfer[136].

IV. Zwischenergebnis

Aus den Erörterungen folgt die Eizellspende als Behandlungsmethode medizinischer Indikationen wie fehlende Ovarien, Gonadendysgenesie, Chromosomenbesonderheiten, Turner-Syndrom, prämaturer Menopause oder chirurgisch entfernten Eierstöcken. Hinsichtlich des Verfahrens zur Eizellspende im speziellen zeigt sich zum einen die Komplexität des medizinische Verfahrens, das für die Empfängerin und insbesondere für die Spenderin der Eizelle mit einigen Risiken verbunden ist. Hormonhemmer für die Empfängerin und tägliche Hormoninjektionen für die Spenderin bis zur Entnahme der Eizelle gefährden die Gesundheit

---

130 Heinemann/Klein, Klonierung menschlicher Stammzellen-medizinisch-naturwissenschaftliche Konzepte und Ergebnisse der Forschung, 2009, S. 295.

131 Zu weiteren Gefahren und Risiken und deren Kalkulierbarkeit bei: Wolf, Reprogrammierung durch Zellkerntransfer, 2002, S. 67; Heinemann/Klein, Klonierung menschlicher Stammzellen-medizinisch-naturwissenschaftliche Konzepte und Ergebnisse der Forschung, 2009, S. 296f.

132 Young et al. 1998, Reviews of Reproduction 1998, Vol. 3, S. 155; kritisch zum Verfahren insgesamt und insbesondere vor dem Hintergrund der bestehenden Risiken: Frühwald, die Zeit nach Dolly, 2009, S. 547: die Mortalitätsrate geklonter Tiere nach der Geburt ist ebenfalls außerordentlich hoch: 27% bei Schafen, 95% bei Affen, 18% bei Mäusen und jeweils 37% bei Kühen und Ziegen.

133 Berger, Embryonenschutz und Klonen beim Menschen, S. 69.

134 Nationaler Ethikrat, Stellungnahme 2004 S. 25.

135 BT-Drs. 14/9020 S. 36.

136 French et al., Stem Cell, Feb. 2008 Vol. 26, Issue 2, S. 485 f.

der Beteiligten zum Teil erheblich. Zum anderen zeigt sich aber auch, dass das Verfahren sich nicht maßgeblich von dem der IVF unterscheidet, das über Jahrzehnte hinweg erfolgreich und häufig durchgeführt wird. Lediglich der Umstand, dass bei der Eizellspende die Spenderin selbst keinen Nutzen aus der Behandlung zieht, macht den Gegensatz zur IVF Behandlung aus, wo die in vitro befruchtete Eizelle der behandelten Frau wieder eingesetzt wird. Das Verfahren selbst ist gleichermaßen aufwendig. Insbesondere durchläuft die behandelte Frau in beiden Fällen eine Hormontherapie. Vor diesem Hintergrund ist die Eizellspende in einer überwiegenden Anzahl von EU-Ländern eine anerkannte Behandlungsmethode[137]. Zu den mit der Methode in Zusammenhang stehenden Risiken existieren bereits medizinische Langzeitstudien, die eine Gefährdung der am Verfahren Beteiligten über das normale Maß einer reproduktionsmedizinischen Maßnahme hinaus ausschließen[138].

Die Ausführungen zur Eizellspende in der Forschung verdeutlichen vor allem, dass die Methode des therapeutischen Klonens noch mit erheblichen praktischen Schwierigkeiten zu kämpfen hat. Diese resultieren zum einen daraus, dass das Verfahren noch immer mit Komplikationen verbunden ist und oft misslingt, und zum anderen, weil die Anzahl benötigter Eizellen zur Herstellung von Ersatzgewebe sehr hoch ist. Die Bildung von Ersatzgewebe für geschädigtes oder untergegangenes Gewebe, als klar formuliertes Ziel des therapeutischen Klonens, scheint noch in weiter Ferne zu liegen.

137 Zech/Zech, Schweizer Med. Forum Nr. 14, Apr 2003 S. 338.
138 Dazu auf S. 21 dieser Arbeit.

C. Europäische Menschenrechtskonvention

I. Reproduktionsmedizin

Die Europäische Menschenrechtskonvention schützt, wie bereits eingangs erörtert, die Entscheidung eines Ehepaares oder eines Paares in eheähnlicher Lebensgemeinschaft, ein Kind zu empfangen und in diesem Zusammenhang reproduktionsmedizinische Maßnahmen in Anspruch zu nehmen, als Teil des Privatlebens im Sinne von Art. 8 EMRK[139]. Im Folgenden soll auf diese und weitere Normen der EMRK und die entsprechende Rechtsprechung des EGMR, die mit der Eizellspende in Zusammenhang stehen, eingegangen werden.

1. Art. 8 EMRK

Art. 8 Abs. 1 EMRK schützt das Recht eines Jeden auf Achtung des Privat- und Familienlebens, der Wohnung und der Korrespondenz. Eine Behörde darf in die Ausübung dieses Rechts nur eingreifen, soweit der Eingriff gesetzlich vorgesehen und in einer demokratischen Gesellschaft für die nationale oder öffentliche Sicherheit, das wirtschaftliche Wohl des Landes, zur Aufrechterhaltung der Ordnung, zur Verhütung von Straftaten, zum Schutz der Gesundheit oder der Moral oder zum Schutz der Rechte und Freiheiten anderer (Art. 8 Abs. 2 EMRK) notwendig ist.

Art. 8 EMRK ist dabei nicht nur Abwehrrecht gegen Eingriffe der benannten Art, sondern auch Gewährleistungsrecht und verpflichtet damit die Mitgliedstaaten zum Schutz des Einzelnen tätig zu werden[140]. Dementsprechend müssen die Mitgliedstaaten die Rechte des Art. 8 EMRK sichern und Maßnahmen zu deren Schutz ergreifen. Sie sind ebenfalls verpflichtet, die Grundrechtsberechtigten vor Eingriffen Dritter zu schützen und verfahrensrechtliche Instrumente zur Wahrnehmung der Rechte an die Hand zu geben[141].

---

139 Urt. vom 3. 11. 2011 – 57813/00 (S.H. u.a./Österreich) Punkt 78.

140 Pätzold in: Karpensteiner/Mayer, EMRK Kommentar, Art. 8 EMRK Rn. 4. S. 218; Fischer, Kommentar zur Europäischen Menschenrechtskonvention, Privat- und Familienleben, Art. 8 und 12, 2010 S. 10, 11, Rn. 1 und 2; Frowein in: Frowein/Peukert, EMRK Kommentar, Art. 8 Rn. 11, S. 292; Peters/Altwicker, Europäische Menschenrechtskonvention, S. 191.

141 Pätzold in: Karpensteiner/Mayer, EMRK Kommentar, Art. 8 EMRK Rn. 4. S. 218.

Im Einzelnen ist das Recht auf Privat- und Familienleben jedenfalls ein sehr umfassendes Recht und einer abschließenden Definition nicht zugänglich[142]. Das Recht auf Privatsphäre jedenfalls soll dem Individuum eine Sphäre sichern, in der es die Entwicklung und Erfüllung seiner Persönlichkeit anstreben kann[143]. Zu diesem Zweck muss es die Möglichkeit haben Beziehungen verschiedenster Art, einschließlich sexueller Beziehungen zu anderen Menschen, aufzunehmen[144]. Zur Privatsphäre gehört auch die körperliche Integrität[145]. Das Recht auf Familienleben schützt Ehepartner und Kinder, aber auch die nichtverheiratete Mutter und ihr Kind und den Vater[146]. Auch aus der Rechtsprechung des EGMR ergibt sich die Zuordnung von medizinisch assistierter Reproduktion zu Art.8 EMRK. Im Fall *Evans/UK* urteilte der Gerichtshof die Entscheidung zu Mutter- oder Vaterschaft unterfiele Art. 8 EMRK[147]. In diesem Fall hatte Natallie Evans, die unter Eierstockkrebs litt und deren Eierstöcke entfernt werden mussten, mit ihrem Lebensgefährten gemeinsam vor der Entnahme der Eierstöcke ein IVF Verfahren durchlaufen. Beide hatten der reproduktionsmedizinischen Maßnahme schriftlich zugestimmt. Während des Verfahrens entnahm man Frau Evans 7 Eizellen, aus denen nach Befruchtung mit dem Samen ihres Lebensgefährten 6 Embryonen entstanden. Das Krankenhaus erklärte, die Embryonen frühestens zwei Jahre nach der Entfernung der Eierstöcke in den Uterus von Frau Evans einsetzen zu können. Noch bevor ein Embryo transferiert werden konnte, trennte sich das Paar, der Lebensgefährte nahm seine Zustimmung zum Reproduktionsverfahren zurück und beantragte die Zerstörung der aufbewahrten Embryonen[148]. Innerstaatliche Rechtsbehelfe von Frau Evans gegen die Zerstörung der Embryonen, die ihre letzte Chance auf ein genetisch eigenes Kind darstellten, blieben erfolglos. Das Gesetz zur Durchführung der IVF (*Human Fertilisation and Embryology Act 1990*) erforderte die beiderseitige Zustimmung zum Verfahren und sah auch die jederzeitige Rücknahmemöglichkeit der Zustimmung von Mann oder Frau vor. Diese Regelungen waren dem Paar zuvor bekanntgegeben worden. Am 11.2.2005

---

142 Meyer-Ladewig, EMRK Kommentar, Art. 8 EMRK Rn. 7 S. 267.

143 Peters/Altwicker, Europäische Menschenrechtskonvention, S. 192 Rn. 1; Grabenwarter/Pabel, EMRK, S. 229 Rn. 6.

144 Frowein in: Frowein/Peukert, EMRK Kommentar, Art. 8 Rn. 3, S. 289.

145 Frowein in: Frowein/Peukert, EMRK Kommentar, Art. 8 Rn. 8, S. 291.

146 Grabenwarter/Pabel, EMRK, S. 235 Rn. 16; Frowein in: Frowein/Peukert, EMRK Kommentar, Art. 8 Rn. 17, S. 297.

147 Evans/UK, EGMR vom 10.4.2007, 6339/05; E.B./Frankreich, EGMR vom 21.1.2008, 43546/02.

148 Evans/UK, EGMR vom 10.4.2007, 6339/05.

legte Frau Evans Beschwerde vor dem EGMR ein. Diese blieb erfolglos. Der EGMR entschied, die gesetzliche Regelung des Vereinigten Königreichs nehme einen Interessenausgleich vor. Dieser bewege sich innerhalb des Ermessensspielraumes der Vertragsstaaten und berücksichtige gleichermaßen die Interessen des Mannes wie der Frau hinsichtlich eines IVF-Verfahrens, indem es beiden möglich war, bis zum IVF-Verfahren ihre Zustimmung zurückzunehmen[149].

Daraus folgt nicht nur, dass auch reproduktionsmedizinische Maßnahmen über Art. 8 EMRK geschützt sind, sondern auch, dass bei einer Regelung zur Reproduktionsmedizin gleichermaßen die Interessen des Mannes und der Frau berücksichtigt werden müssen und, bei einer möglichen Regelung der Rücknahme der Zustimmung zur reproduktionsmedizinischen Maßnahme, beide Teile gleiche Rechte haben müssen.

Im Fall *Dickson/UK* hatte Kirk Dickson, inhaftiert zu einer mindestens 15-jährigen Freiheitsstrafe wegen Mordes, keinen Zugang zu reproduktionsmedizinischen Maßnahmen mit seiner Frau erhalten. Das Paar hatte sich in Haft kennengelernt, geheiratet und den Wunsch auf ein gemeinsames Kind entwickelt. Da Frau Dickson allerdings aufgrund ihres Alters nicht bis zur Haftentlassung ihres Mannes warten konnte, war die künstliche Befruchtung die einzige Möglichkeit für das Paar, ein gemeinsames Kind bekommen zu können. Hier entschied der Gerichtshof zugunsten der Kläger[150], da keine ausreichende Interessenabwägung zwischen den privaten und öffentlichen Interessen stattgefunden hatte und das Recht des Paares auf genetische Elternschaft verletzt wurde.

Aus diesem Urteil ergibt sich, dass das Recht auf genetische Elternschaft ebenfalls über Art. 8 EMRK geschützt ist, die im Bereich der Eizellspende zumindest den Mann betrifft, der als Partner einer Frau, die eine Eizellspende benötigt, seinen eigenen Samen verwendet.

Art. 8 Abs. 2 EMRK enthält die Rechtfertigungsvoraussetzungen für Eingriffe in das Privatleben des Einzelnen durch den Staat. Sie müssen in Übereinstimmung mit dem Gesetz erfolgen, ein legitimes Ziel verfolgen und in einer demokratischen Gesellschaft notwendig sein, wobei im Rahmen der letztgenannten Voraussetzung der Ermessensspielraum der Staaten zu berücksichtigen ist[151]. Dies gilt unabhängig davon, ob der Staat in ein Recht eingreift oder eine positive Schutzpflicht

149 Evans/UK, EGMR vom 10.4.2007, 6339/05, Pkt. 71 (Right to have or not to have a child).

150 Dickson/UK, EGMR vom 4.12.2007, 44362/04.

151 Fischer, Kommentar zur Europäischen Menschenrechtskonvention, Art. 8 und 12, S. 15 Rn. 12.

verletzt[152]. Zur „Übereinstimmung mit dem Gesetz" muss der Eingriff aufgrund einer gesetzlichen Grundlage erfolgen. Eine solche kann dabei nicht nur ein formelles Gesetz, sondern auch ein Gesetz im materiellen Sinn, sowie untergesetzliches Recht, ungeschriebenes Recht und Richterrecht sein [153]. Der Eingriff muss weiterhin verhältnismäßig sein. Bei der Frage nach der Verhältnismäßigkeit steht den Staaten ein Ermessensspielraum zu („margin of appreciation")[154]. Der Ermessensspielraum variiert je nachdem, ob in den Mitgliedstaaten ein Konsens zu der zu regelnden Sachlage besteht[155], wie stark in den Kernbereich des gewährten Konventionsrechts eingegriffen wird[156] und ob Fragen ethischer und moralischer Bedeutung geregelt werden[157]. Am kleinsten ist der Ermessensspielraum, wenn ein Konsens besteht und der Kernbereich des Rechts der EMRK durch das staatliche Handeln betroffen ist. Bei der konkreten Prüfung der Verhältnismäßigkeit des jeweiligen Eingriffs ist daher zu prüfen, ob das Gesetz erforderlich und notwendig ist. Im Rahmen der Erforderlichkeit gilt bei Eingriffen in Grundrechte, die weniger belastende Maßnahme zu wählen[158]. Im Bereich der Notwendigkeit ist der Ermessensspielraum der Staaten zu berücksichtigen[159]. Ein Eingriff ist insofern „notwendig", wenn er einem dringendem sozialen Bedürfnis entspricht, einem legitimen Ziel dient und die beteiligten Interessen ausgewogen ins Verhältnis setzt[160]. Die bloße Nützlichkeit reicht daher nicht aus[161]. Der Gerichtshof

152 Meyer-Ladewig, EMRK Kommentar, Art. 8 Rn. 2 S. 266.

153 Leyla Sahin/Türkei, EGMR vom 10.11.2005, 44774/98 Pkt. 88; Dogru/Frankreich, EGMR vom 4.12.2008, 27058/05 Pkt. 52.

154 Grabenwarter/Pabel, EMRK, S. 131 Rn. 20; Peters/Altwicker, Europäische Menschenrechtskonvention, S. 32 Rn. 18; Fischer, Kommentar zur Europäischen Menschenrechtskonvention, Art. 8 und 12, S.15 Rn. 12.

155 Fischer, Kommentar zur Europäischen Menschenrechtskonvention, Art. 8 und 12, S. 15 Rn. 12.

156 Fischer, Kommentar zur Europäischen Menschenrechtskonvention, Art. 8 und 12, S. 15 Rn. 12; EGMR (Große Kammer), Urteil vom 4.12.2007 - 44362/04 (Dickson/ Vereinigtes Königreich).

157 Peters/Altwicker, EMRK, S. 32 Rn. 18; Frette/Frankreich, EGMR vom 26.2.2002, 36515/97 Pkt. 41.

158 Rubel, Entscheidungsfreiräume in der Rechtsprechung des Europäischen Gerichtshofes für Menschenrechte und des Europäischen Gerichtshofs, Hamburg 2005 S. 131.

159 Fischer, Kommentar zur Europäischen Menschenrechtskonvention, Art. 8 und 12, S. 15 Rn. 12.

160 Meyer Ladewig, EMRK Kommentar Rn. 118; Olsson vom Sweden, EGMR vom 24.3.88, 10465/83, Pkt. 67.

161 Chassagnou u.a./Frankreich, EGMR vom 29.4.1999, 25088/94, Pkt. 112.

berücksichtigt bei der Prüfung der „Notwendigkeit“ wesentliche Merkmale der demokratischen Gesellschaft wie Pluralismus, Toleranz und eine offene Geisteshaltung[162]. Dies bedeutet jedoch nicht, dass nur mehrheitliche Interessen gewahrt werden[163]. Je stärker durch einen staatlichen Eingriff der Kernbereich eines Rechts der EMRK betroffen ist, desto wichtiger müssen die den Eingriff rechtfertigenden Gründe sein[164]. Im Rahmen der Notwendigkeitsprüfung ist der Fall demnach in seiner Gesamtheit zu prüfen[165].

Vor diesem Hintergrund muss ein Gesetz zur Regelung der Eizellspende in der Reproduktionsmedizin einen legitimen Zweck verfolgen, erforderlich und notwendig sein. Dabei sind die beteiligten Interessen der Eizellspenderin, der Eizellempfängerin und des Partners in einen Ausgleich zu bringen.

2. Art. 12 EMRK

Art. 12 EMRK schützt in erster Linie das Recht von Personen im heiratsfähigen Alter eine Ehe zu schließen[166], aber auch das Recht von Ehepaaren, eine Familie zu gründen und sich fortzupflanzen[167]. Letzteres gilt im Zusammenhang mit Art. 12 EMRK nur für Ehepaare. Nicht-eheliche Lebensgemeinschaften sind daher nur über Art. 8 EMRK geschützt[168]. Letztlich fällt das Recht zur Familiengründung unter Anwendung assistierter Reproduktion ausschließlich unter Art. 8 EMRK[169], weshalb der Schutzbereich von Art. 12 EMRK nicht eröffnet ist. Im Rahmen der Erwägungen zur Zulassung der Eizellspende spielt Art. 12 EMRK insofern keine Rolle.

---

162 Chassagnou u.a./Frankreich, EGMR vom 29.4.1999, 25088/94, Pkt. 112.

163 Chassagnou u.a./Frankreich, EGMR vom 29.4.1999, 25088/94, Pkt. 112.

164 Smith u. Grady/Vereinigtes Königreich, EGMR vom 27.9.1999, 33985/96, Pkt. 89.

165 Olsson vom Sweden, EGMR vom 24.3.88, 10465/83, Pkt. 65; K. und T. vom Finnland, 25702/94, Pkt. 154; Kutzner/Deutschland, EGMR vom 26.2.2002, 46544/99, Pkt.65.

166 Pätzold in: Karpensteiner/Mayer, EMRK Kommentar, Art. 12 EMRK Rn. 3. S. 315; Frowein in: Frowein/Peukert, EMRK Komm., Art. 12 Rn. 2, S. 387.

167 Müller-Terpitz in Spickhoff, Medizinrecht Kommentar, Rn. 14; Frowein in: Frowein/Peukert, EMRK Kommentar, Art. 8 Rn. 7, S. 289.

168 Meyer-Ladewig, EMRK Kommentar, Art. 8 EMRK Rn. 8, S. 268.

169 S.H. vom Austria, Urteil der Großen Kammer des EGMR vom 3.11.2011, Pkt. 82.

3. Art. 14 EMRK

Im Rahmen der Eizellspende spielt auch das Gleichheitsrecht des Art. 14 EMRK eine Rolle. Demnach sollen die in der Konvention anerkannten Rechte und Freiheiten ohne Diskriminierung, insbesondere wegen des Geschlechts, der Rasse, der Hautfarbe, der Sprache, der Religion, der politischen oder sonstigen Anschauung, der nationalen oder sozialen Herkunft, der Zugehörigkeit zu einer nationalen Minderheit, des Vermögens, der Geburt oder eines sonstigen Status gewährleistet werden. Art. 14 EMRK ist kein eigenständiges Recht, sondern gilt jeweils nur in Zusammenhang mit einem anderen Recht der EMRK[170]. Seine Anwendbarkeit hängt jedoch nicht von der Verletzung eines anderen Rechts ab[171]. Eine Maßnahme, die allein grundsätzlich den Normen der EMRK entspricht, kann in Verbindung mit Art. 14 EMRK trotzdem diskriminierend sein[172]. Auch im Fall eines gerechtfertigten Eingriffs in ein Freiheitsrecht darf Art. 14 EMRK zur Anwendung kommen[173]. Das Diskriminierungsverbot ist aber auch anwendbar, wenn die Staaten im Regelungsbereich von Konventionsrechten Rechte oder Leistungen gewähren, zu denen sie nicht verpflichtet sind. Diese müssen diskriminierungsfrei eingeräumt werden, selbst wenn sie im Belieben des Staates stehen[174]. Insofern hat Art. 14 EMRK trotz seiner Verbindung zu einem Freiheitsrecht eigenständige Bedeutung[175]. Werden Personen in vergleichbarer oder rechtserheblich ähnlicher Lage ohne sachlichen Grund und vernünftige Rechtfertigung unterschiedlich behandelt, liegt ein Verstoß gegen das Gleichheitsrecht vor[176]. Ein sachlicher Grund liegt vor, wenn die Ungleichbehandlung einem legitimen Ziel dient oder ein angemessenes Verhältnis zwischen Grund und zu erreichendem Ziel vorliegt[177].

---

170 Janis/Kay/Bradley, European Human Rights Law, S. 457, Peukert in: Frowein/Peukert, EMRK Kommentar, Art. 14, Rn. 1, S. 402; Meyer-Ladewig, EMRK Kommentar, Art. 14 EMRK Rn. 5, S. 282; Peters/Altwicker, EMRK, Rn. 1, S. 243; Grabenwarter/Pabel, EMRK, Rn. 1,2, S. 520.

171 Peters/Altwicker, EMRK, Rn. 3, S. 244; Okpisz/Deutschland, EGMR vom 25.10.2005, 59140/00, Pkt. 30.

172 Peukert in: Frowein/Peukert, EMRK Kommentar, Art. 14 Rn. 2, S. 402.

173 Nationale Belgische Polizeigewerkschaft/Belgien, EGMR vom 27.10.1975,4464/70, Pkt. 44.

174 Stec a. o./UK, EGMR vom 12.4.2006, Nr. 65731/01.

175 Abdulaziz/UK, EGMR vom 28.5.1985, Nr. 9214/80.

176 Clift/Vereinigtes Königreich, EGMR vom 13.7.2010, 7205/07 Pkt. 66; Pretty/Vereinigtes Königreich, EGMR vom 29.4.2002, 2346/02 Pkt. 88.

177 Pretty/Vereinigtes Königreich, EGMR vom 29.4.2002, 2346/02 Pkt. 88.

Bei der Beurteilung der Frage, ob und in welchem Ausmaß eine unterschiedliche rechtliche Behandlung bei gleicher Sachlage gerechtfertigt ist, steht den Staaten ein Ermessensspielraum zu. Der Ermessensspielraum variiert und gilt insoweit das zu Art. 8 EMRK Gesagte.

Im Zusammenhang mit einer Regelung zur Eizellspende wäre insofern darauf zu achten, dass Rechte diskriminierungsfrei gewährleistet werden.

4. S.H. u.a./Österreich

Im Fall *S.H. u.a./Österreich* nahm der EGMR erstmals zur Regelung der Eizellspende in den Konventionsstaaten Stellung. Hier hatten, wie bereits eingangs erörtert, zwei österreichische Paare im Jahr 2000 auf Zulassung bislang verbotener reproduktionsmedizinischer Maßnahmen geklagt. Konkret ging es um die Eizellspende und die Samenspende im Zusammenhang mit einer In-vitro-Fertilisation. Auch Deutschland hatte zu dieser Problemstellung eine Eingabe beim EGMR getätigt und im Wesentlichen erörtert, dass entsprechend dem Fortpflanzungsmedizingesetz auch das deutsche ESchG zum Schutz des Kindeswohles die Eizellspende verbiete. Die gespaltene Mutterschaft sei wider der Natur und schädige möglicherweise die Identitätsfindung des Kindes. Weiterhin schütze das Embryonenschutzgesetz die potentielle Eizellspenderin vor Ausbeutung und verschiedenen psychologischen Schwierigkeiten. So werde beispielsweise vermieden, dass die Empfängerin der Eizelle schwanger werde und die Spenderin nicht[178].

Anschließend entschieden die Kammer und die Große Kammer des Europäischen Gerichtshofes für Menschenrechte in den Jahre 2010 und 2011 wie folgt:

a) Urteil der Kammer vom 1.4.2010

aa) Rechtliche Erwägungen der Kammer

Die Kammer des EGMR urteilte am 1.4.2010, die Ungleichbehandlung von Samen und Eizellspende verstoße gegen das Recht auf Privat- und Familienleben aus Art. 8 EMRK i.V.m. dem Recht auf Gleichbehandlung aus Art. 14 EMRK[179].

---

178 S.H. u.a./Österreich, Urteil der Großen Kammer des EGMR vom 3.11.2011, 57813/00, Pkt.59 ff.

179 S.H. u.a./Österreich, Urteil der Kammer des EGMR vom 1.4.2010, 57813/00.

Die Entscheidung der Eltern, ein Kind mit Hilfe reproduktionsmedizinischer Maßnahmen zu empfangen, sei als Teil des Privat- und Familienlebens vom Anwendungsbereich von Art. 8 EMRK erfasst[180]. Der Beschwer der Paare entsprechend erklärt der Gerichtshof auch Art. 14 i.V.m. Art. 8 EMRK für anwendbar. Zumindest bestünde die Möglichkeit der Ungleichbehandlung von Paaren, die aufgrund einer spezifischen Erkrankung auf eine verbotene reproduktionsmedizinische Maßnahme angewiesen seien, und Paaren, denen der Staat eine reproduktionsmedizinische Maßnahme zur Verfügung stellt[181].

Eine Verletzung von Art. 14 i.V.m. 8 EMRK liegt nach ständiger Rechtsprechung des EGMR vor, wenn eine Ungleichbehandlung ohne sachlichen Grund stattfindet[182]. Dies ist der Fall, wenn sie kein legitimes Ziel verfolgt oder kein angemessenes Verhältnis zwischen den Gründen für die Ungleichbehandlung und dem verfolgten Ziel besteht[183]. Da im vorliegenden Fall Paare im heterologen System im Gegensatz zu Paaren im homologen System keine Reproduktionsmedizin in Anspruch nehmen durften und die nachvollziehbaren Gründe fehlten, bejahte der Gerichtshof eine Ungleichbehandlung[184]. Er wies zu Beginn zwar darauf hin, dass jeder Staat bei der Frage ob und wie unterschiedliche Behandlungsweisen in ähnlichen Situationen gerechtfertigt wären, einen Ermessenspielraum habe, der je nach Umständen, Gegenstand und Hintergrund des Falles in seinem Ausmaß variiere[185]. Dieser wäre insbesondere dann sehr weit, wenn es um moralische und ethische Fragen ginge, über die kein Konsens in den Konventionsstaaten bestünde[186]. Nichtdestotrotz könnte nicht allein der Umstand, dass ethische Fragen betroffen wären, ein Totalverbot der Eizellspende rechtfertigen[187]. Entscheide sich ein Staat für die Zulassung von reproduktionsmedizinischen Maßnahmen, worin er grundsätzlich frei wäre, so müsste er inhaltlich die unterschiedlichen Interessen berücksichtigen und in angemessenen Ausgleich bringen[188]. Hätte sich ein Staat zur Regelung der Reproduktionsmedizin entschieden, dürften moralische und ethische Gesichtspunkte ohnehin keine Rolle mehr spielen. Diese seien nur

---

180 S.H. u.a./Österreich, Urteil der Kammer des EGMR vom 1.4.2010, 57813/00, Pkt. 60.

181 S.H. u.a./Österreich, Urteil der Kammer des EGMR vom 1.4.2010, 57813/00, Pkt. 62.

182 S.H. u.a./Österreich, Urteil der Kammer des EGMR vom 1.4.2010, 57813/00, Pkt. 63, 64.

183 S.H. u.a./Österreich, Urteil der Kammer des EGMR vom 1.4.2010, 57813/00, Pkt. 64.

184 S.H. u.a./Österreich, Urteil der Kammer des EGMR vom 1.4.2010, 57813/00, Pkt. 63.

185 S.H. u.a./Österreich, Urteil der Kammer des EGMR vom 1.4.2010, 57813/00, Pkt. 65.

186 S.H. u.a./Österreich, Urteil der Kammer des EGMR vom 1.4.2010, 57813/00, Pkt. 69.

187 S.H. u.a./Österreich, Urteil der Kammer des EGMR vom 1.4.2010, 57813/00, Pkt. 74.

188 S.H. u.a./Österreich, Urteil der Kammer des EGMR vom 1.4.2010, 57813/00, Pkt. 74.

bei der Frage, ob reproduktionsmedizinische Maßnahmen grundsätzlich rechtlich geregelt werden sollen, einzubeziehen[189]. Daran schließt der Gerichtshof eine Auseinandersetzung mit der Gesetzesbegründung Österreichs für das Totalverbot der Eizellspende an und kommt zu dem Ergebnis, die Argumentation Österreichs sei insgesamt nicht nachvollziehbar und die Ungleichbehandlung nicht gerechtfertigt. Die Möglichkeit der „*Zuchtauswahl*" sowie der *Ausnutzung der Frau* und *Kommerzialisierung* der Eizellspende rechtfertige nur ein Totalverbot, wenn der Staat auch andere Möglichkeiten erwogen hätte und zu dem Ergebnis gekommen wäre, diese könnten keinen effektiven Schutz gewährleisten[190]. Dies hätte Österreich im vorliegenden Fall jedoch nicht getan und der Gerichtshof war ebenfalls nicht überzeugt, dass das Totalverbot die einzige Möglichkeit zum Schutz vor Zuchtauswahl und Ausbeutung der Frau sei[191]. Das Argument der Ausbeutung der Frau richte sich im Übrigen gegen die Reproduktionsmedizin generell und nicht gegen die Eizellspende im speziellen. Hinzu käme, dass sich die Argumente auf eine potentielle zukünftige Entwicklung bezögen, die auf die Gegenwart nicht im Sinne eines Totalverbots Einfluss nehmen dürfte[192]. Die vom österreichischen Gesetzgeber zur Begründung des Verbots angeführten *medizinischen Risiken* wären dieselben wie im homologen System und daher keine ausreichende Grundlage[193]. Auch die Frage nach *unüblichen Familienbeziehungen* könnte kein Festhalten am Grundsatz „Mater semper certa est, pater est quem nuptiae demonstrant" *(„Die Mutter ist immer gewiß; Vater ist der den die Ehe als solchen ausweis.")* rechtfertigen. Adoptionen führten ebenfalls zu unüblichen Familienbeziehungen, die nur auf einem Vertrag basierten und für die Beteiligten aber nicht schädlich wären[194]. Selbst die Frage der Kenntnis der *Abstammung* könnte ein solches Verbot nicht erklären, da es sich dabei nicht um ein absolutes Recht handele. Fände der Gesetzgeber einen angemessenen Ausgleich zwischen privaten und öffentlichen Interessen, könnte das Recht nicht verletzt sein[195].

---

189 S.H. u.a./Österreich, Urteil der Kammer des EGMR vom 1.4.2010, 57813/00, Pkt. 74.

190 S.H. u.a./Österreich, Urteil der Kammer des EGMR vom 1.4.2010, 57813/00, Pkt. 76, 77.

191 S.H. u.a./Österreich, Urteil der Kammer des EGMR vom 1.4.2010, 57813/00, Pkt. 76.

192 S.H. u.a./Österreich, Urteil der Kammer des EGMR vom 1.4.2010, 57813/00, Pkt. 77.

193 S.H. u.a./Österreich, Urteil der Kammer des EGMR vom 1.4.2010, 57813/00, Pkt. 78.

194 S.H. u.a./Österreich, Urteil der Kammer des EGMR vom 1.4.2010, 57813/00, Pkt. 81.

195 S.H. u.a./Österreich, Urteil der Kammer des EGMR vom 1.4.2010, 57813/00, Pkt. 83, 84.

bb) Reaktionen

Die Reaktionen auf das Urteil fielen sehr unterschiedlich aus. Begrüßt wurde es von den Gegnern des Urteils des österreichischen Verfassungsgerichtshofes. So kommentierte *Bernat* bereits im Jahr 2000 die Entscheidung des österreichischen VfGH als „bereits im Ansatz verfehlt"[196]. Weder bestünde ein Unterschied im Grad der Technizität zwischen homologer und heterologer IVF, noch könnte ein solcher die Einschränkung von Freiheitsrechten rechtfertigen. Vielmehr verstieße die Entscheidung gegen den Gleichheitssatz und träfe gerade die Schutzwürdigsten mit „schonungsloser Härte". Auch das Argument des Kindeswohles und der Unnatürlichkeit der Zeugungsmethode wären nicht überzeugend. Empirische Studien belegten vielmehr wie unproblematisch das Abstammungsgeheimnis in Familien gelöst würde; gleiches gelte auch hinsichtlich der Begründung der von „Menschenhand unberührten Natur" als moralisches Vorbild[197]. *Wollenschläger* schätzte die Entscheidung des EGMR trotz inhaltlicher Ungereimtheiten für die der Thematik geschuldete Zurückhaltung. Indem der Gerichtshof nur die Stimmigkeit der Gesamtregelung anhand eines Gleichheitsrechts untersuche und keine Verletzung des Freiheitsrechts aus Art. 8 EMRK als solches feststelle, unterblieben die weitreichenderen rechtlichen Konsequenzen für die Mitgliedstaaten[198]. Fest stand für ihn jedenfalls, dass Deutschland nach diesem Urteil das ESchG so nicht aufrechterhalten könne[199]. Auch *Coester-Waltjen* befürwortet letztlich das Ergebnis der Kammer des EGMR, wenn auch gerade die Begründung zur Eizellspende ihrer Ansicht nach das Urteil nicht trägt und gerade die entstehenden Familienverhältnisse genauer hätten untersucht werden müssen[200].

Für Befürworter des Verbotes der Eizellspende ging die Entscheidung des EGMR zu weit. So kommentierte *Cornides* „das Recht auf Privatsphäre avanciere durch die Entscheidung des EGMR zu einem Übermenschenrecht", aufgrund dessen gewissermaßen jede private Handlung vor staatlichen Eingriffen geschützt sei[201]. Vielmehr würde Art. 8 EMRK das Recht zur Fortpflanzung eben gerade nicht erfassen. Dem stimme auch der Gerichtshof zu. Dieser erörterte nämlich, es sei den Staaten zu überlassen, die künstliche Fortpflanzung an sich zu regeln oder nicht. Demzufolge existiere kein Recht auf Zugang zur künstlichen

---

196 Bernat, MedR 2000, Heft 8, S. 389–396.
197 Bernat, MedR 2000, Heft 8, S. 389–396.
198 Wollenschläger, MedR 2010 Heft 29, S. 24, 25.
199 Wollenschläger, MedR 2010 Heft 29, S. 28.
200 Coester-Waltjen, FamRZ 2010 S. 957, 958.
201 Cornides, ZfL 2010, S. 106–117, 107.

Fortpflanzung nach Art. 8 EMRK. Deshalb hätte auch eine Gleichheitsrechtsverletzung nie geprüft werden dürfen. Außerdem sei die Entscheidung insgesamt „völlig abwegig" und der Gerichtshof anscheinend „nicht Herr der ständig anwachsenden Flut von Grundrechtsbeschwerden"[202]. Der Gerichtshof nähme „gesellschaftspolitische Weichenstellungen" vor, für die er nur „Beifall von unkritischen Geistern" erlange[203]. Er verließe in der Entscheidung das „gemeinsame Wertefundament" der europäischen Staaten und könne dann wohl auch gleich „die Herstellung von Chimären erlauben"[204]. Letztlich werde seiner Ansicht nach der Alptraum des „Zuchtmenschen" in Aussicht gestellt[205]. Auch *Weilert* kritisiert die Entscheidung der Kammer[206]. Unstimmigkeiten der Entscheidung liegen nach Ansicht von Weilert zum einen in der Gleichbehandlung der heterologen und homologen künstlichen Befruchtung, die sich nun aber gerade durch das Entstehen neuer Elternteile unterscheide. Außerdem sei es inkonsequent einen weiten Beurteilungsspielraum festzustellen und dann die Erwägungen Österreichs hinsichtlich der Schaffung der Verbotsnormen im Detail zu prüfen[207].

cc) Stellungnahme

Gerade der Beitrag von *Cornides* zeigt, wie emotional die Debatte um die Zulassung der Eizellspende in Deutschland geführt wird, obwohl ausschließlich juristische Fakten maßgebliches Kriterium sein dürften. Darüber hinaus ist dem Beitrag von *Cornides* zu entgegnen, dass aus den rechtlichen Erwägungen des Gerichtshofes gerade nicht die Unanwendbarkeit von Art. 8 EMRK folgt. Zwar stellt der Gerichtshof den Staaten frei, reproduktionsmedizinische Maßnahmen zu regeln oder nicht. Rechtlicher Hintergrund ist aber nicht die in Zweifel stehende Anwendbarkeit von Art. 8 EMRK, sondern der weite Ermessensspielraum der Staaten im Bereich ethischer und gesellschaftspolitischer Fragen ohne Konsens in den Konventionsstaaten. Verengt sich der Ermessensspielraum, kann es demnach zu einer Verletzung von Art. 8 EMRK kommen.

Hinsichtlich der Unstimmigkeiten, die daraus folgen, dass Art. 8 EMRK in der weiteren Folge nicht allein sondern im Zusammenhang mit Art. 14 EMRK geprüft wird, ist *Wollenschläger* zuzustimmen. Diese Vorgehensweise führt letztlich zu

202 Cornides, ZfL 2010, S. 109, 112.
203 Cornides, ZfL 2010, S. 113.
204 Cornides, ZfL 2010, S. 113, 117.
205 Cornides, ZfL 2010, S. 116.
206 Weilert, MedR 2012, S. 355, 356.
207 Weilert, MedR 2012, S. 355, 356.

dem weitest möglichen „Aktionsspielraum" für die Mitgliedstaaten. Ihnen steht frei, sich zu dem Thema gesetzlich zu äußern. Nimmt der Staat dementsprechend Stellung, muss er Gleichheitsrechte und Freiheitsrechte bei der Regelung sowohl von Samenspende wie auch Eizellspende beachten. Wie diese Regelung auszusehen hat, bleibt insofern ebenfalls dem Staat überlassen.

Vorgenanntes Argument ist auch dem Beitrag von *Weilert* entgegenzuhalten. Bezüglich der Kritik, es handele sich bei heterologer und homologer künstlicher Befruchtung um nicht vergleichbare Sachverhalte, ist auszuführen, dass es bei der Kritik der Kammer in Bezug auf die Eizellspende im Wesentlichen um die Vergleichspaare heterologe künstliche Befruchtung durch Spendersamen und heterologe künstliche Befruchtung durch Eizellspende und nicht um die Vergleichspaare homologe künstliche Befruchtung und heterologe künstliche Befruchtung.

Hervorzuheben ist an der Entscheidung der Kammer jedenfalls die konsequente Eröffnung des Anwendungsbereichs von Art. 8 EMRK nach der Entscheidung *Dickson/UK*. Im Mittelpunkt der Argumentation steht dann letztlich der Ermessensspielraum der Staaten. Moralische und gesellschaftspolitische Argumente sind als Begründung eines gesetzlichen Verbots spezieller reproduktionsmedizinischer Maßnahmen untauglich, stellt der Gerichtshof fest. Sie dürfen nur bei der generellen Frage herangezogen werden, ob Reproduktionsmedizin überhaupt gesetzlich geregelt werden soll. Wurde diese Entscheidung getroffen, muss das Gesetz konsequent und gleichberechtigt alle Maßnahmen regeln. Damit verengt der Gerichtshof den Ermessensspielraum der Staaten und bringt deutlich zum Ausdruck, im Zusammenhang mit Verbotsgesetzen zu einzelnen reproduktionsmedizinischen Maßnahmen die Moral als einzige Begründung nicht ausreichen zu lassen. Auch alle anderen Gründe für die Verbote wies der Gerichtshof zurück, wobei hier einige Unstimmigkeiten in der Argumentation liegen. So vergleicht der Gerichtshof die bei einer Eizellspende entstehenden Familienverhältnisse mit denen der Adoption. Dem kann nicht zugestimmt werden. Bei der Adoption entsteht nicht eine soziale, biologische und genetische Mutter, sondern eine soziale und eine genetische Mutter. Hinzukommt, dass die soziale Mutterschaft bei der Adoption erst im Nachhinein entsteht und nicht bereits vor der Geburt. Ebenso kann man wohl hinsichtlich der Ausbeutung der Frau nicht davon sprechen, dieses Problem beträfe die Reproduktionsmedizin generell. Erst durch die Eizellspende entsteht die Möglichkeit der Weitergabe der Eizelle an Dritte. Ob daraus zwangsläufig eine Ausbeutung folgt, ist jedoch maßgeblich von der gesetzlichen Regelungsausgestaltung abhängig. Weiterhin spricht der Gerichtshof im Rahmen des medizinischen Risikos für die Beteiligten der Eizellspende davon, ein Totalverbot könne nur gerechtfertigt sein, wenn es die einzige Möglichkeit sei, schwere

Nachteile zu verhindern. In der Subsumtion spricht er dann aber von der einzigen Möglichkeit bzw. der am wenigsten eingreifenden Maßnahme. Daher bleibt unklar, ob der Gerichtshof das Totalverbot nur als einzige oder geringste eingreifende Maßnahme zur Verhinderung eines Schadens für zulässig erachtet.

b) Urteil der Großen Kammer vom 3.11.2011

aa) Rechtliche Erwägungen der Großen Kammer

Die Große Kammer entschied am 3.11.2010 entgegen der Ersten Kammer, dass Art. 8 EMRK zwar anwendbar, aber nicht verletzt ist.

Die Entscheidung, reproduktionsmedizinische Maßnahmen im heterologen System in Anspruch zu nehmen, subsumierte der Gerichtshof als Ausdruck des Privat- und Familienlebens unter Art. 8 EMRK[208]. Durch das gesetzliche Verbot Österreichs im Rahmen des §3 Abs. 1 und 2 Fortpflanzungsmedizingesetzes wird in diese Freiheit eingegriffen. Dieser Eingriff ist allerdings nach Ansicht der großen Kammer des Gerichtshofes gerechtfertigt. Er entschied, die Mitgliedstaaten hätten einen weiten Ermessensspielraum im sich dynamisch entwickelnden Bereich der Reproduktionsmedizin, die beteiligten Interessen in einen angemessenen Ausgleich zu bringen[209]. Der Hinweis der Ehepaare auf eine Reduzierung des Ermessens sei zwar grundsätzlich berechtigt. Dies vor allem wegen der erheblichen Bedeutung des Rechts auf genetisch eigene Kinder für die persönliche Identität. Im konkreten Fall aber sei das Ermessen trotzdem weit, da das Gesetz moralische und ethische Fragen betreffe, zu denen kein Konsens bestünde[210]. Der Ermessenspielraum beziehe sich auf die Entscheidung „ob“ und „wie“ reproduktionsmedizinische Maßnahmen geregelt würden. Moralische und ethische Bedenken seien allerdings sehr ernst zu nehmen, aber allein nicht ausreichend für ein Totalverbot[211]. In diesem Sinne habe der österreichische Gesetzgeber versucht, die widerstreitenden Interessen in Ausgleich zu bringen. Er wollte die Möglichkeiten der Reproduktionsmedizin den Bürgern zugänglich machen, ohne

208 S.H. u.a./Österreich, Urteil der Großen Kammer des EGMR vom 3.11.2011, 57813/00, Pkt. 82.

209 S.H. u.a./Österreich, Urteil der Großen Kammer des EGMR vom 3.11.2011, 57813/00, Pkt. 94–97.

210 S.H. u.a./Österreich, Urteil der Großen Kammer des EGMR vom 3.11.2011, 57813/00, Pkt. 94.

211 S.H. u.a./Österreich, Urteil der Großen Kammer des EGMR vom 3.11.2011, 57813/00, Pkt. 103.

gesellschaftliche Bedenken gegen die Trennung der Mutterschaft und andere Risiken unberücksichtigt zu lassen[212]. Gesetzeszweck war, Unklarheiten bei der Zuordnung der Mutterschaft zu vermeiden und die Frau vor Ausbeutung und das Kind vor Selektion zu schützen[213]. Aufgrund dieser Erwägungen wäre auch ein anderes Gesetz möglich und unter Umständen fairer gewesen. Kernfrage sei aber vor allem, ob Österreich zum Zeitpunkt der Abwägung seinen Ermessensspielraum übertreten hätte. Dies sei aber nicht der Fall[214]. Zur Zeit der gesetzgeberischen Entscheidung war in der überwiegenden Anzahl aller Konventionsstaaten die Eizellspende verboten[215]. Der klare Trend, die Eizellspende zuzulassen, verringere den Ermessensspielraum der Staaten nicht, da er nur eine momentane Entwicklung und keine gesicherten dauerhaften Prinzipien aufzeige[216]. Vor diesem Hintergrund waren für die Große Kammer die Erwägungen Österreichs hinsichtlich des Totalverbots der Eizellspende ausreichend. Außerdem sei es den Bürgern per Gesetz nicht verboten gewesen, die Eizellspende in einem anderen Staat durchführen zu lassen[217]. Für diesen Fall regele das Zivilgesetzbuch die Mutterschaft und die Familienbeziehungen. Zuletzt weist der Gerichtshof aber darauf hin, dass trotz allem die Entwicklungen der Medizin auch in der Gesetzgebung berücksichtigt werden müssten[218].

Das Urteil erging nicht einstimmig, weshalb insbesondere die Gegenstimmen ebenfalls zu erörtern sind.

Vier Richter der Großen Kammer des EGMR[219] sprachen sich entgegen der Mehrheit für eine Verletzung von Art. 8 EMRK. Das Urteil des Gerichtshofes sei

---

212 S.H. u.a./Österreich, Urteil der Großen Kammer des EGMR vom 3.11.2011, 57813/00, Pkt. 104.

213 S.H. u.a./Österreich, Urteil der Großen Kammer des EGMR vom 3.11.2011, 57813/00, Pkt. 105.

214 S.H. u.a./Österreich, Urteil der Großen Kammer des EGMR vom 3.11.2011, 57813/00, Pkt. 115.

215 S.H. u.a./Österreich, Urteil der Großen Kammer des EGMR vom 3.11.2011, 57813/00, Pkt. 35 ff.

216 S.H. u.a./Österreich, Urteil der Großen Kammer des EGMR vom 3.11.2011, 57813/00, Pkt. 96.

217 S.H. u.a./Österreich, Urteil der Großen Kammer des EGMR vom 3.11.2011, 57813/00, Pkt. 114.

218 S.H. u.a./Österreich, Urteil der Großen Kammer des EGMR vom 3.11.2011, 57813/00, Pkt. 117.

219 Joint Dissenting Option of Judges TULKENS, HIRVELÄ, LAZAROVA TRAJKOVSKA AND TSOTSORIA.

im Ergebnis inkonsequent. Dabei waren im Wesentlichen zwei Aspekte für die Richter ausschlaggebend.

In erster Linie wiesen die Richter des Minderheitsvotums der Großen Kammer darauf hin, dass die Entwicklungen der letzten Jahre in Mitgliedstaaten bezüglich der rechtlichen Beurteilung der Eizellspende zu berücksichtigen gewesen wären. Die Mehrheit der Großen Kammer erörtere die neuen Entwicklungen der Medizin und die Anpassung der Gesetze vieler Konventionsstaaten (von ehemals 39 Staaten verbieten nur noch 8 die Eizellspende) zwar, ignoriere sie letztlich aber, indem Österreich ein sehr weiter Ermessensspielraum zugestanden werde. Dieser dehne sich damit ins Uferlose aus[220], und 2011 entstünde dadurch ein Urteil ohne Substanz und ohne Effekt für die Gegenwart[221]. 80 Millionen Menschen litten unter Problemen bei der Fortpflanzung, und es müssten vor diesem Hintergrund dringend die sozialen und kulturellen Rechte der Teilhabe an medizinischen Entwicklungen berücksichtigt werden. Das Ziel einer Harmonisierung innerhalb der Konventionsstaaten im Bezug auf die Konventionsrechte könne so jedenfalls nicht erreicht werden[222].

Darüber hinaus kritisieren die Richter vor allem die Empfehlung der Großen Kammer, die Eizellspende in einem anderen Land vornehmen zu lassen. Dies sei, unabhängig von den praktischen und finanziellen Problemen, ein insgesamt unbefriedigendes Ergebnis. Das Recht auf Privat- und Familienleben i.S.d. Art. 8 EMRK enthalte gerade das Recht auf freie Inanspruchnahme der Reproduktionsmedizin im eigenen und nicht im Nachbarstaat. Letztlich ginge vor allem der Hinweis, die dann entstehende Familienbeziehung regele das Zivilgesetzbuch Österreichs, komplett fehl. Er entkräfte vielmehr das Argument des Gerichtshofes, das Land werde mit der gespaltenen Mutterschaft nicht fertig bzw. entstünden ohnehin befürchtete unklare Familienkonstellationen[223].

bb) Reaktionen

Die Reaktionen auf das Urteil der Großen Kammer fallen, wie zu erwarten war, sehr unterschiedlich aus. Nach Ansicht von *Weilert* ist die Erweiterung des

220 S.H. u.a./Österreich, Urteil der Großen Kammer des EGMR vom 3.11.2011, 57813/00, jointdissenting option, Pkt. 8.

221 S.H. u.a./Österreich, Urteil der Großen Kammer des EGMR vom 3.11.2011, 57813/00, jointdissenting option, Pkt. 4 und 5.

222 S.H. u.a./Österreich, Urteil der Großen Kammer des EGMR vom 3.11.2011, 57813/00, jointdissenting option, Pkt. 9.

223 S.H. u.a./Österreich, Urteil der Großen Kammer des EGMR vom 3.11.2011, 57813/00, jointdissenting option, Pkt. 12 und 13.

Schutzbereiches von Art. 8 EMRK auf Fälle der heterologen künstlichen Befruchtung im Wege der dynamischen Interpretation der Rechte der EMRK kritisch zu betrachten. Insbesondere fehle eine umfangreiche Begründung der Großen Kammer dazu. Dies sei insofern problematisch, weil vielmehr Gesichtspunkte dafür sprächen, dass gerade in diesem Punkt die Grenze zwischen Rechtsauslegung zu vorgreifender Rechtspolitik überschritten werde. Daraus resultiere für die Konventionsstaaten ein Rechtfertigungszwang, warum homologe und heterologe künstliche Befruchtung ungleich behandelt würden[224]. Zwar funktioniere das Zugeständnis eines weiten Beurteilungsspielraums an die Konventionsstaaten bei der Schaffung einer gesetzlichen Regelung zur Reproduktionsmedizin als Korrektiv dieser dynamischen Auslegung, dies aber nur, solange kein qualitativer Konsens der Staaten zum Thema künstlicher Befruchtung bestehe. Dann müsse eine Angleichung der Rechtslage erfolgen, was gerade vor dem Hintergrund der Souveränität der Staaten und der Subsidiarität der EMRK bedenklich sei[225]. Nach Ansicht von *Bernat* ist Grund für die Entscheidung der Großen Kammer die allgemeine Zurückhaltung des EGMR bei Fragen zu Grundwertentscheidungen, die darüber hinaus auch noch Fragen der Moral betreffen. Jedoch mache der Gerichtshof unmissverständlich klar, dass er die gesetzgeberische Entscheidung Österreichs gerade im Bereich der Eizellspende nicht nachvollziehen könne[226]. Seiner Ansicht nach hat sich der EGMR lediglich aufgrund der präjudiziellen Wirkung für einige Konventionsstaaten vor einer Entscheidung gescheut[227]. *Pöschl* weist insbesondere auf die Ungereimtheiten des Urteils der Großen Kammer hin und erörtert, dass es keineswegs üblich und durch die Rechtsprechung des EGMR auch nicht belegt ist, dass der EGMR nachträglich eintretende Umstände in seinem Urteil nicht berücksichtigt. Insofern ist der festgelegte Beurteilungszeitraum des EGMR auf die Zeit des Urteils des österreichischen Verfassungsgerichtshofs nicht nachvollziehbar und es hätte geprüft werden müssen, ob die Gametenspende heute konventionswidrig ist. Dies insbesondere weil eine Antwort auf die Frage der Zulässigkeit der Gametenspende im Jahr 1999 durch ein überlanges Verfahren vor dem EGMR ohnehin bedeutungslos geworden ist[228]. So entstünden unpraktische und ineffiziente Urteile[229]. Ebenso schwer nachvollziehbar seien

224 Weilert, MedR 2012, S. 335, 357.
225 Weilert, MedR 2012, S. 335, 358.
226 Bernat, EEF-Z 2012/7 S. 24, 26.
227 Bernat, EEF-Z 2012/7 S. 24, 27.
228 Pöschl, RdM 2012/53 S. 70, 73.
229 Pöschl, RdM 2012/53 S. 70, 73.

die Erwägungen des Gerichtshofs zum Beurteilungsspielraum der Staaten bei der Regelung von Fragen zu denen kein Konsens bestehe und die moralische ethische Themen betreffen. Bedauerlich sei vor allem, dass eine überwiegende Rechtsansicht in den Konventionsstaaten nicht berücksichtigt werde[230].

cc) Stellungnahme

Zusammenfassend ist festzustellen, dass die Große Kammer des Europäischen Gerichtshofes für Menschenrechte (EGMR) sich konsequent für den erweiterten Anwendungsbereich von Art. 8 EMRK auch im heterologen System entscheidet und nicht nur die künstliche Befruchtung im homologen System *(Dickson/UK)* unter Art. 8 EMRK subsumiert. Damit ist die Fortpflanzungsfreiheit unter Zuhilfenahme reproduktionsmedizinischer Maßnahmen im heterologen System eindeutig vom Schutzbereich des Rechts auf Privatleben erfasst. Ansonsten entstünde auch der problematische Fall, dass das Recht auf künstliche Befruchtung einer gesunden Frau oder eines gesunden Mannes in seiner Geltung davon abhinge, ob der jeweilige Partner unter Verwendung eigenen Genmaterials zur künstlichen Befruchtung beitragen kann oder nicht. Dies widerspräche dann bereits der Rechtsprechung im Fall *Dickson/UK.* Zwar äußert sich der EGRM hier zum Recht eines Paares auf genetische *Elternschaft*, aber dieser Fall beinhaltet natürlich auch das Recht eines einzelnen Eltern*teils* auf genetische Elternschaft. Dieses Recht liefe im genannten Fall jedoch leer, noch dazu aus völlig unvorhersehbaren und unbeeinflussbaren Gründen, was insofern ein willkürliches Ergebnis darstellen würde. Eine Rechtfertigung im Sinne des Art. 8 Abs. 2 EMRK könnte sich in diesem Fall auch nicht aus den Erwägungen zu den Gefahren der heterologen künstlichen Befruchtung ergeben, denn der gesunde Elternteil wäre ja selbst genetisch verwandt. Darüber hinaus würde das Ergebnis die ohnehin bereits Geschädigten schutzlos stellen und zu einer Art Einstufung von „validem“ und „nicht validem“ Genmaterial führen, was inakzeptabel ist. Dies ist auch der Kritik von *Weilert* entgegenzuhalten. Betrachtungswinkel muss bei der Auslegung der Rechte der EMRK nicht der vom Staat auf die Konvention sein, sondern der von der Konvention auf den Staat. Souveränität des Staates spielt eben dort wo sie abgegeben wurde, keine Rolle mehr. Nähme jeder einzelne Staat die Auslegung der Konvention selbst vor, endete der Schutz der Konvention immer im kleinsten gemeinsamen Nenner, da jeder Staat die Vorschriften auf seine Weise auslegte. Diese Vorgehensweise würde Internationale Abkommen ad absurdum führen.

230 Pöschl, RdM 2012/53 S. 70, 74.

Hinsichtlich der Erwägungen zum Beurteilungsspielraum, ist die Kritik der Richter im Rahmen des Minderheitenvotums aufzugreifen. Die Verletzung von Art. 8 EMRK wird von der Großen Kammer des EGMR als im Rahmen des Ermessensspielraums der Mitgliedstaaten befindlich erachtet, da es sich um moralische und ethische Fragen handele, zu denen kein Konsens in den Staaten der EMRK bestand oder besteht. Vor diesem Hintergrund geht sie auf die einzelnen Argumente für das Verbot der Eizellspende nicht explizit ein, und der Ermessensspielraums der Mitgliedstaaten dehnt sich ins Uferlose aus. Der Begründung der Großen Kammer zufolge könnte vor allem erst ein vollständiger Konsens der Mitgliedstaaten zu einer Verringerung des Ermessens der Mitgliedstaaten kommen. Dann ist jedoch eine Beschwerde vor dem EGMR bezüglich dieser Frage nicht mehr zu erwarten. Harmonisierungsbestrebungen im Raum der Anwendbarkeit der EMRK werden so fast unmöglich. Es hätten zumindest die Entwicklungen der letzten Jahre Berücksichtigung finden müssen. Insofern ist *Pöschl* zuzustimmen. Hat eine Rechtsentwicklung keinen Einfluss auf den Beurteilungsspielraum eines Staates, entstehen ineffiziente Urteile und werden für die Beschwerdeführer bedeutungslose Entscheidungen getroffen. Auch die Empfehlung der Großen Kammer, die Eizellspende im Ausland vornehmen zu lassen, überzeugt nicht. Es kann einem Staat kaum zugutegehalten werden, dass er eine Reise in Nachbarstaaten zur Behandlung nicht verbietet. Die Möglichkeiten des Nachbarlandes entlasten auf diese Weise den Staat, obwohl dieser seine Bürger hinsichtlich medizinischer, finanzieller und rechtlicher Fragen unberücksichtigt lässt. Auf diese Weise unterbleibt eine adäquate Auseinandersetzung mit dem Thema der Eizellspende in der Reproduktionsmedizin im Inland. Dafür kann der Staat nicht „belohnt“ werden.

Betrachtet man das Ergebnis beider Entscheidungen -der Kammer und der Großen Kammer-bleibt jedenfalls in beiden Fällen die Aufforderung zu einer Nachbesserung der gesetzlichen Lage, einmal eine rechtlich verbindliche und einmal eine nicht verbindliche. Obwohl die Entscheidung der Großen Kammer für die Rechte des Einzelnen nachteilig ist, lässt sich schwer ausmachen, welcher Weg vom Standpunkt eines supranationalen Gerichtshofes aus besser zu beschreiten ist. Gerade die in Folge des Urteils der Ersten Kammer geäußerten Bedenken Dritter (Deutschland, Italien, Hera ONLUS and Infertilita Onlus) gegen die Eizellspende verdeutlichen die starke Bedenken einzelner Staaten gegen die Zulassung der Eizellspende. Insbesondere die Stellungnahme Italiens, in der darauf hingewiesen wird, dass jegliche heterologen Techniken der Reproduktionsmedizin und vor allem die gespaltene Mutterschaft abgelehnt werden, erzeugte einen hohen Druck auf den EGMR. Der EGMR hält sich insgesamt bei ethischen und moralischen Fragen stark zurück und gesteht den Staaten einen weiten

Ermessensspielraum zu[231]. Im Fall *X, Y und Z/UK* hatte der Gerichtshof beispielsweise entschieden, dass Art. 8 EMRK zwar anwendbar aber nicht verletzt ist, wenn ein „female-to-male“ Transsexueller gesetzlich eine Frau nicht ehelichen kann und gesetzlich nicht als Vater eines Kindes anerkannt wird, da die Staaten im Zusammenhang mit diesen Instituten einen weiten Ermessensspielraum hätten[232]. In gleicher Weise beurteilte der Gerichtshof den Fall *Schalk und Kopf/Österreich.* Hier hatte ein homosexuelles Paar heiraten wollen. Da zumindest die Möglichkeit einer zivilrechtlichen Partnerschaft offen stand, entschied der Gerichtshof, dass keine Verletzung von Konventionsrechten vorlag[233]. Abzuwarten bleibt wie die Große Kammer im erst kürzlich durch die Kammer des EGMR entschiedenen Fall *Costa und Pavan/Italien* vom 28.08.2012 urteilen wird[234]. Im genannten Fall bewertete die Kammer das Präimplantationsdiagnostik (PID)-Verbot in Italien als unzulässig und als Eingriff in das Privat- und Familienleben der Eltern aus Art. 8 EMRK. Einschränkungen bei der PID dürfen nicht weiter reichen als die für Abtreibungen. Geklagt hatte ein Paar aus Rom. Ihre 2006 geborene Tochter litt an Mukoviszidose. Eine Untersuchung ergab, dass beide Eltern, ohne selbst erkrankt zu sein, Träger der Erbkrankheit waren. 2010 wurde die Frau nochmals schwanger. Ein Screening ergab, dass der Embryo an Mukoviszidose erkrankt war, weshalb die Schwangerschaft abgebrochen wurde. Das Paar wollte nun ein gesundes Kind bekommen, und um nicht erneut abtreiben zu müssen, sollte das das Kind durch eine IVF gezeugt werden, damit der Embryo vor dem Einsetzen in die Gebärmutter der Frau durch eine PID auf das Vorliegen der Erbkrankheit untersucht werden konnte. Die IVF ist in Italien aber unfruchtbaren Paaren vorbehalten bzw. ausnahmsweise nur in den Fällen erlaubt, in denen der Mann eine durch Geschlechtsverkehr übertragbare Krankheit hat wie etwa Aids, Hepatitis B oder C. Die für die Auswahl gesunder Embryonen notwendige PID ist in Italien sogar ganz verboten. Dagegen ist die Abtreibung an Mukoviszidose erkrankten Embryonen aus medizinischen Gründen erlaubt. Der EGMR sah in dieser Gesetzeslage einen deutlichen Widerspruch[235]. Er argumentierte Italien, könne das PID-Verbot nicht mit dem

231 X;Y and Z/UK, EGMR, 22.4.1997, 21830/93; Schalk und Kopf/Österreich, EGMR, 24.6.2010, 30141/04.

232 X;Y and Z/UK, EGMR, 22.4.1997, 21830/93, Pkt. 44.

233 Schalk und Kopf/Österreich, EGMR, 24.6.2010, 30141/04, Pkt. 105.

234 Costa und Pavan/Italien, EGMR, 28.08.2012, 54270/10.

235 Der Gerichtshof weist im Urteil darauf hin, dass ein Unterschied zu der Entscheidung S.H. u.a./Österreich besteht, da es sich um Reproduktionsmedizinische Maßnahmen im homologen System handele.

Gesundheitsschutz für die Mutter rechtfertigen, da die erlaubte Abtreibung ein weit stärkerer und risikoreicherer Eingriff sei. Die Erste Kammer des EGMR weist in diesem Zusammenhang auf die moralischen und ethischen Aspekte des Zugangs zu Untersuchungen wie der PID hin. Das Gericht stellt aber auch fest, dass unter den Konventionsstaaten nur die Schweiz, Italien und Österreich diese verbieten. Gegen das Urteil kann noch Beschwerde bei der Großen Kammer des EGMR erhoben werden, die wie auch im Fall *S.H./Österreich* noch gegenteilig entscheiden kann.

Letztlich bleibt festzuhalten, dass die Entscheidung des EGMR im Fall *S.H./ Österreich* dazu geführt hat, dass die Paare über 10 Jahre auf eine Entscheidung gewartet haben, das Ergebnis sich auf einen Zeitraum bezieht, der vor dieser Zeit lag, und die Paare mittlerweile zu alt sind, sich in einem anderen Staat reproduktionsmedizinische Hilfe zu suchen. Lediglich durch den eindeutigen Hinweis am Ende der Entscheidung, Entwicklungen der Technik zu berücksichtigen und Gesetze dementsprechend anzupassen, bringt die Große Kammer zum Ausdruck, dass eine Weiterentwicklung der Staaten nicht erzwungen, doch aber erwartet wird. Vor diesem Hintergrund muss auch Deutschland die existierende Gesetzgebung zum Verbot der Eizellspende überdenken und die durch die EMRK normierten Freiheiten der Bürger zukünftig tatsächlich auch berücksichtigen.

II. Regenerativmedizin

Die Forschung selbst ist in der EMRK nicht ausdrücklich erwähnt. Allerdings schützt das Recht auf Meinungsfreiheit gemäß Art. 10 EMRK nach ständiger Rechtsprechung des EGMR auch die Freiheit der wissenschaftlichen Meinungsäußerung[236]. Ob auch die wissenschaftliche Forschungsbetätigung selbst unter Art. 10 EMRK fällt, ist zu bezweifeln. Jedenfalls hat sich der EGMR bislang in keinem seiner Urteile für eine Forschungsfreiheit im weitesten Sinne ausgesprochen[237]. Solange dies nicht der Fall ist, kann nicht davon ausgegangen werden, dass sich das Recht der Meinungsfreiheit aus Art. 10 EMRK über den kommunikativen Prozess der Forschung hinaus, auch auf dessen Betätigung im Allgemeinen bezieht. Hinzu kommt, dass der Gerichtshof sich scheinbar der Forschungsfreiheit eher über das Recht auf Teilhabe an Forschungstechniken gemäß Art. 12 Abs. 1

236 Baskaya u.a./Türkei, EGMR, 8.7.1999, 23536/94 und 24408/94.

237 Nowak, Der Status der Forschung in der EU Grundrechtscharta und der Europäischen Menschenrechtskonvention, S. 75, 88.

und Art. 15 Abs. 1b und 2 des Internationalen Pakts wirtschaftlicher, sozialer und kultureller Rechte von 1966 nähert[238]. So entschied das Minderheitenvotum der Richter im Fall *S.H. u.a./Österreich*, es müsse im Rahmen medizinisch assistierter Reproduktion notwendigerweise den oben benannten Rechte auf Teilhabe an medizinischen Forschungsergebnissen stärkere Bedeutung zukommen. Dieser Hinweis ließe sich möglicherweise auch auf die Teilhabe an Forschungsergebnissen in der Humangenetik ausweiten. Diesbezügliche eindeutige Hinweise fehlen allerdings bislang. Für Deutschland wäre jedenfalls zu berücksichtigen, dass der Internationale Pakt wirtschaftlicher, sozialer und kultureller Rechte von 1966 durch Zustimmungsgesetz vom 23.11.1973 mit Wirkung vom 03.01.1976 in die Deutsche Rechtsordnung integriert wurde und im Rang eines einfachen Bundesgesetzes gilt[239].

Hinsichtlich der Forschung an embryonalen Stammzellen wäre weiterhin noch der Status des Embryos zu diskutieren. Die EMRK schützt das Recht auf Leben (Art. 2 EMRK). Grundsätzlich fällt der Schutz des ungeborenen Lebens nicht darunter, da der Konsens diesbezüglich in den Konventionsstaaten fehlt[240]. Auch nach Ansicht des EGMR ist der Embryo keine Person im Sinne von Art. 2 EMRK[241]. Allerdings erörterte er, dass ein Menschenwürdeschutz des Embryos erforderlich sei, dieser aber in seiner Ausgestaltung den Vertragsstaaten obliege[242].

Insofern liefert die EMRK keine konkreten rechtlichen Vorgaben für die Eizellspende in der Forschung. Es ist allerdings zu beachten, dass der EGMR es für erforderlich hält, dass der Embryo durch das Recht der Konventionsstaaten geschützt wird.

III. Zwischenergebnis

Die Pflicht zur Zulassung der Eizellspende in der Reproduktionsmedizin folgt demnach aus keinem der Abkommen des Europarates. Die Europäische Menschenrechtskonvention schützt in Art. 8 das Recht eines Jeden auf Achtung des Privat- und Familienlebens, der Wohnung und der Korrespondenz (Art. 8 Abs. 1 EMRK). Eine Behörde darf in die Ausübung dieses Rechts nur eingreifen,

---

238 Dazu: S.H. u.a./Österreich, Urteil der Großen Kammer vom 3.11.2011, 57813/00, abweichendes Votum der Richter Pkt. 9.

239 Wirkung des Zustimmungsgesetzes: BVerfGE 68, S. 1, 85f.; 90 S. 268, 358; BGBl.1973 II, S. 1569; BGBl. 1976 II S. 428.

240 Karpenstein/Meyer, EMRK Kommentar Art. 2 Rn. 10 S. 57.

241 VO/Frankreich, Nr. 53924/00, Urteil der Großen Kammer vom 8.7.2004.

242 VO/Frankreich, Nr. 53924/00, Urteil der Großen Kammer vom 8.7.2004, Pkt. 84.

soweit der Eingriff gesetzlich vorgesehen und in einer demokratischen Gesellschaft für die nationale oder öffentliche Sicherheit, das wirtschaftliche Wohl des Landes, zur Aufrechterhaltung der Ordnung, zur Verhütung von Straftaten, zum Schutz der Gesundheit oder der Moral oder zum Schutz der Rechte und Freiheiten anderer (Art. 8 Abs. 2 EMRK) notwendig ist. Nach Rechtsprechung des Europäischen Gerichtshofes für Menschenrechte unterfällt die Entscheidung zu Mutter- oder Vaterschaft ebenfalls Art. 8 EMRK, (*Evans/UK*), sowie die Entscheidung reproduktionsmedizinische Maßnahmen in Anspruch zu nehmen *(Dickson/UK)*. In seiner aktuellsten Entscheidung zur Eizellspende in der Reproduktionsmedizin urteilte der Gerichtshof, das gesetzliche Verbot der Eizellspende greife in die Freiheitsrechte aus Art. 8 EMRK ein, der Eingriff sei allerdings gerechtfertigt. Er stellt diesbezüglich im Wesentlichen auf den weiten Ermessensspielraum der Mitgliedstaaten hinsichtlich des Ausgleichs der beteiligten Interessen im sich dynamisch entwickelnden Bereich der Reproduktionsmedizin ab *(S.H. u.a./Ö)*. In zuletzt genannter Entscheidung weist der Gerichtshof aber rechtlich unverbindlich auf die überwiegende Anzahl der Konventionsstaaten hin, die die Eizellspende mittlerweile erlaubt. Insofern seien die Gesetze der übrigen Staaten zu überdenken und dem aktuellen Stand der Technik anzupassen.

In der Europäischen Menschenrechtskonvention existieren auch keine Regelungen zur Eizellspende in der Regenerativmedizin. Das Recht der Meinungsfreiheit aus Art. 10 EMRK gilt grundsätzlich nur für den kommunikativen Prozess der Forschung. Eine Norm zur Forschungsfreiheit fehlt. Der Europäische Gerichtshof für Menschenrechte scheint sich der Forschungsfreiheit zwar über das Recht auf Teilhabe an Forschungstechniken gemäß Art. 12 Abs. 1 und Art. 15 Abs. 1b und 2 des Internationalen Pakts wirtschaftlicher, sozialer und kultureller Rechte von 1966 zu nähern, eine definitive Entscheidung dazu fehlt allerdings bislang. Zum Status des Embryos schweigt die EMRK und der EGMR, da diesbezüglich kein Konsens in den Konventionsstaaten vorliegt. Im Fall *VO/Frankreich* erörtert der EGMR allerdings, dass der Embryo vor dem Hintergrund des Gedankens der Menschenwürde durch das Recht der Konventionsstaaten zu schützen ist. Die genaue Ausgestaltung überlässt er den Staaten.

D. Weitere Instrumente Europarat

I. Reproduktionsmedizin

1. Menschenrechtskonvention zur Biomedizin

40 Mitglieder des Europarats unterzeichneten am 04.04.1997 die Menschenrechtskonvention zur Biomedizin (BMK), um einheitliche ethische Standards festzulegen[243] und die Würde und Identität menschlichen Lebens in all seinen Formen zu schützen[244]. Die BMK trat am 1.12.1999 in Kraft, nachdem gemäß der Ratifikationsklausel fünf Staaten die Ratifikationsurkunde hinterlegt hatten[245]. Regelungen zur Humangenetik finden sich dort in Kapitel 4. Zur Reproduktionsmedizin regelt Art. 14 BMK, dass das reproduktionsmedizinische Verfahren nicht dazu genutzt werden darf, das Geschlecht des Kindes zu beeinflussen[246]. Eine solche Vorgehensweise sieht die Konvention lediglich im Fall einer schweren geschlechtsgebundenen Krankheit vor. Art. 21 BMK normiert das Verbot des finanziellen Gewinns unter Verwendung menschlichen Gewebes. Organe und Gewebe sollen weder gekauft noch verkauft werden. Eine finanzielle Entschädigung, die keine Entlohnung darstellt, sondern gerecht für entstandene Kosten entschädigt, ist nicht verboten. Zur Zulässigkeit der Eizellspende generell schweigt die Konvention, weshalb aus diesem Normengefüge keine Aussage oder Pflicht zur Zulässigkeit dieser folgt. Bislang fehlt es ohnehin an einer Ratifizierung des Abkommens durch Deutschland[247], dann folgte daraus jedenfalls das Verbot des finanziellen Gewinns für die Eizellspenderin.

---

243 Deutschland hat bis heute nicht unterzeichnet und in Dänemark trat die Konvention 1999 in Kraft.

244 Fülle, Embryonenforschung und Embryonenschutz, S. 121.

245 Fülle, Embryonenforschung und Embryonenschutz, S. 118.

246 http://www.bioethik-konvention.de/bioethik-konvention_texte_und_zusatzprotokolle.html.

247 Zu den Gründen: Fülle, Embryonenforschung und Embryonenschutz, S. 119 ff.

2. Ad hoc Committee of experts on progress in the biomedical sciences, 1989

Zur Reproduktionsmedizin und zur Eizellspende veröffentlichte das Ad-Hoc-Komitee verschiedene Prinzipien, worunter in Punkt 11 die Verwendung von Eizellen oder Samen des Ehepartners angesprochen wird. Auch diese Richtlinien sind allerdings rechtlich nicht verpflichtend. So besagt Punkt 11 Absatz 2 lediglich, dass die Spende eines Embryos an ein anderes Paar durch die Staaten erlaubt werden kann.

II. Regenerativmedizin

Im Übereinkommen zur Biomedizin ist die medizinische Forschung in Kapitel 5 geregelt. Das Kapitel wird durch das 1. Zusatzprotokoll über medizinische Forschung vom 25.1.2005 konkretisiert[248]. Die Konvention legt die Menschenwürde in Art. 1 BMK als grundlegendes Prinzip fest, dem der Lebensschutz in Art. 2 BMK folgt. Daraus resultiert ein Vorrang von menschlichem Leben vor gesellschaftlichen und wissenschaftlichen Interessen. Im Anschluss wird die wissenschaftliche Forschungsfreiheit auf dem Gebiet der Medizin und Biologie in Art. 15 BMK normiert. Art. 16 BMK normiert verschiedene Voraussetzungen zur Zulässigkeit von Forschungsvorhaben. So darf keine Alternative von vergleichbarer Wirksamkeit zur Forschung am Menschen existieren und es muss ein angemessenes Verhältnis zwischen Nutzen und Risiko bestehen. Weiterhin entscheidet eine Ethikkommission über die Zulässigkeit des Forschungsprojekts und der Proband ist entsprechend über seine Rechte aufzuklären. Er hat eine ausdrückliche, spezifische Einwilligung zum Zweck der Teilnahme am Forschungsprojekt abzugeben. Art. 17 BMK regelt die Voraussetzung bei einwilligungsunfähigen Personen. Die Forschung an Embryonen wird in Art. 18 Abs. 1 BMK der Konvention nicht generell ausgeschlossen. Der nationale Gesetzgeber ist dafür zuständig dem Embryo vor diesem Hintergrund ausreichenden Schutz zu gewähren. Aber die Erzeugung menschlicher Embryonen zu Forschungszwecken ist untersagt (Art. 18 Abs. 2 BMK). In der Literatur ist stark umstritten wie „ausreichender Schutz" des Embryos im Rahmen verbrauchender Embryonenforschung aussieht. Zum einen wird argumentiert, dass dieser nur durch ein Verbot verbrauchender

248 Voß, Schutz der Grundrechte in der Medizin und Biologie durch die Charta der Grundrechte, S. 302.

Embryonenforschung erfolgen könne[249]. Zum anderen wird darauf hingewiesen, dass bei dieser Art der Interpretation von Art. 18 BMK dessen Absatz 1 sinnlos sei, da dieser die Embryonenforschung gerade nicht generell ausschließe[250].

Letztlich wird jedenfalls durch Art. 18 BMK die Embryonenforschung nicht generell ausgeschlossen, aber das menschliche Leben als schützenswertes Gut qualifiziert, das die nationalen Staaten im Rahmen ihrer Gesetzgebung berücksichtigen müssen[251]. Art. 1 des Zusatzprotokolls vom 12.01.1998 der BMK verbietet jedenfalls ausdrücklich die Herstellung genetisch identischen Lebens. Es existieren noch drei weitere Zusatzprotokolle, ein Zusatzprotokoll zum Schutz menschlicher Embryonen und Föten wird diskutiert, ist aber bislang wegen der sehr unterschiedlichen Positionen der Mitgliedstaaten nicht verwirklicht worden. Deutschland hat im Gegensatz zu Dänemark diese Konvention nicht ratifiziert[252]. Aus ihr folgt dann jedenfalls das Verbot des Klonens und das Verbot der Erzeugung menschlicher Embryonen zu Forschungszwecken.

III. Zwischenergebnis

Die übrigen Vertragswerke des Europarats enthalten keine konkreten Vorschriften zur Eizellspende in Reproduktions- oder Regenerativmedizin. Jedoch wären unterschiedliche Vorschriften bei einer zukünftigen Normierung der Eizellspende zu bedenken. So regelt beispielsweise die Menschenrechtskonvention zur Biomedizin in Art. 14 BMK, dass im Fall einer schweren geschlechtsgebundenen Krankheit das reproduktionsmedizinische Verfahren nicht dazu genutzt werden darf, das Geschlecht des Kindes zu beeinflussen. Art. 21 BMK normiert das Verbot der Veräußerung von menschlichen Körperteilen zur Gewinnerzielung.

Auch im Bereich der Forschung finden sich zahlreiche Anknüpfungspunkte hinsichtlich der Behandlung der Eizellspende. Eine definitive Aussage zur Zulässigkeit des therapeutischen Klonens an überzähligen Embryonen fehlt allerdings. In der Menschenrechtskonvention zur Biomedizin wird die wissenschaftliche Forschungsfreiheit auf dem Gebiet der Medizin und Biologie in Art. 15 BMK

249 Roitzheim, DriZ 1997, S. 92 ff.

250 Giwer, Rechtsfragen der Präimplantationsdiagnostik, S. 156f.

251 Voß, Schutz der Grundrechte in der Medizin und Biologie durch die Charta der Grundrechte, S. 309.

252 Catenhusen, Stammzellpolitik in Deutschland, S. 64.

festgelegt. Grenzen dieser regelt Art. 16 BMK. Die Forschung an Embryonen wird in Art. 18 Abs. 1 BMK nicht generell ausgeschlossen. Der nationale Gesetzgeber muss in diesem Zusammenhang aber ausreichenden Schutz des Embryos gewährleisten. Die Erzeugung menschlicher Embryonen zu Forschungszwecken ist untersagt (Art. 18 Abs. 2 BMK), und Art. 1 des Zusatzprotokolls vom 12.01.1998 der BMK verbietet die Herstellung genetisch identischen Lebens.

E. Regelungen Europäische Union

I. Reproduktionsmedizin

1. Grundrechtecharta

Die gemäß Art. 6 des EU-Vertrages mit Primärrechtsrang ausgestattete Grundrechtscharta der Europäischen Union (GRCh) wurde mit dem Inkrafttreten des Vertrags von Lissabon am 1.12.2009 (vom 7.12.2000) in der am 12.12.2007 angepassten Fassung verbindlich[253]. Sie enthält Abwehr-, Leistungs- und Gleichheitsrechte[254]. Diese gelten bei der Durchführung von Unionsrecht (Art. 51 Abs.1 GRCh).

Die Charta der Grundrechte weist mehrere für reproduktionsmedizinische Maßnahmen und Forschungsaspekte an ES-Zellen entscheidende Vorschriften auf. Art. 1 GRCh beinhaltet den Schutz der Menschenwürde, der auch den Schutz des Embryos auf Europaebene verstärkt. Gleiches gilt für Art. 2 GRCh, den Schutz des Lebens, das Recht auf Unversehrtheit (Art. 3 GRCh), das Recht auf Selbstbestimmung (Art. 2, 3 und 8 GRCh) und das Recht auf Gleichbehandlung (Art. 21 GRCh)[255]. In Art. 3 Abs. 2 Fall 3 GRCh findet sich zur Verwirklichung biomedizinischer Standards das Verbot der entgeltlichen Eizellspende. Art. 7 schützt das Recht auf Achtung des Privat und Familienlebens, Art 9 GRCh schützt das Recht auf Familiengründung. Entsprechend Art. 52 Abs. 3 S. 1 GRCh sind diese Rechte inhaltlich aufgrund ihrer Wortgleichheit zur EMRK (Art. 8 und 12 EMRK) deckungsgleich mit diesen Vorschriften zu verstehen. Insofern ist der Entschluss, ein Kind haben zu wollen und sich dabei reproduktionsmedizinischer Maßnahmen zu bedienen, auch durch die Charta der Grundrechte gedeckt[256].

Der Gesundheitsschutz ist in Art. 35 S. 1 GRCh verankert. Er sichert den Zugang zur Gesundheitsvorsorge und ärztlichen Versorgung nun auf Grundrechtsebene.

---

253 Cremer, EuGRZ 2011 Heft 19–21 S. 545.

254 Jarass, Charta der Grundrechte der Europäischen Union, 2010, Einl. Rn. 49 ff.

255 Voß, Schutz der Grundrechte in der Medizin und Biologie durch die Charta der Grundrechte, S. 67.

256 Bernsdorf, Art. 9 GR Ch in: Meyer, Charta der Grundrechte Kommentar, 3. Auflage, Rn. 19, S. 232.

Aus dieser Vorschrift folgen allerdings keine subjektiven Rechte[257]. Der Gesundheitsschutz wird nach Maßgabe der einzelstaatlichen gesetzlichen Regelungen gewährt[258]. Die Garantiefunktion dieses Rechts wird dadurch stark relativiert. Außerdem existiert eine Vorrangklausel hinsichtlich ebenfalls durch die EMRK geschützter Rechte (Art. 52 Abs. 3 GRCh). Hier wird festgelegt, dass die EMRK einen Anwendungsvorrang genießt, wenn es um Rechte geht, die in beiden Regelungswerken geschützt werden[259].

Vor diesem Hintergrund macht die GRCh keine konkreten Vorgaben zur Eizellspende in der Reproduktionsmedizin, außer das Verbot, den menschlichen Körper und Teile davon zur Erzielung von Gewinn zu nutzen (Art. 3 Abs. 2 Fall 3. GRCh). Das Vertragswerk sichert aber ebenso wie die Grundrechte der Bundesrepublik und die EMRK das Recht auf Fortpflanzung, das bei einer künftigen Regelung zu berücksichtigen ist.

2. Verordnung 2004/23/EC

Die Verordnung legt Qualitäts- und Sicherheitsstandards zur Verwendung von bestimmtem menschlichen Gewebe und Zellen beim Menschen fest, um ein hohes Gesundheitsniveau zu gewährleisten. Damit gilt die Verordnung auch für die Eizellspende. Allerdings legt sie nur die einzuhaltenden Standards fest und trifft keine generelle Aussage über die Zulässigkeit der Eizellspende[260].

II. Regenerativmedizin

1. Grundrechtecharta

Die Grundrechtscharta enthält in Art. 13 GRCh das Recht auf Forschungsfreiheit. Hierunter fallen auch die Stammzellforschung und sonstige biomedizinische Forschungsaktivitäten[261]. Eingeschränkt wird diese Freiheit durch Art. 3 Abs. 2 GRCh

---

257 Müller-Terpitz, in: Spickhoff, Medizinrecht, Kommentar, §35 GRCh Rn. 31.

258 Bernsdorf, in Meyer, Charta der Grundrechte, Kommentar, Art. 9 GR Ch, Rn. 13 S. 230.

259 Müller-Terpitz, in: Spickhoff, Medizinrecht Kommentar, §35 GRCh Rn. 32.

260 S.H. u.a./Österreich, Urteil der Großen Kammer des EGMR vom 3.11.2011, 57813/00, Pkt. 107.

261 Nowak, Der Status der Forschung in der EU GRCh und der EMRK, S. 75, 108.

und Art. 52 Abs.1 GRCh[262]. Art. 3 Abs. 2 GRCh benennt ausdrücklich das Verbot des reproduktiven Klonens. Zum therapeutischen Klonen schweigt die Charta der Grundrechte. Dies zu regeln, bleibt dem nationalen Gesetzgeber überlassen[263]. Eine entgegenstehende gesicherte Rechtsprechung des EuGH zur Frage, ob eventuell auch das therapeutische Klonen ausgeschlossen sein soll, existiert nicht[264]. In Bezug auf den Status des Embryos ist auch hier der Lebensschutz gemäß Art. 2 GRCh zu behandeln. Diesbezüglich gilt aber der selbe Schutzumfang wie der der EMRK. Wie bereits erörtert[265], äußert sich weder die EMRK direkt noch der EGMR zum Beginn menschlichen Lebens. Da der Schutzumfang der Rechte der Charta der Grundrechte gemäß Art. 52 Abs. 3 GRCh sich ausdrücklich bei ebenfalls in der EMRK normierten Rechten an deren Tragweite und Bedeutung orientiert, ist auch hier der Embryo nicht geschützt[266].

2. Forschungsrahmenprogramm

Teil 3, Titel XIX des Vertrages über die Arbeitsweise der Europäischen Union enthalten die Art. 179–186. Diese erörtern die EU- Forschungspolitik und eine entsprechende Finanzierungsmöglichkeit im Rahmen mehrjähriger Forschungsrahmenprogramme. Vor diesem Hintergrund entstand 2003 im Rahmen eines Moratoriums in Europa die Debatte um die Förderungswürdigkeit von Projekten mit embryonalen Stammzellen. Die Förderungspraxis bis 2006 verbot die Förderung der Forschung[267], die zur Zerstörung menschlicher Embryonen führte, die Stammzellen aus „überzähligen“ Embryonen zu nutzen war allerdings förderbar[268]. Danach stimmte man im Europäischen Parlament auf

---

262 Voß, Schutz der Grundrechte in der Medizin und Biologie durch die Charta der Grundrechte, S. 302.

263 Erläuterungen Entwurf GRCh 4473/00; Berger, Embryonenschutz und Klonen beim Menschen, S. 138.

264 Nowak, Der Status der Forschung in der EU GRCh und der EMRK, S. 75, 114 ff.

265 Siehe S. 42 der Arbeit.

266 Anders: Voß, Schutz der Grundrechte in der Medizin und Biologie durch die Charta der Grundrechte, S. 302, nach Voß steht der medizinischen Forschung unter Vernichtung menschlicher Embryonen Art. 2 GRCh, dem Recht auf Leben, entgegen, da die objektive Werteordnung der GRCh nach dessen Ansicht auch das ungeborene Leben schützt.

267 Schavan, Ein ethisches Dilemma, S. 242.

268 Zu den Widersprüchen der Praxis siehe Hatzinger, Die Stammzelldebatte in Europa, S. 104.

Vorschlag der Kommission und unter Einbeziehung verschiedener Stellungnahmen der katholischen und evangelischen Kirche ab, die Förderpraxis weitestgehend beizubehalten und Forschungstätigkeiten mit dem Ziel der „Züchtung menschlicher Embryonen ausschließlich zu Forschungszwecken oder zur Gewinnung embryonaler Stammzellen, einschließlich durch somatischen Zellkerntransfer“ nicht zu finanzieren[269]. Damit werden Forschungsvorhaben an adulten Stammzellen und embryonalen Stammzellen, die mit dieser Regelung vereinbar sind, gefördert. Aus dieser Förderungsmöglichkeit folgt zwar noch keine Zulässigkeit therapeutischer Klonforschung, aber zumindest die Möglichkeit der Förderung und damit kein Verbot.

III. Zwischenergebnis

Die Europarechtlichen Bestimmungen enthalten verschiedene Hinweise auf die Reproduktions- und Regenerativmedizin generell, aber keine konkreten Normen zur Eizellspende.

So schützt beispielsweise Art 9 GRCh das Recht auf Familiengründung und den Zugang zu Techniken der medizinisch unterstützten Fortpflanzung. Der Entschluss, ein Kind haben zu wollen und sich dabei reproduktionsmedizinischer Maßnahmen zu bedienen, fällt darunter. Dabei geht es aber nicht um eine bestimmte reproduktionsmedizinische Maßnahme, sondern nur um die grundsätzliche Möglichkeit dieser. Insofern folgt daraus für die Regelung der Eizellspende in Deutschland keine konkrete Verpflichtung.

Weiterhin enthält die Grundrechtscharta in Art. 13 GRCh das Recht auf Forschungsfreiheit. Hierunter fallen auch die Stammzellforschung und sonstige biomedizinische Forschungsaktivitäten. Eingeschränkt wird diese Freiheit durch Art. 3 Abs. 2 GRCh, und Art. 52 Abs.1 GRCh Art. 3 Abs. 2 GRCh benennt ausdrücklich das Verbot des reproduktiven Klonens. Die Ausgestaltung von Regelungen zum therapeutischen Klonen bleibt dem nationalen Gesetzgeber überlassen. Insbesondere regelt die Charta der Grundrechte ebenso wie die EMRK und EGMR nicht den Status des Embryos. Das europäische Forschungsrahmenprogramm unterstützt Forschungsvorhaben an adulten Stammzellen und embryonalen

269 Hatzinger, Die Stammzelldebatte in Europa, S. 110; zum siebten Forschungsprogramm der EU ausführlich: Tag, Das siebte Forschungsrahmenprogramm und seine Herausforderungen, S. 61 ff.

Stammzellen, die nicht der „Züchtung menschlicher Embryonen ausschließlich zu Forschungszwecken oder zur Gewinnung embryonaler Stammzellen, einschließlich durch somatischen Zellkerntransfer“[270] dienen. Andere Vorhaben werden hingegen gefördert. Vor diesem Hintergrund ergibt sich aus den europarechtlichen Vorgaben definitiv nur, dass die Eizellspende in der Regenerativmedizin nicht zum reproduktiven Klonen erfolgen darf.

270 Hatzinger, Die Stammzelldebatte in Europa, S. 110.

F. Deutsche Rechtslage

Wie soeben festgestellt, treffen internationale Abkommen keine Aussage zur Zulässigkeit der Eizellspende in der Reproduktionsmedizin oder der regenerativen Medizin. Diese Bereiche sind im Folgenden anhand der Werteordnung des Grundgesetzes zu prüfen.

I. Reproduktionsmedizin

1. Geltendes Recht

a) Historische Entwicklung

Die 1984 zur Erörterung ethischer und rechtlicher Fragen des zukünftigen Embryonenschutzgesetzes eingesetzte Arbeitsgruppe „In-vitro Fertilisation, Genomanalyse und Gentherapie" stellte den Auftakt einer kontroversen Diskussion zur Frage der gesetzlichen Regelung fortplanzungsmedizinischer Maßnahmen dar. Die Benda Kommission kam in ihrem Abschlussbericht 1985 unter anderem zu dem Ergebnis, die Eizellspende sei im Rahmen der Reproduktionsmedizin eine Gefahr für die Beteiligten[271]. Eine unsanfte Aufklärung traumatisiere möglicherweise die gesamte Familie. Bei einer unerwünschten Entwicklung des Kindes befürchtete man die Flucht der Eltern vor der eigenen Verantwortung für die Erziehung. Auch das Risiko der Geschwisterehe und einer möglichen „Zuchtauswahl" sprach nach Ansicht der Experten gegen die Eizellspende[272]. Positive Aspekte, wie beispielsweise das Erleben der Schwangerschaft oder die Schaffung eines zumindest teilweise verwandten Nachkommen, blieben gänzlich unberücksichtigt. Dem schloss sich 1985 die deutsche Ärzteschaft an. Sie empfahl in den nach dem 88. Deutsche Ärztetages veröffentlichten „Richtlinien zur Durchführung von IVF und ET als Behandlungsmethode menschlicher Sterilität" die Eizellspende im

---

271 Benda Bericht in: Gentechnologie, Chancen und Risiken Bd. 6 1985, S. 18ff, In-vitro-Fertilisation, Genomanalyse und Gentherapie, Bericht der Arbeitsgruppe des Bundesministers für Forschung und Technologie und des Bundesministers der Justiz.

272 Ihr Schlussbericht erschien im November 1985 und enthielt zahlreiche Vorschläge zur gesetzlichen Regelung der Materie. Ausführliche Auseinandersetzung dazu: Keller/Günther/Kaiser, Kommentar ESchG, 1. Auflage, Einführung, Rn. 22ff.

berufsrechtlichen Standesrecht zu verbieten[273]. Die Richtlinien wurden im Oktober 1985 um „Richtlinien zur Forschung an frühen menschlichen Embryonen" ergänzt und 1988 vom 91. Deutschen Ärztetag überarbeitet, was jedoch zu keiner Änderung führte[274]. Auch die Kirchen befassten sich mit dem Thema Reproduktionsmedizin[275]. Sie befürwortete einen restriktiven Umgang mit Maßnahmen der medizinisch assistierten Reproduktion[276]. Der Embryo sei von Anfang an menschliches Subjekt und daher schutzbedürftig[277]. In der „Instruktion der Kongregation für die Glaubenslehre über die Achtung vor dem beginnenden menschlichen Leben und die Würde der Fortpflanzung" von 1987[278] fügte die Kirche hinzu, Reproduktionsmedizin raube dem Fortpflanzungsakt die Würde und müsse daher unterbleiben[279]. Juristische Stellungnahmen erfolgten unter anderem durch den Deutschen Juristinnenbund 1983 bei der 25. Jahrestagung. Eine dort gebildete Arbeitsgruppe verabschiedete 1985 ihre Thesen[280]. Hier empfahl man erstmals in Bezug auf die Eizellspende, keine gesetzlichen Verbote auszusprechen, sondern Missbräuchen

---

273 DÄBL 1985 Heft 22 S. 1691: Die IVF soll nur im homologen System stattfinden. Ausnahmen sind nur zulässig nach vorheriger Anrufung der bei der Ärztekammer eingerichteten Kommission.

274 DÄBL 1988 Heft 40 S. 2203.

275 So veröffentlichte die Evangelische Kirche im November 1985 die Schrift „Von der Würde des werdenden Lebens - Extrakorporale Befruchtung, Fremdschwangerschaft und genetische Beratung". Tagung „Gentechnologie, Genmanipulation und Reproduktionstechnik" Evangelische Akademie.

276 Voss, Rechtsfragen der Keimbahntherapie, 2001, S. 98. Andere katholische Moraltheologen äußerten sich zu dem Thema toleranter und empfanden die IVF als sittlich unbedenklich: Schlag, Verfassungsrechtliche Aspekte der künstlichen Fortpflanzung, S. 150: „allein die Mißbrauchsmöglichkeit macht eine Methode nicht rechtswidrig" und insbesondere zum Argument der Trennung von Fortpflanzung und Geschlechtsakt: „dieser ethische Einwand ist als rechtliche Wertung nicht gewichtig genug". Aber Breuer in: Person von Anfang an? 2003, S. 292 „der Krankheitswert der Sterilität ist keinesfalls so schwerwiegend, als dass die IVF als Form ihrer Behandlung moralisch bejaht werden kann".

277 Lanz-Zumstein, Die Rechtsstellung des unbefruchteten und befruchteten Keimguts, S. 273.

278 Verlautbarungen des Apostolischen Stuhls Nr. 74 vom 10.03.1987, Hrsg. Sekretariat der DeutschenBischofskonferenz.

279 Apostolischer Stuhl, Verlautbarungen Nr. 74 vom 10.03.1987, S. 27.

280 Lanz-Zumstein, Gentechnologie, Chancen und Risiken Bd.9 1986, Embryonenschutz und Befruchtungstechnik-Seminarbericht und Stellungnahmen aus der Arbeitsgruppe „Gentechnologie" des Deutschen Juristinnenbundes.

durch zivilrechtliche Regelungen entgegenzuwirken[281]. Dem entgegnete der Deutsche Richterbund in seinen am 17.04.1986 veröffentlichten „Thesen zur Fortpflanzungsmedizin und zur Humangenetik“, dass mit der Vereinigung von Samen- und Eizellspende menschliches Leben entstehe[282] und die gespaltene Mutterschaft im Sinne des Kindeswohls zu unterbinden sei[283]. Ein anlässlich des 56. Deutschen Juristentages im September 1986 veröffentlichtes Gutachten zum Thema „Künstliche Befruchtung -Zulässigkeit und zivilrechtliche Folgen“ erörterte zur Eizellspende, dass das Kindeswohl gerade nicht für ein Verbot der Eizellspende spräche, da das Kind ohne die Vornahme der reproduktionsmedizinischen Maßnahme nicht existiere und dies wohl kaum in dessen Interesse läge[284]. Es gäbe insbesondere kein „lebensunwertes“ Leben, weshalb die Nichtzeugung nicht dem Kindeswohl diene und nur aus der eigenen Verantwortung folge. Im Zusammenhang mit der Eizellspende stehende ethische Fragen sollten daher anderweitig, als durch ein Verbot, geregelt werden. Daher sei letztlich die Eizellspende unter bestimmten Voraussetzungen, wie dem Verbot der Kommerzialisierung und dem Recht auf Kenntnis der genetischen Abstammung zuzulassen[285]. Eine Verletzung der Menschenwürde durch die Trennung von genetischer und sozialer Mutterschaft könne weder in der Eizell- noch in der Embryospende gesehen werden[286]. Der 29.04.1986 erschienene Diskussionsentwurf des Embryonenschutzgesetzes von der Bundesregierung sah

281 Ähnlich schon vorher Coester-Waltjen, Gentechnologie, Chancen und Risiken Bd.2 1985, „Befruchtungs- und Gentechnologie bei Menschen- rechtliche Probleme von morgen? S. 92, 93, die feststellt: ..“ eine strafrechtliche Schutzvorschrift für die Keimzelle gibt es nicht. Die Vorschrift des § 218 ff StGB greift mangels Schwangerschaft nicht ein und die §211 ff StGB setzen als Tatobjekt den geborenen Menschen voraus.“ Das Urteil des BVerfG vom 25.02.1975 entscheidet, dass menschliches Leben mit der Nidation, der Einnistung der befruchteten Eizelle in die Gebärmutter beginnt. Frage ist, ob daraus folgt, dass eben ohne Nidation kein menschliches Leben besteht. Die omnipotente Zelle vor der Nidation ist zwar schon potentielles Leben, aber mangels Individualisierung (weil Teilung der Zelle und Entstehen mehrerer Embryonen noch möglich) noch kein „richtiges“ menschliches Leben, eher latentes menschliches Leben. Der Schutz dessen würde sich dann auch zwischen realem und potentiellem menschlichen Leben ansiedeln.

282 Thesen des Deutschen Richterbundes in: DRiZ 1986 S. 229.

283 Thesen des Deutschen Richterbundes in: DRiZ 1986 S. 229, These IVOM.

284 Coester-Waltjen in Ihrem Gutachten zum 56. Deutschen Juristentages, Berlin 1986 B S. 47, 111; Voss, Rechtsfragen der Keimbahntherapie, S. 102.

285 Coester-Waltjen, Gutachten B zum 56. Deutschen Juristentag 1986.

286 Starck, Gutachten A zum 56. Deutschen Juristentag 1986 S. 39.

ebenfalls kein Verbot der Eizellspende vor[287]. Diese sollte umfassend durch zivilrechtliche Vorschriften geregelt werden und das Strafrecht als „ultima ratio“ in diesem Fall keine Anwendung finden[288]. Daraufhin äußerte sich der Bundesrat am 16.5.1986 in einem Beschluss und lehnte in diesem die heterologe Insemination insgesamt ab[289]. Die Verwendung fremder Eizellen verstoße gegen das menschliche Selbstverständnis des Kindes und seiner Rolle in der sozialen Umwelt. So werde die Identitätsfindung des Kindes beeinträchtigt, wenn ihm, wie es bei einer anonymen Eizellspende zuträfe, die Kenntnis seiner Abstammung auf Dauer unbekannt bliebe[290]. Im Anschluss überprüfte die Bund-Länder-Arbeitsgruppe den Entwurf und sprach sich ebenfalls für ein Verbot der heterologen Insemination aus. Danach sollte vom Bundesgesetzgeber ein einheitliches Fortpflanzungsmedizingesetz geschaffen werden, neben dem die Länder ergänzende Regelungen erlassen konnten. Der am 19.07.1989 verabschiedete Entwurf eines Gesetzes zum Schutz von Embryonen wurde am 11.08.1989 von der Bundesregierung im Bundesrat eingebracht. Er basierte auf dem Entwurf der Bund-Länder-Arbeitsgruppe und enthielt das Verbot der Eizellspende[291]. Die Möglichkeit der Transplantation eines ganzen Eierstocks zog man zwar in Betracht, lehnte sie aber letztlich ab[292]. Außerdem sei die Ersatzmutterschaft zu verbieten, und es dürften auch nicht die Eizellen einer Frau befruchtet werden, die sich bereit erklärt hat, nach der Geburt ihr Kind Dritten zu überlassen[293]. Diese Entscheidung begründete man mit dem Problem der späteren Identitätsfindung des Kindes. Außerdem sei zu bedenken, dass wohl häufig eine Frau Eizellspenderin sein würde, die sich selbst in einer IVF-Behandlung befinde und in Folge der hormonellen Stimulation überzählige Eizellen abgebe. Diese Frau müsste dann unter Umständen damit leben, dass ihre Behandlung fehlschlägt und sie kinderlos bleibt, wohingegen eine andere Frau, dank der Eizellspende in der Lage sei, ein Kind zu gebären. In diesen Fällen würde eine erhebliche seelische Belastung für die Beteiligten entstehen[294]. Mit dem Gesetzesentwurf der Bundesregierung, der am 25.10.1989 dem Bundestag zugeleitet wurde, befasste sich sodann der Rechtsausschuss. Am 8.10.1990 legte dieser seinen Bericht und seine Beschlussempfehlung mit Ergänzungen und Änderungen

287 Abgedruckt und kommentiert von Deutsch, ZRP 1986, S. 242,243.
288 Günther, MedR 1986, S. 259, 264.
289 BR-Drs. 210/86 S. 6.
290 BR-Drs. 210/86 S. 6.
291 BR-Drs. 417/89.
292 BR-Drs. 417/89.
293 BR-Drs. 417/89.
294 BR-Drs. 417/89.

zum ESchG vor[295]. Im Bundestag wurde insbesondere die heterologe Insemination und die künstliche Befruchtung bei Nichtverheirateten kontrovers diskutiert[296]. Auch die rein strafrechtliche Regelung der Materie stieß auf Kritik. Auf eine Gesamtregelung wurde letztlich aus Zeitgründen verzichtet[297]. Am 24.10.1990 beschloss dann der Bundestag das ESchG, nachdem am 9.11.1990 der Bundesrat beschlossen hatte, den Vermittlungsausschuss nicht anzurufen[298].

b) Regelungen des Embryonenschutzgesetzes

Das Embryonenschutzgesetz trat am 01.01.1991 in Kraft[299]. Das Verbot der Eizellspende folgt aus §1 Abs. 1 Nr. 1 und 2 ESchG. Danach wird mit Freiheitsstrafe bis zu drei Jahren oder einer Geldstrafe bestraft, wer 1. auf eine Frau eine fremde unbefruchtete Eizelle überträgt oder es 2. unternimmt, eine Eizelle zu einem anderen Zweck künstlich zu befruchten, als eine Schwangerschaft der Frau herbeizuführen, von der die Eizelle stammt. Strafbar sind demnach die an der Eizelle vorgenommenen ärztlichen Handlungen, Spenderin und Empfängerin bleiben straflos. Für diese Personen liegen Strafausschließungsgründe vor. §1 Abs. 3 Nr. 1 ESchG regelt: „Nicht bestraft werden in den Fällen des Absatzes 1 Nr. 1, 2 und 6 die Frau, von der die Eizelle oder der Embryo stammt, sowie die Frau, auf die die Eizelle übertragen wird oder der Embryo übertragen werden soll, (...).“ Der Unrechtscharakter der Eizellspende bleibt davon unberührt[300].

2. Diskussion

a) Kritik Embryonenschutzgesetz

Kritische Auseinandersetzungen mit dem Embryonenschutzgesetz finden insbesondere hinsichtlich dessen Sinn und Zweck statt. Dieser war und ist es, die gespaltene Mutterschaft und die daraus resultierenden Probleme für die Beteiligten zu vermeiden. Die Eizellspende in der Reproduktionsmedizin gefährdet

295 BT-Drs. 11/8057.
296 Wurzel/Born, Embryonenschutzgesetz, BayVBl. 1991, S. 705, 709.
297 Rechtsausschuss, Bericht, BT Drs. 11/8057.
298 BR-Drs. 745/90.
299 BGBl. I 1990, 2746.
300 BT-Drs. 14/9020.

laut Gesetzesbegründung unter Umstände durch die Aufteilung der Mutterschaft in eine genetische und eine biologische das Kindeswohl[301]. Daraus folgten nach Ansicht des Gesetzgebers möglicherweise Entwicklungsstörungen und Probleme bei der Identitätsfindung. Für die genetische Mutter entstünde eventuell das Problem selbst nach der Spende einer Eizelle keine Kinder mehr bekommen zu können, und aus diesem Grund im Nachhinein die Spende zu bereuen[302]. Weiterhin könnte die biologische Mutter die Eizellspenderin für Krankheiten oder andere Schwierigkeiten des Kindes verantwortlich machen und vor diesem Hintergrund das Kind plötzlich ablehnen[303]. Außerdem bestünden für die Spenderin medizinische und gesundheitliche Risiken[304]. Die Gefahr der Kommerzialisierung der Eizellspende führe letztlich außerdem zur Ausbeutung der Frau[305]. Darüber hinaus ermögliche die Eizellspende eine Zuchtauswahl[306].

Kritikern des Embryonenschutzgesetzes wenden demgegenüber im Wesentlichen ein, diese Begründung trage jedenfalls ein Totalverbot der Eizellspende nicht[307]. Gerügt wird insbesondere, dass der Gesetzgeber bloße Zweifel am Kindeswohl für das Verbot der Eizellspende ausreichen ließe[308]. Medizinischen Untersuchungen zur Folge nehme die Art der Zeugung vielmehr keinen Einfluss auf die Entwicklung des Kindes[309]. Insgesamt könne das Kind jedenfalls kein Interesse an seiner Nichtexistenz haben. Insofern spräche das Kindeswohl niemals für ein Verbot der Eizellspende, sondern ausschließlich für deren

301 Begründung zum ESchG: BT Drs. 11/5460 S. 7.

302 Begründung zum ESchG: BT Drs. 11/5460 S. 7.

303 S.H. u.a./Österreich, Urteil der Großen Kammer des EGMR vom 3.11.2011, 57813/00, Pkt. 69 ff; S.H. u.a./Österreich, Urteil der Kammer des EGMR vom 1.4.2010, 57813/00, Pkt. 52 ff.

304 S.H. u.a./Österreich, Urteil der Großen Kammer des EGMR vom 3.11.2011, 57813/00, Pkt. 69 ff; S.H. u.a./Österreich, Urteil der Kammer des EGMR vom 1.4.2010, 57813/00, Pkt. 52 ff.

305 S.H. u.a./Österreich, Urteil der Großen Kammer des EGMR vom 3.11.2011, 57813/00, Pkt. 69 ff; S.H. u.a./Österreich, Urteil der Kammer des EGMR vom 1.4.2010, 57813/00, Pkt. 52 ff.

306 S.H. u.a./Österreich, Urteil der Großen Kammer des EGMR vom 3.11.2011, 57813/00, Pkt. 69 ff; S.H. u.a./Österreich, Urteil der Kammer des EGMR vom 1.4.2010, 57813/00, Pkt. 52 ff.

307 Günther/Taupitz/Kaiser, ESchG Kommentar 2008, §1 Abs. 1 Nr. 1 ESchG Rn. 7.

308 Schröder, Die Rechtsgüter des Embryonenschutzgesetzes, S. 533, 535.

309 Thorn, Gametenspende und Kindeswohl, Hess. Ärzteblatt 2006, S. 173, 175; Reinke, Fortpflanzungsfreiheit, S. 165.

Zulassung[310]. Über diese grundsätzliche Kritik hinaus wird das Verbot der Eizellspende in weiten Teilen der Literatur als Grundrechtsverstoß gewertet[311]. Es stelle einen ungerechtfertigten Eingriff in die Fortpflanzungsfreiheit und Gleichberechtigung zwischen der Samenzellspende und Eizellspende dar[312]. Vor diesem Hintergrund wird insbesondere die Notwendigkeit eines umfassenden Fortpflanzungsmedizingesetzes diskutiert, das aufgrund der 1994 geschaffenen konkurrierenden Gesetzgebungskompetenz des Bundes in Art. 74 Abs. 1 Nr. 26 GG[313] auch umsetzbar wäre. Auf Seiten der Kinderwunsch-Patienten kämen insbesondere die Rechte aus Art. 6 GG zum Schutz der Familie und der Freiheit zur Familiengründung hinzu und sprächen für eine Liberalisierung des Bereiches[314]. Es wird darauf hingewiesen, dass zur Freiheit der Familiengründung auch das Recht gehöre, die verfügbaren Möglichkeiten der Reproduktionsmedizin zu nutzen[315]. Viele Stimmen im Schrifttum weisen darauf hin, dass nur wenige Länder der Europäischen Union ein Unterschied zwischen der rechtlichen Behandlung von Samenzellspende und Eizellspende sehen[316]. Die unterschiedliche Behandlung von Samenspende und Eizellspende wird insbesondere im Zusammenhang mit der Kindschaftsrechtsreform kritisiert. Seit dieser bestehe mittlerweile kein rechtlicher Zweifel über die Mutterschaft und Abstammung. So stelle §1591 BGB klar, dass die rechtliche

310 Coester-Waltjen Gutachten DJT 1986 B S. 46, Hieb, Die gespaltene Mutterschaft im Spiegel des deutschen Verfassungsrechts, S. 135 ff.

311 Übersicht dazu bei Taupitz in: Günther/Taupitz/Kaiser, ESchG Kommentar, §1 Rn. 7 S. 146,147.

312 So Schreiber, Wohin entwickelt sich die Fortpflanzungsmedizin? S.113; Reinke, Fortpflanzungsfreiheit, S.113ff., S. 183ff; ausführlich dazu in Teil C 2. b) der Arbeit.

313 Im Gesetzesentwurf: Bundesrats Drucksache 886/93, die Bundesregierung begrüßt den Entwurf, damit für alle Bürger gleiche Rahmenbedingungen geschaffen werden können: BT-Drs. 12/7109.

314 Reinke, Fortpflanzungsfreiheit, S. 183ff.

315 Wendehorst, Rechtliche Anforderungen an ein künftiges Fortpflanzungsmedizingesetz, S. 35, 48; Reinke, Fortpflanzungsfreiheit, S. 183ff; Nieschlag, Wagenfeld, Schönfeldt und Schlatt, Keimzellspende: Möglichkeiten und Entwicklungen, S. 109, 114 und Zumstein, Keimzellspende juristische Thesen, S. 134, 138.

316 Neidert, Ist eine Änderung des Embryonenschutzgesetzes notwendig? Protokoll Arbeitskreis Ärzte und Juristen April 2003, S. 13; Nieschlag, Wagenfeld, Schönfeldt und Schlatt, Keimzellspende: Möglichkeiten und Entwicklungen, S.109, 114; ausführlich dazu: Wanitzek, Rechtliche Elternschaft bei medizinisch unterstützter Fortpflanzung, S. 201 ff; Die Regelung im Zivilrecht ist ansonsten eine reine Konfliktregelung. Sie soll im Fall einer Befruchtung im Ausland oder verbotener Weise im Inland die Rechtsverhältnisse klarstellen, so in: BT-Drs. 13/4899 S. 83, Beschluss 13.06.1996.

Mutterschaft immer die Gebärende für sich beanspruchen könne und nicht die Eizellspenderin[317]. Bei der zukünftigen Regelung der Eizellspende müsse man insofern lediglich bestimmte Aspekte berücksichtigen. Beispielsweise sei auf das Alter der Eizellempfängerin zu achten, um einen Generationskonflikt zu vermeiden. Außerdem soll zur Verhinderung der Kommerzialisierung der Eizellspende nur eine Aufwandsentschädigung für diese gezahlt werden[318]. Weiter müsse die Vornahme der Eizellspende in speziellen Zentren nach einer eingehenden Beratung und Prüfung erfolgen. Zur Vermeidung unerwünschter und ungeklärter Verwandtschaftsverhältnisse soll dort ein Register über die Eizellspenden geführt werden. Überwiegend wird jedenfalls die Leihmutterschaft wegen der dadurch entstehenden komplizierten Personenverhältnisse abgelehnt[319]. Nur in sehr seltenen Fällen soll die Möglichkeit einer Leihmutterschaft bestehen, z.B. wenn die Mutter für die eigene Tochter das Kind austrägt und intensive Beratungen und Prüfungen stattgefunden haben. Kritiker des Embryonenschutzgesetzes fügen außerdem hinzu, dass letztlich das Embryonenschutzgesetz insgesamt im Wertungswiderspruch mit den Regelungen der §§218 ff. StGB stünde. Ein Embryo könne nach dem StGB bis zur Geburt abgetrieben werden, woraus folgt, dass der Embryonenschutz nach dem ESchG stärker sei, als der nach dem StGB[320].

Befürworter des Verbots der Eizellspende argumentieren hingegen zum einen mit der Befürchtung der Entwicklung in Richtung Leihmutterschaft, die durch die Schaffung der Eizellspende initiiert werde[321]. Zum anderen könne die Möglichkeit, eine Eizelle zu erwerben, Frauen unter Druck setzen, fremde Wünsche erfüllen zu müssen. Dritte könnten den Eindruck gewinnen, einen Anspruch auf fremde Körperteile zu haben. Die ungewollte Kinderlosigkeit sei letztlich vielmehr ein gesellschaftliches Problem und der Versuch, diese auf dem Wege der Reproduktionsmedizin zu lösen, müsse scheitern[322]. Selbst Befürworter der Eizellspende sehen einige Argumente diesbezüglich kritisch. Beispielsweise sei das Argument,

---

317 Zumstein, Keimzellspende-juristische Thesen, S. 134, 138.

318 Deutsche Gesellschaft für Gynäkologie, Endokrinologie und Fortpflanzungsmedizin, die deutsche Gesellschaft für Reproduktionsmedizin und der Bundesverband Reproduktionsmedizin, Journal für Reproduktionsmedizin, 2001 Heft 5, S. 301–305.

319 Deutsche Gesellschaft für Gynäkologie, Endokrinologie und Fortpflanzungsmedizin, die deutsche Gesellschaft für Reproduktionsmedizin und der Bundesverband Reproduktionsmedizin, Journal für Reproduktionsmedizin, 2001 Heft 5, S. 301–305.

320 Neumann, Das Kreuz mit den Argumenten, S. 212.

321 Kettner, Neue Formen gespaltener Elternschaft, S. 34, 38.

322 Dokumentation der Fachtagung Reprokult, 2001 insbesondere S. 74 f, 139.

das Kind könne an seiner Nichtexistenz kein Interesse haben, abzulehnen[323]. Das Kind existiere eben noch nicht und könne demzufolge auch noch keine Rechte haben. Diese Begründung spiele vielmehr im Bereich bereits gezeugter und geschädigter Kindern eine Rolle[324]. Ansonsten führe die Argumentation nämlich dazu, der Reproduktionsmedizin keine Grenzen setzen zu dürfen. Auch die Adoption sei kein vergleichbares Konstrukt, da das Kind hier schon existiere, und es um die Frage des „wie" ginge und nicht um die des „ob". Auch diese Frage müsse aber bei der Zulassung reproduktionsmedizinischer Maßnahmen gestellt werden[325]. Zuletzt wird vorgebracht, Eingriffe in den Gleichbehandlungsgrundsatz gemäß Art. 3 GG durch die Unterscheidung zwischen Samen- und Eizellspende seien wegen der noch nicht erforschten Folgen der gespaltenen Mutterschaft gerechtfertigt[326].

b) Grundrechte

Ob im Verbot der Eizellspende tatsächlich eine Grundrechtsverletzung liegt, wird nachfolgend behandelt. §1 Abs. 1 Nr. 1 und Nr. 2 ESchG normiert das Verbot. Am Verfahren der Eizellspende sind die Empfängerin, Spenderin und der Partner der Empfängerin und der genetische Vater beteiligt. Die möglicherweise verletzten Grundrechte werden im Folgenden erörtert.

aa) Eizellempfängerin

Als verletztes Grundrecht kommt bei der Empfängerin der Eizellspende zunächst das Grundrecht auf Familie bzw. Familiengründung in Betracht.

(1) Art. 6 Abs. 1 GG

Grundsätzlich sind Art. 6 Abs. 2 und 3 GG lex specialis zu Art. 6 Abs. 1 GG und daher vorrangig zu prüfendes Verfassungsrecht[327]. Im Kern der Vorschriften

---

323 Taupitz in: Günther/Taupitz/Kaiser, ESchG Kommentar, §1 Rn. 8 S. 148.

324 So Taupitz in: Günther/Taupitz/Kaiser, ESchG Kommentar, §1 Rn. 8, der sich grundsätzlich für die Eizellspende ausspricht, aber, wie erörtert, sich gegen die Argumentation des „lebensunwerten Lebens" ausspricht.

325 Taupitz in: Günther/Taupitz/Kaiser, ESchG Kommentar, §1, Rn. 8.

326 Weyrauch, Künstliche Fortpflanzung im deutschen und US amerikanischen Recht, S. 128.

327 Jarass in: Jarass/Pieroth, GG Kommentar, Art. 6 Rn. 3, 41 S. 241, 254; Schmitt-Kammler in: Sachs, GG Kommentar, 4. Auflage 2007 Art. 6 Rn. 45; Antoni in: Hömig, GG Kommentar, Art. 6 Rn. 13; Pieroth/Schlink, Grundrechte, S. 167 Rn. 686.

geht es aber um die Grenzen und Reichweite der elterlichen Einwirkungen auf das Kind[328], und dementsprechend wird jedenfalls eine existierende Eltern-Kind Beziehung vorausgesetzt[329]. Art. 6 Abs. 2 und 3 GG kommen somit erst zu einem späteren Zeitpunkt zum Tragen, nämlich wenn das Kind geboren wurde. Somit bleiben sie im Fall der Eizellspende außer Betracht.

Bezüglich des Rechts auf Familie und Familiengründung ist insofern Art. 6 Abs. 1 GG als schützende Grundrechtsnorm zu prüfen, der Ehe und Familie unter den besonderen Schutz der staatlichen Ordnung stellt. Er bietet drei Schutzdimensionen und ist insofern zugleich Institutsgarantie, werteentscheidende Grundsatznorm und Abwehrrecht[330]. Als Institutsgarantie verbürgt er die Rechtsbegriffe Ehe und Familie, die als solche im Kern immer bestehen bleiben müssen[331] und damit Änderungen des Gesetzgebers weitgehend entzogen sind[332]. Als wertentscheidende Grundsatznorm trifft Art. 6 Abs. 1 GG eine verbindliche Wertentscheidung der Verfassung, Ehe und Familie zu fördern und zu schützen[333]. Die Familiengemeinschaft selbst ist im immateriell-persönlichen und materiell-wirtschaftlichen Sinne geschützt[334]. Insofern verbietet Art. 6 GG die Benachteiligung von Ehe und Familie gegenüber Ledigen und Kinderlosen[335]. In seiner Abwehrfunktion dient er der persönlichen Entfaltung in einem intimen Lebensbereich und stellt damit ein

---

328 Schmitt-Kammler in: Sachs, GG Kommentar, Art. 6 Rn. 66 S. 374; Jarass in: Jarass/Pieroth, GG Kommentar, Art. 6 Rn. 258; Robbers in: Mangoldt/Klein/Starck, GG Kommentar, Art. 6 Rn. 238 f., S. 736.

329 Badura in: Maunz/Dürig, Grundgesetzkommentar, Art. 6 Rn. 155; Schmitt-Kammler, Sachs GG Kommentar, Art. 6 Rn. 60.

330 Epping, Grundrechte, Rd. 508 f., S. 228 f; Pieroth/Schlink, Grundrechte S. 168 Rn. 687; Jarass in: Jarass/Pieroth, GG Kommentar, Art. 6 Rn. 1–3, S. 241; Hofmann in: Schmidt-Bleibtreu/Hofmann/Hopfauf, GG Kommentar, Art. 6 Rn. 3–5, S. 270 f.; Robbers in: Mangoldt/Klein/Starck, GG Kommentar, Art. 6 Rn. 8 f. S. 688 f.

331 Sodan, GG Kommentar, Art. 6 Rn. 12 S. 98; Badura, in: Maunz/Dürig, Grundgesetz Kommentar, 63, EGL, 2011, Art. 6 Rn. 43; Hofmann in: Schmidt-Bleibtreu/Hofmann/Hopfauf, GG Kommentar, Art. 6 Rn. 3 S. 270.

332 BVerfGE 80, S. 81, 92.

333 Hofmann in: Schmidt-Bleibtreu/Hofmann/Hopfauf, GG Kommentar, Art. 6 Rn. 4 S. 271; Schmitt-Kammler in: Sachs, GG Kommentar, Art. 6 Rn. 30 S. 359; Papier, Ehe und Familie in der neuen Rechtsprechung des BVerfG, NJW 2002 S. 2129, 2130.

334 BVerfGE, Urteil vom 20.6.2011, 1BvR 303/11.

335 Papier, NJW 2002 S. 2129, 2130.

Abwehr- und Schutzrecht für den Bürger dar[336]. Damit wird dem Einzelnen die Freiheit, eine Ehe einzugehen und eine Familie zu gründen, gewährt und gegen staatliche Eingriffe geschützt[337].

(a) Fortpflanzungsfreiheit

Ob die Fortpflanzungsfreiheit unter Art. 6 Abs. 1 GG fällt, wird in der Literatur kontrovers diskutiert, Rechtsprechung des Bundesverfassungsgerichtes hierzu fehlt bislang[338]. Für *Weyrauch* ist das Schutzgut der Familienbande ausschlaggebendes Kriterium für die Zuordnung eines Rechts zu Art. 6 Abs. 1 GG. Die Familienbande existiere aber im Stadium der Familiengründung eben noch nicht, weshalb diese und damit denklogisch auch die Fortpflanzungsfreiheit dem Schutzbereich des Art. 2 Abs.1 i.V.m. Art. 1 Abs.1 GG und nicht Art. 6 Abs.1 GG zuzuordnen seien[339]. Nach *Reinke* ist die Familiengründung und die Fortpflanzungsfreiheit wegen des bestehenden Sachzusammenhangs zur Familie über Art. 6 Abs. 1 GG zu schützen[340]. Dafür spräche, dass im Rahmen des Verbots der heterologen Eizellspende Kindeswohlbelange geltend gemacht würden, die über Art. 6 Abs. 2 GG geschützt würden[341]. Außerdem müssten Eingriffe des Staates in Ehe und Familie auf Rechtfertigungsebene besonderen Anforderungen genügen. Den Entstehungsprozess der Familie anderen Artikeln zuzuordnen, hieße, den besonderen Schutz in dieser Phase unbeachtet zu lassen[342]. *Hieb* ist der Ansicht, die Fortpflanzungsfreiheit sei zwar mangels bereits bestehender Familie über den

336 Schmitt-Kammler in: Sachs, GG Kommentar, Art. 6 Rn. 20 S. 354; Hofmann in: Schmidt-Bleibtreu/Hofmann/Hopfauf, GG Kommentar, Art. 6 Rn. 3–5, S. 270 f; BVerfG 20. 4. 2011–1 BvR 1811/08.

337 Robbers in: Mangoldt/Klein/Starck, GG Kommentar, Art. 6 Rn. 8. S. 688; Papier, Ehe und Familie in der neuen Rechtsprechung des BVerfG, NJW 2002 S. 2129.

338 Zumindest sieht es das Gericht in Art. 6 GG einen Schutzauftrag des Staates bezüglich Familienbelange auch zum Zeitpunkt der Familiengründung: BVerfGE, 2 BvL 6/07, 18.6.2008; Rn. 76, zur Fortpflanzungsfreiheit liegt keine Entscheidung vor.

339 Weyrauch, Zulässigkeitsfragen und abstammungsrechtliche Folgeprobleme bei künstlicher Fortpflanzung, 2003, S. 34; so auch aber mit anderer Begründung: (Bestimmungsrecht über die körpereigenen Produkte) Coester-Waltjen, in: Münch/Kunig, GG-Kommentar, Bd. 1, 5. Auflage 2000 Art. 6 Rn. 32; Laufs, JZ 1986 S. 767, 772; Zierl, DRiZ 1986, S. 302, 303.

340 Pieroth/Schlink, Grundrechte 2010, §15 Rn. 697, S. 171; dazu ausführlich bei Reinke, Fortpflanzungsfreiheit, S. 135, 136; Familiengründung als Teil von Art. 6 Abs. 1 GG: Sodan, GG Kommentar, Art. 6 Rn. 6; BVerfGE 105, 1, 11;

341 Reinke, Fortpflanzungsfreiheit, S. 136.

342 Reinke, Fortpflanzungsfreiheit, S. 136.

Schutzbereich von Art. 2 Abs. 1 GG erfasst, auf Rechtfertigungsebene müssten aber dieselben Schranken gelten, die auch für Art. 6 Abs.1 GG gelten würden[343]. Nur so werde dem Zusammenhang der Fortpflanzung mit der Familie Rechnung getragen[344]. Dem schließt sich auch *Coester-Waltjen* an[345]. Sie führt aus, dass das Recht auf Fortpflanzung zum Recht eine Familie zu gründen gehört, und zwar auch im Wege der assistierten Zeugung. Dabei sei die Entscheidung zur Fortpflanzung bis menschliches Leben entstanden ist wegen ihrer Höchstpersönlichkeit nicht bindend und -sowohl im Rahmen natürlicher als auch bei assistierter Reproduktion- sei auch kein Anspruch gegen den Partner auf Fortpflanzung durchsetzbar[346].

Grundsätzlich lassen sich wohl gute Gründe für die Einordnung des Rechts auf Fortpflanzung sowohl zu Art. 6 GG als auch zu Art. 1 Abs. 1 iVm. Art. 2 Abs. 1 GG finden. Das allgemeine Persönlichkeitsrecht (Art. 1 Abs. 1 i.V.m. Art. 2 Abs. 1 GG) schützt die Entfaltungsmöglichkeiten des Subjekts im Rahmen einer Selbstbestimmung, Selbstbewahrung und Selbstdarstellung. Dazu zählt auch das Recht auf sexuelle Selbstbestimmung, das auch zentrale Bedeutung im Rahmen der Fortpflanzung hat. Allerdings geht es bei der Fortpflanzungsfreiheit wohl doch um ein wenig mehr als um Selbstbestimmung. So fehlt ihr nämlich gerade dieser starke Selbstbezug und steht eher ein zukünftiges „wir" im Mittelpunkt der Betrachtung. Insgesamt scheint insofern die Zuordnung der Fortpflanzungsfreiheit zu Art. 6 Abs. 1 GG vorzugswürdig. Dafür spricht auch, dass der Schutz von Ehe und Familie nicht nur ein Grundrecht darstellt, sondern auch eine Institutsgarantie ist[347]. Der Norm kommt damit eine besondere Bedeutung zu. Ehe und Familie sind geschützte Institute und der Möglichkeit von Änderungen durch den Gesetzgeber weitgehend entzogen[348]. Ihr Wesenskern muss erhalten werden. Ein Recht darf demnach nicht leichtfertig aus dem Anwendungsbereich des Art. 6 GG herausgenommen werden, da dadurch der besondere Schutz durch die Verfassung entfällt bzw. vermindert ist. Insofern wäre es logisch nicht nachvollziehbar, dass gerade die Familiengründung, als unbedingte Voraussetzung für die Existenz einer Familie, einen anderen Schutz durch die Verfassung genösse, als die Familie selbst. Weiterhin spricht die thematische Nähe der Fortpflanzungsfreiheit zur Familie für die Anwendung von Art. 6 Abs. 1 GG. So fällt beispielsweise auch die Mutter nach

343 Hieb, Die gespaltene Mutterschaft im Spiegel des deutschen Verfassungsrechts, S. 20ff.
344 Hieb, Die gespaltene Mutterschaft im Spiegel des deutschen Verfassungsrechts, S. 20ff.
345 Coester-Waltjen in: Münch/Kunig, GG Kommentar Art. 6 Rn. 49 S. 575.
346 Cöster-Waltjen in: Münch/Kunig, GG Kommentar, Art. 6 Rn. 49 S. 576.
347 BVerfGE 80, S. 81, 92.
348 BVerfGE 80, S. 81, 92.

einer Tot- oder Fehlgeburt in den Anwendungsbereich von Art. 6 Abs. 4 GG[349]. Vor diesem Hintergrund ist die Fortpflanzungsfreiheit in den Schutzbereich von Art. 6 Abs. 1 GG einzubeziehen.

(b) Fortpflanzungsfreiheit und Reproduktionsmedizin

Es existieren unterschiedliche Auffassungen hinsichtlich der Frage, ob das Recht auf Fortpflanzungsfreiheit auch reproduktionsmedizinische Maßnahmen im heterologen System erfasst. Denn in diesem Fall geht es zunächst nicht nur um die Fortpflanzung an sich, sondern darum, diese unter Verwendung fremden Genmaterials erst zu ermöglichen. So argumentiert *Weyrauch*, eine derartig weite Ausdehnung des Rechts auf Fortpflanzung, auch auf deren Ermöglichung, dürfe nicht stattfinden[350]. Außerdem handele es sich bei einer, ein genetisch fremdes Kind gebärenden Frau, schon begrifflich nicht um einen Akt der Fortpflanzung, da dieser voraussetze, etwas von sich weiterzugeben, was bei einer Empfängerin einer Eizellspende gerade nicht der Fall sei[351]. Auch *Weilert* erörtert, dass unter Art. 6 GG ausschließlich die Fortpflanzungsfreiheit der Ehepartner bzw. der an der Familienbeziehung Beteiligten fallen können[352]. Nach *Reinke* umfasst die Fortpflanzungsfreiheit auch reproduktionsmedizinische Maßnahmen im heterologen System[353]. Diese weite Auslegung von Art. 6 Abs. 1 GG folge aus der verfassungsgerichtlich befürworteten extensiven Grundrechtsauslegung und dem Charakter der Norm als Institutsgarantie und Grundsatznorm[354]. Neue mögliche Maßnahmen der Reproduktionsmedizin seien deshalb unbedingt mit einzubeziehen, solange das Institut Ehe und Familie bestehen bleibe. Auf diese Weise sei es möglich, geänderte soziale Vorstellungen in der Gesellschaft zu berücksichtigen[355]. Dies gelte für Eizellempfängerin und Spenderin, außer letztere werde nur zu kommerziellen Zwecken tätig[356]. Dem schließt sich auch *Coester-Waltjen* an[357].

---

349 Jarass in: Jarass/Pieroth, GG Kommentar, Art. 6 Rn. 69 S. 262.

350 So zu lesen bei Weyrauch, Zulässigkeitsfragen und abstammungsrechtliche Folgeprobleme bei künstlicher Fortpflanzung, S. 39.

351 Weyrauch, Zulässigkeitsfragen und abstammungsrechtliche Folgeprobleme bei künstlicher Fortpflanzung, S. 124.

352 Weilert, ZfEE 2013, S. 48, 51, 52.

353 Reinke, Fortpflanzungsfreiheit, S. 136, 137.

354 Reinke, Fortpflanzungsfreiheit, S. 137.

355 Reinke, Fortpflanzungsfreiheit, S. 136.

356 Reinke, Fortpflanzungsfreiheit, S. 138.

357 Coester-Waltjen in: Münch/Kunig, GG Kommentar Art. 6 Rn. 49 S. 575.

Der weiten Auslegung von Art. 6 Abs. 1 GG ist zuzustimmen. Im Ergebnis kann es beim Schutz der Fortpflanzungsfreiheit nicht darauf ankommen, ob diese unter Zuhilfenahme reproduktionsmedizinischer Maßnahmen mit Eizell- oder Samenspende oder auf natürlichem Wege erfolgt. Sinn und Zweck von Art. 6 Abs. 1 GG ist, im Kern die Familie zu schützen, wozu, wie bereits erörtert, auch die Familiengründung gehört. Insofern ist es sinnvoll, auch bei der Notwendigkeit reproduktionsmedizinischer Maßnahmen bereits den besonderen Schutz des Art. 6 Abs. 1 GG anzunehmen. Ansonsten führt die besondere Hilfsbedürftigkeit eines Paares bei der Fortpflanzung zu einer Benachteiligung, da das Paar nicht auf die umfangreich garantierten Rechte der Familie zugreifen kann. Für diese Auslegung spricht auch die aktuelle Rechtslage. So wertet der Gesetzgeber die gebärende Mutter als rechtliche Mutter (§1591 BGB), was aus der durch Schwangerschaft und Geburt aufgebauten körperlichen und psycho-sozialen Bindung folgt[358]. Diese Zuordnung entsteht unabhängig von der Frage, woher die Eizelle stammt[359]. Wenn diese Frau nun begrifflich zur „Mutter“ wird, macht es auch Sinn, ihr die Rechte der Familie aus Art. 6 GG zukommen zu lassen. Dies gilt unabhängig davon, ob eine assistierte Reproduktion mit Eizell- oder Samenspende vorliegt oder nicht. Hinzu kommt, dass das Kind während der Schwangerschaft durch den Stoffwechsel der Frau ernährt und anschließend von ihr geboren wird. Sie setzt damit neues Leben in die Welt und gibt insofern „etwas von sich“ weiter, trotz fremden Genmaterials. Die Eizellspende ist vor diesem Hintergrund über Art. 6 Abs. 1 GG geschützt.

(c) Persönlicher Schutzbereich

Nach der Rechtsprechung des Bundesverfassungsgerichts sind „Ehe und Familie“ selbstständig nebeneinander bestehende Rechtsinstitute, und ist unter „Familie“ die umfassende Gemeinschaft von Eltern und Kindern zu verstehen[360]. Auch in der Literatur wird der Begriff „Familie“ weit ausgelegt und weder Scheidung noch Tod beenden die familiäre Beziehung zwischen den Beteiligten, und auch uneheliche Kinder, Adoptiv- Stief- und Pflegekinder sind Teil der Familie[361].

---

358 Wellenhofer, Münchner Kommentar zum BGB, 6. Auflage 2012 §1591, Rn. 4; Jauering, Bürgerliches Gesetzbuch, Kommentar, 14. Auflage, 2011, §1591 Rn. 1; Spieckhoff, Medizinrecht, 1. Auflage 2011, §1591 Rn. 1.

359 Jauering, Bürgerliches Gesetzbuch, Kommentar, §1591 Rn. 1.

360 BVerfGE 80 S. 81, 90; 108, 82, 112; 127, 263, 287.

361 Hofmann in: Schmidt-Bleibtreu/Hofmann/Hopfauf, GG Kommentar, Art. 6 Rn. 4 S. 282; Jarass in: Jarass/Pieroth, GG Kommentar, Art. 6 Rn. 9 S. 243; Sodan, GG

Das Familienbild hat sich nicht zuletzt durch die Trennung von Sexualität und Fortpflanzung und die Entkoppelung der Institute Ehe/Familie, Partnerschaft und Elternschaft gewandelt[362]. Somit ist jedenfalls eine Frau in einer ehelichen oder partnerschaftlichen Beziehung über Art. 6 Abs. 1 GG geschützt und kann als Empfängerin einer Eizelle ihre Rechte geltend machen.

(d) Eingriff

Die verfassungsrechtlich geschützten Begriffe bzw. Institute der Ehe und Familie werden einfachgesetzlich definiert, weshalb nicht jegliche Regelung eine eingreifende Norm darstellt. Eine solche liegt vielmehr nur vor, wenn sie Ehe und Familie schädigt, stört oder anderweitig beeinträchtigt[363]. Somit findet ein Eingriff statt, wenn durch staatliches Verhalten die Ausübung einer grundrechtlich garantierten Freiheit unmöglich oder wesentlich erschwert wird[364]. Daher ist es unerheblich, ob das staatliche Handeln unmittelbar oder nur mittelbar wirkt[365]. Das Embryonenschutzgesetz verbietet die Eizellspende (§1 Abs. 1 Nr. 1 und 2 ESchG), schließt aber letztlich die genetische/biologische Mutter von der Strafbarkeit aus (§1 Abs. 3 ESchG). Nur der Arzt ist direkter Adressat der Norm. Trotzdem wird durch diese Regelungssystematik die Frau daran gehindert, eine Eizellspende in Empfang zu nehmen. Insofern liegt eine mittelbare Beeinträchtigung vor[366].

(e) Rechtfertigung

Die Rechte der Ehe und Familie aus Art. 6 Abs. 1 GG sind schrankenlos gewährleistet, nur beim Elternrecht hat der Staat eine Eingriffsbefugnis im Rahmen des Art. 6 Abs. 2 S. 2 GG[367]. Im Fall des Verbots der Eizellspende handelt es sich um

---

Kommentar, Art. 6 Rn. 4 S. 96; Badura in: Grundgesetz Kommentar, Maunz Dürig, Art. 6 GG, Rn. 61.

362 Vaskovics, Pluralisierung der Elternrolle, S. 29 ff, 36.

363 Jarass in: Jarass/Pieroth, GG Kommentar, Art. 6 Rn. 13 S. 244; Sodan, GG Kommentar, Art. 6 Rn. 8 S. 97; Pieroth/Schlink, Grundrechte, 2010, §15 Rn. 701 S. 171; BVerfGE 114, 126 f.

364 BVerfGE 66 S. 39, 60; 105 S. 279, 303.

365 BVerfGE 105, 279, 303.

366 So auch Reinke, Fortpflanzungsfreiheit, S. 150; Müller-Terpitz in: Spieckhoff, Medizinrecht, Art.6 GG, Rn. 8.

367 Robbers in: Mangoldt/Klein/Starck, GG Kommentar, Art. 6 Rn. 29 S. 694; Schmitt-Kammler in: Sachs, GG Kommentar, Art. 6 Rn. 55 S. 370;Sodan, GG Kommentar, Art. 6 Rn. 10 S. 98; BVerfGE, 107, S. 104, 120; Pieroth/Schlink, Grundrechte, S. 171 Rn. 701; Epping, Grundrechte, S. 233 Rn. 518.

einen Eingriff in das vorbehaltlos gewährleistete Recht der Fortpflanzungsfreiheit. Eine Rechtfertigung kann nur über kollidierendes Verfassungsrecht erfolgen, zwischen widerstreitenden Interessen ist ein gerechter Ausgleich zu finden[368].

(aa) Kindeswohl

Zur Rechtfertigung des Verbotes der Eizellspende nennt der Gesetzgeber das Kindeswohl gemäß Art. 6 Abs. 2 GG[369] und führt begründend im wesentlichen folgende Argumente an. Zum einen seien drei mögliche Elternteile und eine mögliche „unsanfte" Aufklärung über diesen Umstand ein die Identitätsfindung des Kindes erschwerender Faktor[370]. Weiterhin bestünde die Gefahr, dass die Spenderin der Eizellen anschließend im Gegensatz zu der Empfängerin niemals schwanger werde. Der daraus möglicherweise resultierende Anteilnahmeversuch der Eizellspenderin am Leben ihres genetischen Kindes führe dann möglicherweise zu seelischen Konflikten der Beteiligten[371]. Letztlich sei der Fall denkbar, dass die biologische Mutter die Eizellspenderin für Krankheiten oder andere Schwierigkeiten des Kindes verantwortlich machen und vor diesem Hintergrund das Kind plötzlich ablehne und das Kind darunter leide[372].

Hinsichtlich des Kindeswohls, als den Eingriff in Art. 6 Abs. 1 GG rechtfertigendes Verfassungsrecht, liegen jedenfalls nach heutigem Forschungsstand keine wissenschaftlichen Erkenntnisse darüber vor, dass eine Eizellspende den Interessen des Kindeswohls tatsächlich widerspricht[373]. Mittlerweile existierende medizinische Langzeitstudien belegen vielmehr, die Unterschiedslosigkeit im psychologischen Wohlbefinden oder der Entwicklung der Identität der Kinder mit und ohne genetischer Verknüpfung zu den Eltern[374]. Gleiches ergeben Untersuchungen

---

368 Müller-Terpitz in: Spieckhoff, Medizinrecht, Art. 6 GG, Rn. 9.

369 BT Drs. 11/5460 S. 6.

370 BT Drs. 11/5460 S. 6.

371 So in der Begründung zum Entwurf des ESchG in BT Drs. 11/5460 S. 6 ff. nach Antrag in BT Drs. 11/1662 und Unterrichtung Bundesregierung in 11/1856 und Beschlussempfehlung Rechtsausschuss in 11/8057.

372 S.H. u.a./Österreich, Urteil der Großen Kammer des EGMR vom 3.11.2011, 57813/00, Pkt. 69 ff; S.H. u.a./Österreich, Urteil der Kammer des EGMR vom 1.4.2010, 57813/00, Pkt. 52 ff.

373 dazu bereits auf S. 21 der Arbeit bei: Murray et al., Fertility and Sterility, Vol. 85 Issue 3, Mar 2006, S. 610; Golombok et al, Journal of Child Psychology and Psychiatry, Vol. 40 Issue 4, May 1999, S. 519.

374 Golombok et al, Journal of Child Psychology and Psychiatry, Vol. 40, Issue 4 S. 519, Mai 1999; Murray et al., Fertility and Sterility Vol. 85 Issue 3 S. 610.

für Adoptionsverhältnisse. Zwar werden die Kinder bei einer Adoption nur mit genetischen und sozialen Eltern konfrontiert und bei einer Eizellspende mit genetischen, biologischen und sozialen Eltern, aber in beiden Fällen wachsen die Kinder bei Eltern auf, zu denen keine genetische Verknüpfung besteht[375].

Insoweit existiert schon keine tatsächliche Gefährdung des Kindeswohls.

Schon zur Zeit der Schaffung des ESchG wurde gegen die Erwägungen zum Kindeswohl eingewandt, diese anzuführen sei widersinnig. *Coester-Waltjen* argumentierte, eine Maßnahme gegen die Entstehung des Kindes könne niemals im Sinne dessen Wohls erfolgen; es gäbe kein „lebensunwertes Leben". Außerdem existiere der Rechtsgutsträger des Kindeswohls noch nicht und berücksichtige man diesen im Rahmen vorwirkender Grundrechte, was unzulässig sei[376].

Hiermit werden zwei Problemkreise aufgeworfen. Der erste ist die Frage der Vorwirkung von Grundrechten und der zweite die Abwägung einer Nichtexistenz gegen eine Existenz mit (vermeintlichen) Problemen.

Hinsichtlich der Problematik der Vorwirkung von Grundrechten werden unterschiedliche Ansichten vertreten. *Ipsen* bringt zugunsten des vorwirkenden Grundrechtsschutz an, bei staatlichen Schutzpflichten müssten vorab die Rechte des Einzelnen berücksichtigen werden, da im Nachhinein kein Raum mehr dafür bestehe[377]. Dem stimmt auch *Taupitz* zu, indem er trotz Nichtexistenz des Rechtssubjekts eine Prognose hinsichtlich des „ob" und „wie" der reproduktionsmedizinischen Maßnahme für zulässig erachtet[378]. *Reinke* führt hierzu aus, dass ein Grundrecht nur „vorwirken" könne, wenn zumindest der Grundrechtsträger bereits existiere, ansonsten bestünde keine Schutzpflicht, die im Wege der Vorwirkung geltend gemacht werden könne[379]. Das Kindeswohl sei daher nicht als entgegenstehendes und vorwirkendes Verfassungsrecht eines Rechtsgutsträgers relevantes Argument, sondern nur als objektiver Verfassungswert im Rahmen der Rechte der Familie bzw. des Familienverbandes aus Art. 6 GG. Die objektivrechtliche Schutzpflicht des Staates, abgeleitet aus dem Sozialstaatsprinzip bzw. Art. 1 Abs. 1 GG als objektivem Verfassungswert, bezöge sich auch auf solche Werte[380].

---

375 S.H. u.a./Österreich, Urteil der Kammer des EGMR vom 1.4.2010, 57813/00, Pkt. 74 ff.

376 Coester-Waltjen, Gutachten B zum 56. Juristentag, 1986, S. 46.

377 Ipsen, JZ 2001, S. 989, 995.

378 Taupitz in: Günther/Taupitz/Kaiser, ESchG Kommentar, §1 Rn. 8, Fn. 39.

379 Reinke, Fortpflanzungsfreiheit, S. 153.

380 Reinke, Fortpflanzungsfreiheit, S. 153, 154.

Dieser Auffassung ist zuzustimmen. Begrifflich erfordert die Vorwirkung der Rechte eines Grundrechtsträgers zumindest die Existenz ein Rechtssubjekts, dessen Rechte in einem hypothetischen, gesetzlich zu regelnden Fall, mit bedacht werden. Verfährt man anders, ist davon auszugehen, dass Hintergrund der Regelung nicht der Schutz eines Gutes ist, das noch nicht existiert, sondern vielmehr die bereits bestehende Gesellschaft geschützt werden soll, beispielsweise vor der gespaltenen Mutterschaft. Als objektiver Verfassungswert existiert das Kindeswohl aber im Zusammenhang mit den Rechten der Familie aus Art. 6 Abs. 2 GG als Recht des Kindes als Teil des Familienverbandes.

Zur Frage des Kindeswohls als Argument gegen die Durchführung der Eizellspende erörtert *Taupitz*, der Hinweis auf das „lebensunwerte Leben" sei verwirrend. Dieses Argument beträfe typischerweise Sachverhalte, in denen die Geburt eines bereits gezeugten Kindes verhindert werde solle. Bei reproduktionsmedizinischen Maßnahmen ginge es aber bereits um die Verhinderung der Erzeugung. Insofern sei das Argument nicht übertragbar. Außerdem führe die Argumentation der Erzeugung von Leben immer vor der Nichtexistenz Vorrang einräumen zu müssen, dazu, jegliche Art der künstlichen Befruchtung befürworten zu müssen. Auch die Erzeugung geschädigter Embryonen. Darüber hinaus könne in der Folge auch dem reproduktiven Klonen nicht mit dem Hinweis auf das sehr hohe Risiko von Fehlbildungen des zukünftigen Embryos begegnet werden[381]. Insofern müsse es richtigerweise immer möglich sein, medizinisch assistierter Reproduktion Grenzen zu setzen[382].

Reinke führt hingegen aus, dass die Gefährdung des Kindeswohls ungeeignete Erwägungen zum Schutz eines zukünftigen Kindes seien, da schon der Einzelne nicht sagen könne, ob die eigene Nichtexistenz der jeweiligen Existenz vorzuziehen sei[383].

Bezüglich der Ausführungen von Taupitz ist einzuwenden, dass das Argument der „Nichtexistenz" durchaus auch im Rahmen der Erzeugung eines Kindes eine Rolle spielt. Hierzu sei auf die Rechtsprechung des Bundesverfassungsgerichts zum Inzestverbot zwischen Geschwistern gemäß §173 Abs. 2 S. 2 StGB hingewiesen. Im besagten Fall hatte der Beschwerdeführer Verfassungsbeschwerde gegen seine Verurteilung wegen Beischlafs unter Geschwistern erhoben und erstrebte darin die Feststellung der Nichtigkeit des §173 Abs.2 S.2 StGB[384].

---

381 Taupitz in Günther/Taupitz/Kaiser, ESchG Kommentar, §1 Abs. 1 Nr. 1 Rn. 8.

382 Taupitz in Günther/Taupitz/Kaiser, ESchG Kommentar, §1 Abs. 1 Nr. 1 Rn. 8.

383 Reinke, Fortpflanzungsfreiheit, S. 155.

384 BVerfGE, Beschluss vom 26.02.2008, 2 BvR 392/07.

Das Bundesverfassungsgericht entschied, dass der Eingriff in das allgemeine Persönlichkeitsrecht des Beschwerdeführers über eine gesellschaftliche Tabuisierung hinaus, zum Schutz der sexuellen Selbstbestimmung der Geschwister, der Gesundheit der Bevölkerung und der Familie gerechtfertigt sei[385]. Dem trat Richter Hassemer in seinem abweichenden Minderheitsvotum entgegen. Er geht bei seiner Argumentation im Gegensatz zu der Mehrheit der Richter davon aus, dass lediglich die moralische Vorstellung des Tabubruchs hinsichtlich des Beischlafs unter Geschwistern Regelungsgrund des §173 Abs.2 S.2 StGB sei und erörtert, dass dies keinen Eingriff in das allgemeine Persönlichkeitsrecht rechtfertigen könne. Seinen Ausführungen nach verbiete es sich, den Schutz der Gesundheit potentieller Nachkommen als Grundlage strafrechtlicher Eingriffe anzuführen. Sonst müssten einerseits die mutmaßlichen Interessen potentiell gezeugter Kinder an einem Leben mit (möglichen) Schädigungen gegen die mutmaßlichen Interessen an einer Nichtexistenz andererseits abgewogen werden[386]. Die Berücksichtigung eugenischer Gesichtspunkte sei kein verfassungsrechtlich schützenswerter Zweck eines Gesetzes. Aus gutem Grund sei schließlich auch der Beischlaf bei Paaren nicht verboten, wo eine erheblich höhere Wahrscheinlichkeit bestehe, ein Kind mit Behinderung zu zeugen als bei inzestuösen Beziehungen[387]. Nach Ansicht des Richters Hassemer stellt daher das strafrechtliche Inzestverbot einen nicht gerechtfertigten Eingriff in das allgemeine Persönlichkeitsrecht dar. Zu einem anderen Ergebnis kommt die Mehrheit des Bundesverfassungsgerichtes, weil in Bezug auf den Rechtsgrund des Gesetzes nicht ausschließlich auf das hypothetische zukünftige Kindeswohl, sondern im Wesentlichen auf den Schutz der sexuellen Selbstbestimmung der bereits existierenden Familienmitglieder und die Gesundheit der Familie abgestellt wird.

Die Argumentation ist insofern übertragbar, als dass es sich beim Inzestverbot ebenfalls um ein strafrechtliches Verbot handelt, das zur Nichtexistenz von Nachkommen führt. Daraus ergibt sich, dass die Berücksichtigung des hypothetischen zukünftigen Kindeswohls auch im Rahmen der Erzeugung von Kindern der Kritik ausgesetzt ist, eugenische Gesichtspunkte zu beinhalten. Insofern ist

385 BVerfGE, Beschluss vom 26.02.2008, 2 BvR 392/07, Pkt. 50.

386 So abweichende Ansicht des Richters Hassemer im Anhang zum Beschluss des BVerfGE 26. 2. 2008, 2 BvR 392/07, zwar zu einem anderen Thema, nämlich der Strafnorm des Inzest, was übertragen auf die eben geschilderte Abwägung hinaus liefe.

387 A.A. Richter Hassemer: BVerfGE, Beschluss vom 26.02.2008, 2 BvR 392/07, Pkt. 83, 84.

der Einwand von Reinke berechtigt, dass die Abwägung von Nichtexistenz und Existenz eines Kindes an sich schon ungeeignetes Kriterium bei der Schaffung einer Norm zum Schutz des Kindes ist. Der Vergleich von Hassemer zum gesetzlich nicht eingeschränkten Bereich des Beischlafs bei Paaren, wo eine erheblich höhere Wahrscheinlichkeit bestehe, ein Kind mit Behinderung zu zeugen als bei inzestuösen Beziehungen, ist nicht ohne weiteres übertragbar. Da die künstliche Fortpflanzung, anders als die natürliche Fortpflanzung, gesetzlich geregelt wird, und der Staat damit an die Verfassung und die Berücksichtigung der Kindeswohlinteressen aus Art. 6 Abs. 2 GG gebunden ist, müssen diese Erwägungen auch im Rahmen der gesetzlichen Regelung Beachtung finden dürfen. Die Beachtung darf allerdings nicht zu einem Totalverbot führen. Nur bei einem Totalverbot der Eizellspende stehen sich Existenz und Nichtexistenz als Abwägungskriterien gegenüber. Wird die Eizellspende erlaubt, kann und muss der Gesetzgeber ebenfalls das Kindeswohl als objektives Verfassungsgut berücksichtigen. Mit dieser Argumentation wäre ferner den Hinweisen von *Taupitz* auf die Grenzen der Reproduktionsmedizin und der Verwendung der Eizellspende im Rahmen des reproduktiven Klonens, also im Detail auf die Gefahren der Erzeugung von Leben um jeden Preis und der Gefahr der Enttabuisierung des reproduktiven Klonens entgegen zu treten. Darüber hinaus wünschen viele Paare genau aus diesem Grund eine Eizellspende, weil sie eine durch die Frau vererbte Krankheit umgehen wollen. Insofern stellt sich auch die Frage, ob der von *Taupitz* beschriebene Fall jemals eintreten würde und welche Eltern sich ein schwer geschädigtes Kind wünschen würden.

Dem Einwand des reproduktiven Klonens ist entgegen zu halten, dass grundsätzlich wohl davon auszugehen ist, dass bereits die Menschenwürde des existierenden Menschen, von dem ein Klon erstellt werden soll, dessen Schaffung widerspräche und nicht erst die möglichen Schäden eines zukünftigen Klons. Es ist davon auszugehen, dass selbst, wenn die Technik perfekte Klone erstellen könnte, ein solches Verfahren gegen die Menschenwürde verstieße, die nicht disponibel ist[388].

Allerdings ist in diesem Zusammenhang hervorzuheben, dass die Argumentation lediglich ergibt, dass Existenz nicht gegen Nichtexistenz abgewogen werden kann und insofern das Kindeswohl nicht dem Recht der Eltern auf Fortpflanzung entgegen gehalten werden kann. Da das Kindeswohl im Familienverband als objektiver Verfassungswert existiert, ist er im Rahmen der Schaffung eines zukünftigen Normengefüges insofern zu beachten.

---

388 Im Fall dessen Todes stünde dem die Menschenwürde der Gesellschaft als objektives Verfassungsgut entgegen, siehe Reinke, Fortpflanzungsfreiheit, S. 155.

Zusammengefasst steht fest, dass zum einen im Fall der Eizellspende keine Untersuchungsergebnisse der Medizin existieren, die von einer Gefährdung des Kindeswohls zeugen. Darüber hinaus darf das Kindeswohl als potentielles Schutzgut argumentativ erst herangezogen werden, wenn das Rechtssubjekt bereits existiert. Im Weiteren ist das Kindeswohl kein valides Abwägungskriterium gegenüber dessen Nichtexistenz.

Das zukünftige Kindeswohl kann insofern aus genannten Gründen den Eingriff in Art. 6 Abs.1 GG nicht rechtfertigen. Da das Fortpflanzungsrecht auch für den Partner der Eizellempfängerin gilt, ist auch für diesen von einer Verletzung seiner Rechte auszugehen.

(bb) Körperliche Unversehrtheit

Zur Rechtfertigung des Verbots der Eizellspende werden noch weitere Gründe angeführt.

So bestünden unter anderem für die Spenderin im Rahmen der Behandlung medizinische und gesundheitliche Risiken, die gegen die Eizellspende als Methode in der Reproduktionsmedizin sprächen[389]. Die medizinische Behandlung der Eizellspenderin, angefangen bei der hormonellen Stimulation bis hin zur operativen Entnahme der Eizellspende, stellt eine körperliche und gesundheitliche Beeinträchtigung dar. Insofern kommt die körperliche Unversehrtheit als kollidierendes Verfassungsrecht gegen die Eizellspende in Betracht. Art. 2 Abs. 2 S. 1 GG garantiert die körperliche Unversehrtheit des Einzelnen und der Staat ist verpflichtet, sich schützend und fördernd vor dieses Recht zu stellen[390]. Die körperliche Unversehrtheit ist damit zugleich Abwehrrecht des Bürgers und Schutzpflicht für den Staat. Als Abwehrrecht schützt Art. 2 Abs. 2 S. 1 GG vor Eingriffen und Einschränkungen des Staates. Eine Eizellspende wird jedoch von der Spenderin freiwillig an einem Krankenhaus ohne staatliche Beteiligung durchgeführt. Insofern liegt kein Eingriff vor[391]. Im Rahmen der Schutzpflicht kann der Staat jedoch auch verpflichtet sein, den Einzelnen vor Gefahren zu schützen. Bei der Umsetzung einer Schutzpflicht kommt dem Gesetzgeber ein weiter Beurteilungsspielraum zu. Eine Schutzpflicht wäre insofern nur verletzt, wenn überhaupt keine Schutzvorkehrungen getroffen werden bzw. Regelungen oder Maßnahmen zum Schutz

---

389 S.H. u.a./Österreich, Urteil der Großen Kammer des EGMR vom 3.11.2011, 57813/00, Pkt. 69 ff; S.H. u.a./Österreich, EGMR, First Section, 1.4.2010, 57813/00 Pkt. 52 ff.

390 BVerfGE 88, 203, 264; 98, 265, 302.

391 Anders wenn Gesunde zu medizinischen Versuchen zwangsverpflichtet werden: BVerfGE 56, 73 ff., 79, 201.

ungeeignet oder fast wirkungslos sind[392]. Ein zukünftiges Gesetz zur Eizellspende muss dementsprechend den gesundheitlichen Schutz der Spenderin der Eizelle berücksichtigen und verhältnismäßig sein. Zu beachten ist, dass bei einer Eizellspende, anders als beispielsweise bei der Spende einer Niere, kein irreversibler Schaden entsteht, und die Spenderin nicht mit erheblichen dauerhaften Einbußen für die eigene Gesundheit leben muss. Vielmehr hat im Regelfall ausschließlich der medizinische Eingriff, nicht aber die fehlende Eizelle negative Auswirkungen auf die Spenderin. Vor diesen gilt es die Spenderin zu schützen bzw. umfassend darüber aufzuklären. Wichtig wäre in diesem Zusammenhang insofern zunächst die Volljährigkeit und Einwilligungsfähigkeit der Spenderin. Außerdem ist sicherzustellen, dass sie über den ärztlichen Eingriff ausreichend informiert ist und eingewilligt hat. Gesundheitliche Gefahren sind vor Beginn der Behandlung und währenddessen durch ärztliche Untersuchungen abzuklären und auszuschließen. Ausschließlich ein Arzt darf den Eingriff durchführen und dieser soll der Behandlung der Infertilität einer Frau mit einer entsprechenden medizinischen Indikation zur Eizellspende dienen. Sowohl vor der Spende als auch während des Verfahrens, ist die körperliche und psychische Verfassung der Patientin zu kontrollieren. Besteht die Gefahr einer Schädigung im Rahmen des Verfahrens, ist es sofort abzubrechen.

Entspricht das Gesetz diesen Voraussetzungen, kann die Eizellspende erlaubt werden. Die körperliche Unversehrtheit der Spenderin ist daher zwar kollidierendes Verfassungsrecht, es führt aber nicht zu einem absoluten Verbot der Eizellspende.

(cc) Allgemeines Persönlichkeitsrecht

Für das Verbot der Eizellspende wird außerdem die Gefahr der Kommerzialisierung und dadurch die Ausbeutung der Frau genannt[393]. Als entgegenstehendes Verfassungsrecht kommt unter diesem Aspekt das allgemeine Persönlichkeitsrecht in Frage (Art. 2 Abs. 1 i.V.m. Art. 1 Abs. 1 GG), in dessen Schutzbereich auch der Schutz der Ehre fällt[394]. Die entgeltliche Entgegennahme der Eizelle einer Frau setzt diese möglicherweise unter Druck, eine Spende vorzunehmen, obwohl

392 BVerfGE 92, 26, 46.

393 S.H. u.a./Österreich, Urteil der Großen Kammer des EGMR vom 3.11.2011, 57813/00, Pkt. 69 ff; S.H. u.a./Österreich, EGMR, First Section, 1.4.2010, 57813/00 Pkt. 52 ff.

394 Jarass in: Jarass/Pieroth, GG Kommentar Art. 1 Rn. 20 S. 46 und Art. 2 Rn. 41 S. 76; Starck in: Mangoldt/Klein/Starck, GG Kommentar Art. 2 Rn. 171 S. 245; Sodan, GG Kommentar Art. 2 Rn. 5, 6 S. 41, 42.

sie das tatsächlich nicht will, bzw. gibt diese einen Teil des eigenen Organismus her, was unter dem Aspekt der guten Sitten relevant sein könnte[395]. Ein möglicher Schutz vor sich selbst und vor Ausbeutung des eigenen Körpers muss hier insofern in Betracht gezogen werden. Der Begriff der „guten Sitten“ ist ein unbestimmter, ausfüllungsbedürftiger Rechtsbegriff, der durch die sozialethischen Wertvorstellungen der Rechtsgemeinschaft ausgestaltet wird[396]. Sittenwidrigkeit kommt jedenfalls immer dann in Betracht, wenn einer Person durch eine Handlung eine missachtende objekthafte Rolle zugewiesen wird[397]. Durch die Spende einer Eizelle kann aber eine solche Objektrolle der Frau schwerlich angenommen werden. Dies folgt zum einen aus dem Vergleich zur Organspende generell, die jedenfalls unter bestimmten gesetzlichen Voraussetzungen zulässig ist, und zum anderen der Vergleich zur Samenspende, die ebenfalls erlaubt wird. Darum werden weder Organ, noch Spenden von Fortpflanzungszellen wie eben Spermien unter dem Aspekt der Menschenwürde relevanten Objektivierung diskutiert. Außerdem kann gerade dem problematischen Aspekt der Kommerzialisierung entgegen gewirkt werden. Ein mögliches zukünftiges Gesetz muss diesen Aspekt aktiv einbeziehen, indem es finanzielle Entschädigungen als sittenwidrige Vereinbarungen bzw. Geschäfte ablehnt und lediglich eine Aufwandsentschädigung vorsieht. Selbst für den Fall, dass eine finanzielle Entschädigung als sittenwidrig erachtet würde, wäre lediglich ein formelles Gesetz nötig, dass im Rahmen der Verhältnismäßigkeit die betroffenen Interessen in einen angemessenen Ausgleich bringt bzw. Sittenwidriges untersagt[398].

Das Gesetz zur Eizellspende sollte dementsprechend regeln, dass die Eizellspende nicht gegen Entgelt erfolgen darf, sondern nur gegen eine Aufwandsentschädigung. Ein absolutes Verbot ist zur Berücksichtigung der Interessen der Eizellspenderin jedenfalls nicht erforderlich.

(2) Zusammenfassung

Die Fortpflanzungsfreiheit wird als unbedingte Voraussetzung für die Existenz einer Familie über Art. 6 Abs. 1 GG geschützt. Dies gilt auch für den Fall, dass fremdes Genmaterial verwendet wird, wie bei einer Eizellspende. Die körperliche und psycho-soziale Bindung zwischen den Personen, die nur das Recht auf

395 BVerfGE 54, 148, 153; 72, 155, 170; 88, 203, 254.

396 Vgl. zur Sittenwidrigkeit von Peep Shows BVerwG, NVwZ 1990 S. 668; BVerwGE 64, 274; BVerwGE 84, 314.

397 BVerwGE 64, 274.

398 Kunig, in: Münch/Kunig, GG Kommentar Art. 2 Rn. 42; BVerfGE 101, 361, 386.

Familie berücksichtigt, entsteht unabhängig von der Herkunft der Eizelle. Vor diesem Hintergrund entschied sich auch der Gesetzgeber in §1591 BGB für die Einordnung der Mutterschaft über die Geburt. Durch das Verbot der Eizellspende kommt es zu einem Eingriff in das Fortpflanzungsrecht der Eizellempfängerin. Diese ist nicht über kollidierendes Verfassungsrecht gerechtfertigt. Die Aspekte des Kindeswohls können den Eingriff nicht rechtfertigen. Dies zum einen, da eine Verletzung des Kindeswohls durch den fehlenden genetischen Link zur Mutter wissenschaftlich nicht belegt ist und zum anderen, weil das Kindeswohl als potentielles Schutzgut argumentativ erst herangezogen werden kann, wenn das Rechtssubjekt bereits existiert. Im Weiteren ist das Kindeswohl kein valides Abwägungskriterium gegenüber der Nichtexistenz des Kindes.

Sonstigen Gründen, die für das Verbot der Eizellspende verantwortlich sind, wie die gesundheitlichen Risiken, die Kommerzialisierungsgefahr und Ausbeutung der Frau, kann durch eine, die beteiligten Interessen abwägende gesetzliche Vorschrift, hinreichend begegnet werden.

Da das Fortpflanzungsrecht auch für den Partner der Eizellempfängerin gilt, ist auch für diesen von einer Verletzung seiner Rechte auszugehen.

bb) Eizellspenderin

Als Rechte der Eizellspenderin kommen das Recht auf Selbstbestimmung und das Recht auf Eigentumsfreiheit in Betracht.

Grundsätzlich sind Körpersubstanzen vor dem Herauslösen aus dem Körper integrale Bestandteile dessen und nicht eigentumsfähig; stattdessen besteht am Körper das allgemeine Persönlichkeitsrecht des Menschen gemäß Art. 2 Abs. 1 iVm Art. 1 Abs. 1 GG[399]. Durch die Entnahme der Substanz kann diese aber zu einer beweglichen Sache werden. Aufgrund dessen entstünde dann die Frage nach den Eigentumsverhältnissen. Hinsichtlich der Eigentumsfähigkeit aus dem Körper herausgelöster Substanzen, und Keimzellen im speziellen, werden verschiedene Ansätze vertreten[400]. Im Wesentlichen lassen sich vier Auffassungen identifizieren. Zum Teil wird der rein sachenrechtliche Ansatz vertreten. Die Körpersubstanz werde danach durch Herauslösen aus dem Körper zu einer Sache, §90 BGB. Damit werde sie eigentumsfähig, da sich das Persönlichkeitsrecht an

399 Depenheuer in Mangoldt/Klein/Starck, GG Kommentar, Art. 14 Rn. 144 S. 1369; Taupitz, NJW 1995, S. 745; Deutsch, in: Spieckhoff, Medizinrecht, Rn. 609, 611.

400 Ausführlich zum Meinungsstand bei Roth, Eigentum an Körperteilen, S. 57 ff.

verselbstständigten Sachen nicht fortsetzen könne[401]. Nach dieser Anschauung geht das Eigentum analog §953 BGB über und dem Inhaber ist bei besonderem Interesse eine Einflussmöglichkeit auf den Verbleib der Sache einzuräumen[402]. Nach anderer Ansicht sind die Eigentumsregeln auf abgetrennte Körpersubstanzen nicht übertragbar[403]. Die persönliche Zweckbestimmung des Spenders müsse ähnlich wie bei geistigen Werken berücksichtigt werden und die Verfügung über Körperteile müsse nach persönlichkeitsrechtlichen Regeln erfolgen[404]. Davon sei nur in Ausnahmefällen abzusehen, nämlich wenn der Spender kein Interesse mehr mit dem abgetrennten Körperteil verbinde, wie bei Blutspenden an Aufbewahrungseinrichtungen[405]. Nach mittlerweile in der Literatur überwiegender Ansicht bestehen allerdings das Eigentumsrecht und das allgemeine Persönlichkeitsrecht an der abgetrennten Substanz gleichermaßen nebeneinander[406]. So habe der Spender der Substanz weiterhin Einfluss auf deren Verwendung.

In der Rechtsprechung wird nach der Verwendungsabsicht differenziert. Sei eine Wiedereingliederung in den Körper geplant, gelte das Selbstbestimmungsrecht fort. Andernfalls erlösche es und die Substanz werde zur Sache. Zu einer Überlagerung des Persönlichkeitsrecht käme es nur in den Sonderfällen der Organ- und Blutspende[407].

Der herrschenden Ansicht und Rechtsprechung im Fall der Organspende ist zuzustimmen. Durch die parallele Anwendung des Eigentums- und Persönlichkeitsrechts kann die Sachlage in jeder Beziehung erfasst werden. Das verbleibende Interesse an der abgetrennten körperlichen Substanz wird über das allgemeine Persönlichkeitsrecht gemäß Art. 2 Abs. 1 GG i.V.m. Art. 1 Abs. 1 GG geschützt und die Eigentumsinteressen über Art. 14 Abs. 1 GG. Nur so kann gewährleistet werden, dass sämtliche Belange des Spenders berücksichtigt werden, auch bei sich im Nachhinein ändernder Verwendungsabsicht.

---

401 Holch, in: Münchner Kommentar, §90 Rn. 29; Marly in Soergel, BGB Kommentar, §90 Rn. 7; Jickeli/Stieper in: Staudinger BGB Kommentar, §90 Rn. 20.

402 Marly in: Soergel BGB Kommentar, §90 Rn. 7.

403 Forkel, JZ, 1974 S. 593, 595.

404 Forkel, JZ, 1974 S. 593, 595.

405 Forkel, JZ 1974 S. 593, 595, 596.

406 Deutsch in: Spickhoff, Medizinrecht, Rn. 859, Taupitz, JZ 1992, S. 1089, 1092, Wagner in: Münchner Kommentar, §823 Rn. 70; Roth, Eigentum an Körperteilen, S. 71, 72, 80 (zur Keimzelle im Speziellen); ähnlich Reinke, Fortpflanzungsfreiheit, S. 186.

407 BGHZ 124, 52; Landgericht Neubrandenburg, 2O 111/09 zur Herausgabe einer konservierten Eizelle nach dem Tod des Ehemannes vom 12.8.2009.

Somit lässt sich für die Keimzelle abschließend sagen, dass das allgemeine Persönlichkeitsrecht und das Eigentumsrecht parallel bestehen.

(1) Art. 2 Abs. 1 iVm Art. 1 Abs. 1 GG

Die Rechte an aus dem Körper herausgelösten Organen oder Gewebe wie der Eizelle schützt demnach das allgemeine Persönlichkeitsrecht (Art. 2 Abs. 1 i.V.m. Art. 1 Abs. 1 GG). Es stellt sicher, dass hinsichtlich eines entnommenen Organs oder Gewebes nie entgegen des Willens des Spenders entschieden werden darf. Die Spenderin einer Eizelle hat ein Recht auf Selbstbestimmung bezüglich der weiteren Verwendung der Eizelle. Bliebe dieses Recht unbeachtet, läge ein Eingriff in das Recht auf Selbstbestimmung vor[408]. Zur Rechtfertigung eines Eingriffs ist ein formelles Gesetz nötig, das im Rahmen der Verhältnismäßigkeit die betroffenen Interessen in einen angemessenen Ausgleich bringt[409]. Das ist beim Verbot der der Eizellspende wie bereits erörtert nicht der Fall[410]. Vor diesem Hintergrund muss ein zukünftiges Gesetz zur Eizellspende eine Informationspflicht der Aufbewahrungsstelle der Eizelle gegenüber der Spenderin beinhalten, wie mit ihrer Eizelle verfahren werden soll. Außerdem muss für die Spenderin eine Möglichkeit zum Widerspruch bestehen.

(2) Art. 14 GG

Insofern besteht im Fall der herausgelösten Eizellspende auch ein Eigentumsrecht gemäß Art. 14 Abs. 1 GG an dieser. Durch das Verbot der Eizellspende kommt eine Verfügung über ihr mögliches Eigentum nicht in Betracht und erscheint ein Eingriff in das Recht der Eigentumsfreiheit möglich[411].

(a) Eingriff

Eingriffe in das Eigentumsrecht aus Art. 14 GG können, in Erfüllung der gemäß Art. 14 Abs. 1 S. 2 GG übertragenen Aufgabe, Inhalt und Schranken des Eigentums zu bestimmen, erfolgen[412]. Der Gesetzgeber regelt hier in generell-abstrakter

---

408 BVerfGE 54, 148, 153; 72, 155, 170; 88, 203, 254.

409 Kunig, in Münch/Kunig, GG Kommentar Art. 2 Rn. 42; BVerfGE 101, 361, 386.

410 S. 65 der Arbeit: es liegt schon kein legitimer Gesetzeszweck vor.

411 Depenheuer in: Mangoldt/Kein/Starck, GG Kommentar Art. 14 Rn. 144 ff, S. 1369 f.

412 Sodan, GG Kommentar, Art. 14 Rn. 30 S. 181; Hofmann in: Schmidt-Bleibtreu/Hofmann/Hopfauf, GG Kommentar, Art 14 Rn. 36 S. 503; Jarass in: Jarass/Pieroth, GG Kommentar, Art. 14 Rn. 29 S. 400; BVerfGE 15.7.1981–1 BvL 77/78, 58, S. 300, 330; Epping, Grundrechte S. 204 Rn. 460.

Weise die Pflichten des Eigentümers durch privatrechtliche und öffentlichrechtliche Vorschriften. Nach Art. 14 Abs. 3 S. 2 GG kann der Gesetzgeber durch Gesetz einem bestimmten oder bestimmbaren Personenkreis konkrete Eigentumsrechte entziehen (Legalenteignung) oder die Exekutive zum konkreten Entzug des Eigentums Einzelner ermächtigen (Administrativenteignung)[413]. Insofern ist die konkret-individuelle Regelung, die Eigentumsrechte (vollständig oder teilweise) entzieht und öffentlichen Aufgaben dient, eine Enteignung und eine generell-abstrakte Verkürzung der Eigentümerbefugnisse eine Inhalts- und Schrankenbestimmung. Nach der Rechtsprechung des Bundesverfassungsgerichts ist die Enteignung jedenfalls durch eine Güterbeschaffung des Staates gekennzeichnet[414]. Eine solche Güterbeschaffung liegt bei der Eizelle jedoch nicht vor. Insofern handelt es sich bei der Regelung zur Eizellspende um eine Inhalts- und Schrankenbestimmung. Die Inhaberin der Eizelle hat nach Entnahme dieser ein Eigentumsrecht an ihr. Sie darf beispielsweise im Rahmen einer IVF- und ICSI- Behandlung diese aus ex vivo befruchten und sich selbst wieder einsetzen lassen. Darum darf die Inhaberin der Eizelle über diese frei verfügen, und es geht insbesondere nicht um eine Güterbeschaffungsmaßnahme des Staates. Verboten ist jedenfalls diese ex vivo befruchten und einer anderen Frau einsetzen zu lassen. Insofern ist die Verfügungsbefugnis auf einen von zwei denkbaren Fällen beschränkt, weshalb eine Verkürzung der Eigentümerbefugnisse vorliegt. Bei der gesetzlichen Regelung des Embryonenschutzgesetzes handelt es sich auch um eine abstrakt/generelle Regelung.

In die Eigentumsposition der Eizellspenderin wird demnach durch eine Inhalts- und Schrankenbestimmung eingegriffen.

(b) Rechtfertigung

Voraussetzung zur Rechtfertigung eines Eingriffs durch Inhalts- und Schrankenbestimmungen ist das Vorliegen eines verhältnismäßigen Gesetzes, das wiederum durch die Sozialbindung des Eigentums ausgestaltet wird, die gemäß Art. 14 Abs. 2 GG zu beachten ist und den Gesetzgeber dazu verpflichtet, die Interessen der Beteiligten in einen gerechten Ausgleich und ein ausgewogenes Verhältnis zu bringen[415].

---

413 Sodan, GG Kommentar Art. 14 Rn. 39 S. 185; Hofmann in: Schmidt-Bleibtreu/Hofmann/Hopfauf, GG Kommentar, Art. 14 Rn. 62 S. 517; BVerfGE 15.7.1981–1 BvL 77/78, 58, S. 300, 330; Epping, Grundrechte, S. 206 Rn. 469.

414 BVerfGE 104, 1, 10; 126, 331, 359.

415 Sodan, GG Kommentar, Art. 14 Rn. 30 S. 181; Jarass in: Jarass/Pieroth, GG Kommentar, Art. 14 Rn. 36 S. 403; Depenheuer in: Mangoldt/Klein/Starck; GG

Als legitimer Zweck des absoluten Verbotes der Eizellspende kommt nicht der Schutz des Kindeswohles in Betracht. Wie bereits erörtert ist medizinischen Untersuchungen zur Folge das Kindeswohl durch eine Eizellspende nicht gefährdet. Außerdem wäre eine Verneinung des Lebensrechts eines Kindes aus nur möglichen zukünftigen Identitätsfindungsproblemen ein lebenskonträrer Zweck und verfassungsrechtlich nicht haltbar. Auch die sonstigen Gründe wie die Kommerzialisierung, Ausbeutung der Frau und gesundheitliche Risiken kommen als Rechtfertigung nicht in Betracht, da all diese Faktoren ausreichend im Rahmen einer gesetzlichen Regelung berücksichtigt werden können. Da im Rahmen von Art. 14 GG nicht zwangsläufig kollidierendes Verfassungsrecht zur Rechtfertigung eines Eingriffs vorliegen muss, reicht als legitimer Zweck möglicherweise auch die Verhinderung der gespaltenen Mutterschaft als Rechtfertigungsgrund aus. Bei dieser Erwägung handelt es sich nicht um ein verfassungsrechtlich geschütztes Rechtsgut. Vielmehr ist es ein ethischer Aspekt im Hinblick auf die in einer Gesellschaft denkbaren Familienbeziehungen. Wie umfassend moralische Aspekte in diesem Bereich auch auf rechtlicher Ebene berücksichtigt werden, zeigt beispielsweise §27a SGB V, der die Kostentragung im Rahmen der künstlichen Befruchtung normiert. §27a Abs. 1 Nr. 3 und 4 SGB V regeln, dass eine Ersatzfähigkeit der Behandlungskosten nur dann in Betracht kommt, wenn das Paar, dass eine künstliche Befruchtung begehrt, verheiratet ist und ausschließlich Ei- und Samenzellen vom Ehegatten verwendet werden. Diese Regelung enthüllt, dass der Gesetzgeber konkret reproduktionsmedizinische Maßnahmen im homologen System unterstützt, im Gegensatz zum Maßnahmen im heterologen System. Fraglich ist, ob dieser Schutz der Gesellschaft vor Familienbeziehungen, die aus heterologer Reproduktionsmedizin folgen, das absolute Verbot der Eizellspende rechtfertigt.

Dabei ist zunächst zu untersuchen inwieweit ein solcher moralischer Gedanke legitimer Zweck einer rechtlichen Regelung sein kann.

Es werden in der Rechtsprechung und Literatur unterschiedliche Anforderungen an einen legitimen Zweck im Rahmen der Verhältnismäßigkeitsprüfung gestellt. Dem Gesetzgeber steht unbestritten jedenfalls bei der Schaffung von Normen ein umfangreicher Einschätzungsspielraum zu[416]. An Strafnormen, als

---

Kommentar, Art. 14 Rn. 218 S. 1398; BverfG 101, 239/259 und 112, 93/109; Epping, Grundrechte, S. 205 Rn. 462.

416 BVerfG 1 BvR 1201/10 vom 15.07.2010; BVerfGE 88, 203, 257f.; 27, 18, 30; 37, 201, 212.

ultima ratio des Gesetzgebers, werden jedoch besondere Ansprüche gestellt. Sie dürfen nur mit Zurückhaltung eingesetzt werden[417].

Nach herrschender Meinung ist daher ausschließlich der Schutz von Rechtsgütern Zweck und Anlass einer Strafnorm[418]. Im Schrifttum werden wiederum unterschiedliche Ansätze zur Definition des Begriffs Rechtsgutes vertreten. Nach der Theorie des systemimmanenten Rechtsgutsbegriffs werden die Vorgaben des Gesetzgebers akzeptiert und das System der Rechtsgüter wird angepasst[419]. Dementsprechend könnten auch moralische Werte einen legitimen Zweck darstellen, da sie durch die Erwägung im Gesetz zu einem Rechtsgut werden.

Nach anderer Ansicht kann ein moralischer Wert allein als Rechtfertigung einer Strafnorm nicht ausreichen[420]. Die Norm sei dann illegitim, da sie nicht einem von der Rechtsgutslehre abgedeckten Schutzgut diene. Dieser Ansicht liegt ein systemkritisches Verständnis des Begriffs Rechtsgut zugrunde[421].

Jüngeren Ansichten zufolge sei das System des Rechtsgüterschutzes ein vorpositives Konzept und seit Schaffung des Grundgesetztes überholt. Alle Vorgaben des Gesetzgebers seien über Art. 1 Abs. 3 GG an den abwehrrechtlichen Vorgaben der Verfassung zu messen[422]. Hinsichtlich der Bindung des Gesetzgebers an diese gemäß Art. 1 Abs. 3 GG und Art. 20 Abs. 3 GG, wird allerdings darauf hingewiesen, dass es dabei nicht nur um die Einhaltung des Verhältnismäßigkeitsprinzips gehen könne, da sonst praktisch keine Vorgaben an den Inhalt von

---

417 Roxin, Strafrecht AT/1, §2 Rn. 39; Rudolphi, SK-StGB, vor §1 Rn. 14; Jeschek/Weigend, Strafrecht AT, S. 2.

418 Roxin, Strafrecht AT/1, §2 Rn. 1; Jeschek/Weigend Strafrecht AT, S. 7; Lenkner, in: Schönke/Schröder StGB Kommentar, vor §§13 Rn. 8; Stree, in: Schönke/Schröder StGB Kommentar, vor §38 Rn. 1.

419 Grünhut, Methodische Grundlagen der heutigen Strafrechtswissenschaft, S. 9.

420 Spranger, Recht und Bioethik, S. 42; Roxin Strafrecht AT/1, §2 Rn. 12; Marx, Die Definition des Begriffs Rechtsgut, S. 86; Richter Hassemer, a.A. zum Beschluss des BVerfGE 2 BvR 392/07 Punkt Nr. 76: legitimer Zweck zur Schaffung eines Strafgesetzes ist nach dessen Ansicht entweder der Schutz elementarer Werte der Gemeinschaftslebens, die Sicherung der Grundlagen einer geordneten Gesellschaft oder die Bewahrung wichtiger Gemeinschaftsbelange - das BVerfGE enthält sich in der Mehrheit einer Aussage, inwieweit eine bloße moralische Vorstellung allein Strafgrund einer Norm sein darf, siehe: im selben Beschluss unter Punkt 50: „(...) dabei kann offen bleiben, ob (..) Strafnormen, die allein in Moralvorstellungen gründen (...) verfassungsrechtlich zu beanstanden wären.“

421 Hassemer, Theorie und Soziologie, S. 19; Roxin, Strafrecht AT/1, §2 Rn. 7.

422 Appel, Verfassung und Strafe, S. 46; Böse, Grundrechte und Strafrecht als „Zwangsrecht“, S. 89, 91.

Strafgesetzen existierten[423]. Dies wird zum Teil im Schrifttum befürwortet. Vor allem, weil es sich als unmöglich erwiesen habe, eine allgemeingültige Definition für den Begriff des Rechtsguts zu finden. Beim Versuch, die Gesamtheit aller schützenswerten Objekte in einer Definition festzuhalten, komme es zu Verallgemeinerungen, die keinen informativen und dem Gesetzgeber hilfreichen Charakter mehr hätten[424]. Vielmehr müsse es darum gehen, detailreiche Erwägungen anzustellen, die in einer einzelnen Definition nicht untergebracht werden könnten[425]. Außerdem beträfe die Abwägung letztlich eher das Verhältnis zwischen Moral und Recht im Allgemeinen als die Definition des Rechtsguts[426]. Entscheidend sei, ob eine Norm nur erlassen werde, um die Wertigkeit eines Prinzips zu erhöhen, ohne dass ein zwingendes normatives Bedürfnis ersichtlich ist[427]. Das Recht werde dann zum „Trojanischen Pferd“, das „ethische Normen in den Kreis der verbindlichen- und sanktionsbewerten- Normen überführt und hierdurch verstärkt.“[428] Ob dies der Fall sei, ließe sich durch eine Plausibilitätskontrolle ermitteln. Dazu sei festzustellen, ob der Gesetzgeber eine adäquate empirische Erfassung des Bereiches vorgenommen hat und eine verallgemeinerungsfähige, widerspruchsfreie, hinreichend differenzierte Vorüberlegung zur gesetzlichen Regelung angestellt hat; dann sei die gesetzgeberische Entscheidung als willkürfrei zu qualifizieren[429].

Vor diesem Hintergrund ist davon auszugehen, dass als legitimer Zweck eines Gesetzes nicht jedes Rechtsgut dienen kann, trotz Einschätzungsspielraums des Gesetzgebers - insbesondere bei Strafnormen als ultima ratio. Das Grundgesetz stellt eine Werteordnung dar, an die der Gesetzgeber über Art. 1 Abs. 3 GG und Art. 20 Abs. 3 GG gebunden ist. Diese Bindung bezieht sich auch nicht nur auf die Einhaltung des Verhältnismäßigkeitsgrundsatzes, da dies bedeuten würde, dass keine besonderen Vorgaben an Strafgesetze existierten und verfassungsrechtliche Vorgaben ad absurdum geführt würden. Der Gesetzgeber kann insofern nicht jedes beliebige Gut als schützenswertes Rechtsgut definieren. Ansonsten würde auch die klare Grenze zwischen Recht und Ethik verschwimmen. Zwar sind Recht und Moral nicht unabhängig voneinander, was gerade Bezugnahmen des Rechts wie die „guten Sitten“ und die „öffentliche Ordnung“ beweisen, trotzdem muss zur

423 Schlägt so vor: Hörnle, Grob anstößiges Verhalten, S. 19.
424 Hassemer, Theorie und Soziologie, S. 63.
425 Hörnle, Grob anstößiges Verhalten, S. 18.
426 Schlägt so vor: Hörnle, Grob anstößiges Verhalten, S. 19.
427 Spranger, Recht und Bioethik, S. 38.
428 Spranger, Recht und Bioethik, S. 38.
429 Spranger, Recht und Bioethik, S. 37, 38.

Schaffung einer Norm, insbesondere einer Strafnorm als ultima ratio, eine rechtliche und keine ausschließlich ethische Notwendigkeit bestehen[430]. Der Gesetzgeber handelt ansonsten willkürlich. Ob dies der Fall ist, kann im Wege der Plausibilitätskontrolle ermittelt werden. In Bezug auf das zu untersuchende Gesetz wäre die Frage zu beantworten, ob es sich um ein „Trojanisches Pferd" handelt und die gesetzgeberische Entscheidung somit willkürlich war oder empirische Untersuchungen des Bereiches vorgenommen wurden und eine verallgemeinerungsfähige, widerspruchsfreie, hinreichend differenzierte Vorüberlegung zur gesetzlichen Regelung stattgefunden hat.

Im vorliegenden Fall hat der Gesetzgeber weder vor dem Hintergrund der Erwägungen der gespaltenen Mutterschaft empirische Untersuchungen vorgenommen oder aus dem Ausland eingeholt, noch ist die Regelung vor dem Hintergrund der erlaubten Familienkonstellationen mit Eltern ohne genetischen Link zum Kind widerspruchsfrei. Insofern ist davon auszugehen, dass es sich bei dem Gesetzgebungsprozess zur gespaltenen Mutterschaft um ein sogenanntes „Trojanisches Pferd" handelt. Eine moralische Vorstellung wurde selbst Recht, um ihr auf diesem Wege normative Wirkkraft zu verleihen. Damit liegt kein legitimer Schutzzweck vor und der Eingriff in Art. 14 GG ist nicht gerechtfertigt.

Daraus folgt jedoch nicht, dass der Kommerzialisierung der Eizellspende Tür und Tor geöffnet sind. Vielmehr ist das Eigentum aus Art. 14 GG ein normgeprägtes Grundrecht, dass durch einfache Gesetze definiert wird[431]. Die Definitionsfreiheit begrenzt lediglich das Prinzip der Verhältnismäßigkeit und die Institutsgarantie des Eigentums[432]. Die Nutzung des Eigentums ist somit eingeschränkbar. Insofern wird eine Regelung zur Eizellspende auch die entgegenstehenden Interessen berücksichtigen und die Kommerzialisierung und Ausbeutung der Frau ausschließen. Beispielsweise kann, um die Ausnutzung finanzieller Zwangslagen zu verhindern, das Embryonenschutzgesetz den Handel mit Eizellen verbieten und lediglich eine Aufwandsentschädigung für die Eizellspende vorsehen oder eine solche nur für Frauen ermöglichen, die sich selbst in einer IVF-Behandlung befinden. Dementsprechend wären nur Frauen geeignete Spenderinen, für die eine medizinische Indikation besteht. Auf diese Weise sind Szenarien wie in den USA vermeidbar, wo sich auf einschlägigen Internetseiten Studentinnen zur

430 Spranger, Recht und Bioethik, S. 37.

431 Sodan, GG Kommentar, Art. 14 Rn. 4 S. 171; Jarass in Jarass/Pieroth, Art. 14 Rn. 1 S. 392; BverfGE 58 S. 300, 336; Epping, Grundrechte, S. 187 Rn. 427.

432 Wendt in: Sachs, GG Kommentar, Art. 14 Rn. 72, 73 S. 605; BVerfGE 24, S. 367, 389; Epping, Grundrechte, S. 194 Rn. 441.

Finanzierung ihrer Ausbildung unter Hinweis auf ihre optischen und intellektuellen Vorzüge zur Eizellspende anpreisen.

(c) Zwischenergebnis

Das Verbot der Eizellspende verletzt die Eigentumsfreiheit der Eizellspenderin gemäß Art. 14 Abs. 1 GG. Das Gesetz stellt einen Eingriff in die Eigentumsfreiheit dar, der nicht gerechtfertigt ist. Der Gefahr der Kommerzialisierung oder der Ausbeutung der Frau kann anders begegnet werden, als durch das absolute Verbot der Weitergabe der weiblichen Keimzelle. Auch ethisch/moralische Aspekte, wie die Verhinderung der gespaltenen Mutterschaft, ändern an diesem Ergebnis nichts. Dieser Aspekt war im Zusammenhang mit der Eigentumsfreiheit als Eingriffsrechtfertigung in Erwägung zu ziehen, da hier, anders als bei Art. 6 GG, nicht nur kollidierendes Verfassungsrecht zu einer Rechtfertigung eines Eingriffs führen kann. Eine moralische Vorstellung allein stellt jedoch keinen legitimen Zweck eines Gesetzes dar. Trotz Einschätzungsspielraums des Gesetzgebers bei der Schaffung von Normen, hat sich dieser sich an den Vorgaben der Verfassung zu orientieren, Art. 1 Abs. 3 und Art. 20 Abs. 3 GG. Dies gilt insbesondere für Strafnormen als ultima ratio. Der Gesetzgeber kann darum nicht jedes beliebige Gut als schützenswertes Rechtsgut definieren. Ansonsten würde die klare Grenze zwischen Recht und Ethik verschwimmen. Insofern muss immer eine rechtliche und nicht nur ethische Notwendigkeit zur Schaffung der Norm bestanden haben. Wurden keine empirischen Untersuchungen der gesetzlich zu regelnden Materie vorgenommen und fehlt eine verallgemeinerungsfähige, widerspruchsfreie und hinreichend differenzierte Vorüberlegung zur gesetzlichen Regelung, ist dies Indiz für ein willkürliches Handeln des Gesetzgebers. Das Gesetz selbst ist dann „Trojanisches Pferd“ zur Normierung eines ethischen Prinzips, einer bereits zuvor gefassten moralischen Wertung der Materie.

(3) Zwischenergebnis

Das Verbot der Eizellspende verstößt gegen das Recht der Eizellempfängerin und deren Partner auf Fortpflanzung und gegen das Recht der Spenderin auf freie Verfügung über ihr Eigentum und die Selbstbestimmung. Der Bestand der Grundrechte auf Selbstbestimmung und Eigentumsfreiheit für die Spenderin nebeneinander ist unproblematisch, da durch Art. 14 GG keine Berücksichtigung der persönlichkeitsrechtlichen Aspekte stattfindet[433].

433 Dazu Roth, Eigentum an Körperteilen, S. 72.

Bei einer zukünftigen Regelung der Materie sind verschiedene Aspekte zwingend zu berücksichtigen. Hinsichtlich der verfassungsrechtlich garantierten Rechte der Spenderin ist auf ihre gesundheitlichen Risiken Rücksicht zu nehmen und auch auf die Gefahr der Ausbeutung durch die Kommerzialisierung der Eizellspende. Diese ist unbedingt auszuschließen. Im Rahmen der Regelung muss auch der Wille der Spenderin berücksichtigt werden wie in Zukunft mit der Eizelle zu verfahren ist.

cc) Gleichheitsrechte

Es sind verschiedene Familienkonstellationen denkbar, bei denen zwischen einem oder beiden Elternteilen und dem Kind keine genetische Verbindung besteht. So ist beispielsweise die Adoption die zivilrechtlich geregelte, vertragliche Begründung eines Eltern-Kind Verhältnisses ohne biologische Verbindung zwischen Eltern und Kind. Auch die Samenspende ermöglicht einer Familie Nachkommen zu zeugen, die nur mit der Mutter genetisch verwandt sind. Insofern erscheint es unverständlich, warum in diesen Fällen die Beteiligten die Freiheit haben, diese Familienkonstellationen zu leben, während die Eizellspende verboten bleibt. Im Folgenden wird daher untersucht, ob hier eine ungerechtfertigte Ungleichbehandlung vorliegt und das Verbot der Eizellspende damit auch gegen Gleichheitsrechte verstößt.

(1) Art. 6 Abs. 1, 4 und 5 GG

Art. 6 Abs. 1, 4 und 5 GG enthalten Diskriminierungsverbote und Teilhaberechte. Art. 6 Abs. 4 GG enthält ein subjektiv-öffentliches Recht der Mutter auf Schutz und Fürsorge[434]. Das Grundrecht verbietet Differenzierungen zu Lasten der Mutter[435]. Hiergegen könnte das Verbot der heterologen Eizellspende ebenfalls verstoßen. Allerdings ist Schutzsubjekt bei Art. 6 Abs. 4 GG die Mutter, die bereits ein Kind zur Welt gebracht hat bzw. deren Kind noch geboren wird[436]. Die Mutter soll während der Schwangerschaft, Geburt oder Stillzeit geschützt werden. Bei der Frage der Zulassung der heterologen Eizellspende ist die Frau aber gerade noch nicht schwanger und somit nicht Grundrechtsträgerin. Gleiches gilt für Art. 6 Abs. 5 GG.

---

434 BVerwGE 47, 23 (27).

435 BVerfGE 65, 104 (113), BVerfGE 75, 348 (357).

436 Jarass in: Jarass/Pieroth, Art. 6 Rn. 68 S. 261; BVerfGE 32, 273 (277), BVerfGE 55, 154 (157), BVerfGE 85, 360 (372).

Art. 6 Abs. 1 GG enthält zwar einen besonderen Gleichbehandlungssatz, der allerdings im vorliegenden Fall keinen speziellen Regelungsgehalt gegenüber Art. 3 Abs. 3 GG enthält, und daher zu vernachlässigen ist.

(2) Eizellspende und Samenspende

Indem die Samenspende erlaubt und die Eizellspende verboten wird, erscheint ein Verstoß gegen den Gleichheitsgrundsatz möglich. Gemäß Art. 3 Abs. 3 S. 1 GG darf niemand „wegen seines Geschlechts, seiner Abstammung, seiner Rasse, seiner Sprache, seiner Heimat und Herkunft, seines Glaubens, seiner religiösen oder politischen Anschauungen benachteiligt oder bevorzugt werden". Dieser Grundsatz ist spezieller Unterfall des allgemeinen Gleichheitssatzes gemäß Art. 3 Abs. 1 GG. In Frage kommt hier eine Ungleichbehandlung aufgrund des Geschlechts gemäß Art. 3 Abs. 3 Alt. 1 GG. Die Vorschrift regelt grundsätzlich das gleiche wie Art. 3 Abs. 2 GG[437]. Das Bundesverfassungsgericht zieht Art. 3 Abs. 3 GG bei Ungleichbehandlungen durch Grundrechtsverpflichtete heran und Art. 3 Abs. 2 GG bei mittelbaren Ungleichbehandlungen[438]. Diese Unterscheidung wird in der Literatur zum Teil als unnötige Verkomplizierung eingestuft und Art. 3 Abs. 2 GG aufgrund der Regelung des Art. 117 Abs. 1 GG, der nur Art. 3 Abs. 2 GG nennt, ein Vorrang eingeräumt[439]. Nach anderer Ansicht ist Art. 3 Abs. 3 GG als Verbotsnorm präziser formuliert als die grundsätzliche Direktive des Absatzes 2, aber inhaltlich vor dem Hintergrund der Entstehungsgeschichte der Absätze des Art. 3 GG eine reine Wiederholung ohne einen über Absatz 2 hinausgehenden Sinngehalt[440]. Vor diesem Hintergrund und der in der Literatur allgemeinen Verortung der Gleichbehandlung zwischen Mann und Frau und der ansonsten widersinnigen Regelung des Art. 117 Abs. 1 GG, wird insofern auch hier Art. 3 Abs. 2 GG geprüft.

(a) Ungleichbehandlung

Eine Beeinträchtigung des Rechts auf Gleichbehandlung liegt in einer geschlechtsbezogenen Ungleichbehandlung. Die Ungleichbehandlung muss von der Eigenschaft

---

437 Dürig in: Maunz/Dürig GG Kommentar, Art. 3 Abs. 3 GG, Rn. 4 S. 290, 291; Jarass in: Jarass/Pieroth, GG Kommentar, Art. 3 Rn. 78 S. 138, 139; Starck in: Mangoldt/Klein/Starck, GG Kommentar Art. 3 Rn. 305 S. 398, 399; Pieroth/Schlink, Grundrechte, S. 113 Rn. 480.

438 BVerfGE 104, 373, 393; 121, 241, 255.

439 Starck in: Mangoldt/Klein/Starck, GG Kommentar Art. 3 Rn. 305 S. 398, 399; Jarass in: Jarass/Pieroth, GG Kommentar, Art. 3 Rn. 78 S. 138, 139.

440 Dürig in: Maunz/Dürig GG Kommentar, Art. 3 Abs. 3 GG, Rn. 4 S. 290, 291.

des Grundrechtsträgers als Mann oder Frau abhängen[441]. Im Fall der Eizellspende verbietet der Gesetzgeber diese im Gegensatz zur Samenspende. Diese Ungleichbehandlung resultiert auch aus der Eigenschaft des Grundrechtsträgers als Frau, da im Sinne des Kindeswohls die gespaltene Mutterschaft verhindert werden soll.

(b) Ausnahme

Als Ausnahme kommen zwingende objektiv biologisch-funktionale Unterschiede zwischen Eizell- und Samenspende in Betracht[442].

Im Schrifttum wird die Unterschiedlichkeit der Zellen und deren Spende im heterologen System anhand bestimmter Kriterien erwogen. Dazu zählen die zellbiologischen Unterschiede, die unterschiedliche Eingriffstiefe bei Entnahme der Eizelle gegenüber der Samenzelle und die mögliche Anzahl entstehender Elternteile[443].

Dabei ist fraglich, ob diese Vergleichskriterien überhaupt zulässig sind.

Grundsätzlich kann eine Feststellung von Unterschieden nur anhand bestimmter Kriterien erfolgen. Die Vergleichsobjekte sind jeweils für sich in Bezug zu den ermittelten Kriterien zu setzen, damit ein Unterschied oder eine Gemeinsamkeit zu Tage tritt. Im vorliegenden Fall geht es um eine Gegenüberstellung von Ei- und Samenzellspende. Festzuhalten ist, dass der Auslegung des Grundgesetzes bei diesem Vergleich ausschließlich objektiv biologisch-funktionale Unterschiede eine Rolle spielen dürfen. Dementsprechend sind nur solche Kriterien zulässig, die mit der biologischen Funktion der Eizelle und Samenzelle im Rahmen der Spende fremden Genmaterials zusammenhängen. Bei der Suche nach möglichen Vergleichskriterien ist zunächst auf die Wortbedeutung der „biologischen-funktionalen Unterschiede" zurückzugreifen. Die Biologie ist die Lehre vom Leben und eine Funktion ist die Leistungsfähigkeit für ein System. Im Kern geht es also um die Frage, welche Aufgabe der Zelle an sich zukommt und der Spende einer Keimzelle. Legt man dabei den Begriff „Leben" weit aus, muss man die Bedeutung der Zelle und der Spende fremden Genmaterials für die Entstehung des Lebens analysieren, so wie für die einzelne Person und die gesamte Gesellschaft.

Vor diesem Hintergrund kommen nachfolgende Vergleichskriterien in Betracht: 1. *Aufgabe der einzelnen Zelle* und 2. die *Bedeutung der Spende fremden Genmaterials* im jeweiligen Organismus, für die einzelne Person und für die Gesellschaft.

---

441 Jarass in: Jarass/Pieroth, GG Kommentar, Art. 3 Rn. 85 S. 140; Starck in: Mangoldt/Klein/Starck, GG Kommentar, Art. 3 Rn. 321 S. 405.

442 So jedenfalls eine Ansicht in der Literatur Lehmann, die In-vitro-Fertilisation, S. 190 ff; aA.: Reinke, Fortpflanzungsfreiheit, S. 115.

443 Reinke, Fortpflanzungsfreiheit, S. 108 ff.

(aa) Eizelle und Samenzelle

Betrachtet man vor diesem Hintergrund die Ei- und Samenzelle, stellt man fest, dass es sich bei beiden um Keimzellen handelt, die dem selben Zweck, nämlich der Fortpflanzung dienen. Keimzellen sind haploide Geschlechtszellen, die in besonderen Organen hergestellt werden, bei der Fortpflanzung verschmelzen und zur Zygote werden. Ei- und Samenzelle haben somit dieselbe Aufgabe im einzelnen Organismus, auch wenn im biologischen Aufbau Unterschiede zwischen den Zellen bestehen. Der Aufbau der Eizelle ist kein biologisch-funktionaler Unterschied, da dieser für die Bedeutung und Aufgabe der Zelle im Organismus ohne Belang ist. Ebenso verhält es sich mit der unterschiedlichen Verfügbarkeit von Eizelle und Samenzelle. Die vergleichsweise leichte Verfügbarkeit von Spermien gegenüber der operativen Entnahme von Eizellen ändert nicht die Aufgabe der Zelle im Organismus an sich. Für den Einzelnen bedeuten die Keimzellen Fortpflanzung, Selbstbestimmung und Selbstverwirklichung. Auch der Schutz der Frau vor Ausbeutung und Kommerzialisierung kann nicht zu einem Totalverbot der Eizellspende führen, denn darauf kann im zukünftigen Gesetz umfassend Rücksicht genommen werden.

Innerhalb der Gesellschaft hat die Samen- sowie die Eizelle die Bedeutung, die Gesellschaft an sich zu erhalten. Insofern liegen zwischen Samen- und Eizelle keine Unterschiede vor. Weitere Bezugspunkte, hinsichtlich derer ein Vergleich stattfinden könnte, sind nicht zulässig und daher zu vernachlässigen.

(bb) Verwendung fremden Genmaterials

Vergleicht man nun die Bedeutung der Verwendung fremden Genmaterials für den Einzelnen, ist zwischen Spender und Empfänger zu differenzieren. Die Aufgaben der Empfänger unterscheiden sich bei der heterologen Samen- und Eizellspende nicht. Es wird jeweils der Frau ein in vitro befruchtetes Ei eingesetzt, einmal mit einer gespendeten Eizelle und einmal mit gespendetem Samen. Die Aufgaben der Spender unterscheiden sich ebenfalls nicht. Sie spenden Genmaterial zum Zweck der Fortpflanzung eines Paares. Auch das Ergebnis ist dasselbe, denn es entsteht jeweils ein Paar, bei dem ein Elternteil keine genetische Verbindung zum Kind hat. Die Umstände der Spende in die Beurteilung der Divergenz von Eizellspende und Samenzellspende im heterologen System einfließen zu lassen, ist angesichts des Reflexionskriteriums der „*Bedeutung* der Spende fremden Genmaterials" nicht möglich. Insofern ist die Eingriffstiefe kein biologisch-funktionaler Unterschied und kann nicht Teil der Abwägung sein.

Die Aufgabe der Spende fremden Genmaterials in der Gesellschaft ist ebenfalls, jeweils die Gesellschaft an sich zu erhalten. Zu beachten ist dabei allerdings, dass die Gesellschaft sich im Falle der Eizellspende insofern modifiziert, als es zur Entstehung der gespaltenen Mutterschaft käme. Entstehen bei der Weitergabe von Sperma lediglich genetischer und sozialer Vater, so kann es im Fall der heterologen Eizellspende zur genetischen, biologischen und sozialen Mutterschaft kommen. Dieser Umstand ändert jedoch letztlich nichts an der Aufgabe der Spende fremden Genmaterials in der Gesellschaft, nämlich deren Erhalt. Unter Erhalt der Gesellschaft kann nämlich gerade nicht verstanden werden, dass die Gesellschaft in der aktuell existierenden Form weiter besteht, in der sie sich gerade befindet. Änderungen in der Struktur und Zusammensetzung der Gesellschaft sind unvermeidbar und in einer pluralistischen Gesellschaft auch wünschenswert. Die Dreifachspaltung kann somit insgesamt nicht als derart negativ bewertet werden, als dass die Eizellspende als solche in der Gesellschaft nicht mehr dem Erhalt dieser diente.

Daher bestehen auch diesbezüglich keine biologisch-funktionale Unterschiede zwischen der Eizellspende und der Samenzellspende, die eine unterschiedliche Behandlung ausnahmsweise rechtfertigen würden.

Die Ungleichbehandlung von Samen- und Eizellspende verstößt demnach gegen Art. 3 Abs. 2 GG.

(3) Eizellspende und Adoption

Hinsichtlich des Vergleichs der heterologen Ei- und Samenzellspende ist Art. 3 Abs. 2 GG abschließend und der allgemeine Gleichheitssatz subsidiär. Vergleicht man allerdings die heterologe Eizellspende mit der Adoption oder der Eizellspende im homologen System, ist Art. 3 Abs. 2 GG nicht spezieller, da es nicht um eine Differenzierung geht, die sich auf das Geschlecht bezieht, denn die Adoption ist in jedem Fall möglich. Daher darf auf Art. 3 Abs. 1 GG zurückgegriffen werden. Im Folgenden ist dementsprechend ein Vergleich der heterologen Eizellspende mit den Regelungen der Adoption vorzunehmen.

Auch bei der Adoption und der Eizellspende liegen zumindest im Ergebnis vergleichbare Sachverhalte vor. Bei der Adoption handelt es sich um die vertragliche Annahme eines bereits geborenen Kindes, wodurch ein Eltern-Kind-Verhältnis ohne genetische Verbindung entsteht. Die Adoption ist ein bereits aus dem römischen Recht bekanntes Rechtsinstitut, das dem Wohle des Kindes dient. Bei der Eizellspende wird eine Eizelle an eine fremde Familie zur künstlichen Befruchtung gegeben. Auch hier kommt es zu einer Eltern-Kind-Beziehung, bei der nur eine teilweise genetische Verbindung vorhanden ist. Die Adoption unterscheidet sich dahingehend von der Eizellspende, dass das Kind einerseits bereits auf der Welt ist und andererseits, dass zwei mögliche Mütter im Gegensatz zu drei möglichen Müttern existieren. Das Ergebnis gleicht sich lediglich insofern, als dass jeweils eine Eltern-Kind-Beziehung entsteht, bei der die genetische Verbindung zur Mutter fehlt. Aufgrund dieser Gemeinsamkeiten kann es jedenfalls nicht zu einer völlig unterschiedlichen Behandlung beider Fälle kommen. Die genetische Verwandtschaft zum Vater und die Lebensgemeinschaft von Geburt an dürfen sich nicht zu Lasten der heterologen Eizellspende auswirken. Vielmehr ist davon auszugehen, dass sich dies positiv auf das Eltern-Kind-Verhältnis auswirkt. Das Kind hat die Chance von Anbeginn der Lebensgemeinschaft an dieser Teil zu haben und durch die Verwandtschaft mit dem Vater und der Geburt durch die Mutter wird die Bindung an die Elternteile nur umso fester sein. Angesichts dieser Gemeinsamkeit wäre die heterologe Eizellspende mindestens genauso positiv zu bewerten wie die Adoption. An dieser Betrachtungsweise kann sich letztlich auch durch die Entstehung der gespaltenen Mutterschaft nichts ändern. Schwierigkeiten des Kindes in der Identitätsfindung, hervorgerufen durch eine „unsanfte" oder gar fehlende Aufklärung über die eigene Herkunft, sind Problemfragen, die auch bei der Adoption entstehen und dort nicht im Ansatz diskutiert werden[444]. Dies ist in Anbetracht der Alternative des Kindes zur Adoption -nämlich das Leben in staatlicher Obhut- verständlich. Folge der heterologen Eizellspende ist zunächst zwar die mögliche Mutterschaft dreier verschiedener Frauen. Das Hinzutreten der biologischen Mutterschaft kann aber keinen so gravierenden Unterschied machen, als dass es zu einer völlig konträren gesetzlichen Wertung kommt und eine Ungleichbehandlung im Sinne des Art. 3 Abs. 1 GG gerechtfertigt wäre. Sollte nämlich die biologische Mutter das Kind tatsächlich abgeben und somit eine zusätzliche soziale Mutter entstehen, ist diese hinsichtlich der Identitätsfindung des Kindes ein wohl eher zu vernachlässigender Faktor. Außerdem sind vermutlich genetischen Eltern, die sich zur Weitergabe ihres Erbgutes entschließen und auf ihren Elternstatus auch tatsächlich verzichten wollen, solche, die sich nicht einmischen. Aber selbst für den Fall, dass dies einmal anders sein sollte, muss dieser Umstand weder zu einer Identitätskrise des Kindes noch zu einer Einmischung der genetischen Eltern führen.

Auch hier liegt somit eine nicht gerechtfertigte Ungleichbehandlung vor.

(4) Zwischenergebnis

Die Ungleichbehandlung von Eizellspende und Samenzellspende ist nicht gerechtfertigt. Auch die Adoption bietet zur Eizellspende vergleichbare Aspekte, weshalb

444 BT Drs. 11/5383.

auch hier eine rechtlich Ungleichbehandlung im Sinne eines absoluten Verbotes und einer differenzierten Regelung nicht gerechtfertigt ist. Diese Ungleichbehandlung kann auf verschiedene Weise behoben werden, durch Angleichung der einen Regelung an die jeweils andere oder durch die Schaffung einer dritten Art der Behandlung. Die Rechtsprechung wird jedenfalls hinsichtlich gesetzgeberischer Akte, die eine Ungleichbehandlung darstellen, nur kassatorisch und nicht gestaltend tätig[445]. Daher kommt es letztlich darauf an, dass der Gesetzgeber eine neue Regelung schafft.

II. Regenerativmedizin

1. Geltendes Recht

a) Historische Entwicklung

Die Bedeutung der Eizellspende in der Forschung ist durch die Möglichkeit des Zellkerntransfers stark angestiegen[446]. Dieser ermöglicht die Herstellung embryonaler Stammzellen zum Zweck des therapeutischen Klonens[447]. Dieses Verfahren wurde erstmals erfolgreich 1996 beim Klonschaf Dolly praktiziert[448]. Da das Verfahren 1991 theoretisch bereits bekannt war, wird es im Embryonenschutzgesetz geregelt. Im Anschluss an diese medizinische Forschungsentwicklung gab es trotzdem verschiedene Ansätze, die Materie rechtlich noch besser zu erfassen. Eine interministerielle Arbeitsgruppe entwickelte 1998 zwölf Thesen zur Ergänzung des ESchG[449]. Die vorgeschlagenen Änderungen zum Klonverbot (§6 ESchG) und der Begriffsbestimmung des Embryos (§8 ESchG) sind allerdings bis heute nicht umgesetzt worden. Am 24.03.2000 wurde vom Bundestag die Enquete-Kommission „Recht und Ethik in der modernen Medizin“ eingesetzt[450]. Sie sollte „Empfehlungen für die ethische Bewertung, für Möglichkeiten des gesellschaftlichen Umgangs sowie für gesetzgeberisches und administratives Handeln“

445 BVerfG 85, S. 9, 20.
446 Zum Verfahren des Zellkerntransfers siehe oben in Teil B der Arbeit.
447 Zum Verfahren des Zellkerntransfers siehe oben in Teil B der Arbeit.
448 Wilmut et al., Nature 385 (6619), 1997 S. 810–813 (27.2.1997).
449 BT-Drs. 13/11263 vom 26.06.1998.
450 BT-Drs. 14/3011.

medizinischer Zukunftsfragen erarbeiten[451]. Sie legte am 14.05.2002 ihren Schlussbericht vor[452].

Nach Ansicht der Kommission fehlt es bei einer Eizellspende zum Zweck eines späteren therapeutischen Klon-Versuchs am Charakter des ärztlichen Heileingriffs. Es läge ein ausschließlich fremdnütziges Verfahren vor, das mehr zu einer Art Dienstleistungsverhältnis zwischen Arzt und Spenderin führe[453]. Die Kommission weist auch auf die hohe benötigte Anzahl von Eizellen hin. Zur Herstellung einer geklonten Stammzelllinie seien nach wissenschaftlichen Erkenntnissen 60 Eizellen erforderlich[454]. Da bei einer Hormonbehandlung ca. 8–10 Eizellen entnommen würden, könne der Bedarf nicht gedeckt werden[455]. Gewarnt wird vor allem vor einer Kommerzialisierung der Eizellspende wie in den USA, wo ökonomisch unterprivilegierte Frauen gegen ein entsprechend hohes Entgelt zu der risikoreichen Behandlung bereit sind[456]. Aus diesem Grund wird die Eizellspende zu Forschungszwecken abgelehnt. Zusätzlich zu dem Embryonenschutzgesetz von 1991 trat dann im Jahre 2002 das Stammzellgesetz in Kraft. Es regelt die Verwendung und Einfuhr embryonaler Stammzellen aus dem Ausland[457]. Es untersagt den Import embryonaler Stammzellen, Ausnahmen sind nur in besonderen Fällen bei hochrangigen Forschungszielen vorgesehen.

b) Regelungen Embryonenschutzgesetz und Stammzellgesetz

Das Verfahren des therapeutischen Klonens ist nach überwiegender Ansicht durch das ESchG verboten[458]. Im Rahmen der Anwendung der Vorschriften des Embryonenschutzgesetzes auf das therapeutische Klonen ergeben sich verschiedene, nachfolgend erörterte, Fragen.

aa) Therapeutisches Klonen

Das Embryonenschutzgesetz regelt in §6 ESchG das Klonverbot, wovon nach herrschender Ansicht das therapeutische Klonen erfasst wird. Problematisch ist

---

451 BT-Drs. 14/9020 S. 7.

452 BT-Drs. 14/9020 S. 35.

453 BT-Drs. 14/9020 S. 36.

454 Nationaler Ethikrat, Stellungnahme 2004 S. 25.

455 BT-Drs. 14/9020 S. 36.

456 BT-Drs. 14/9020 S. 37.

457 Fülle, Embryonenforschung und Embryonenschutz, S. 74.

458 Fülle, Embryonenforschung und Embryonenschutz, S. 70 ff.; Beitz, Zur Reformbedürftigkeit des Embryonenschutzgesetzes, S. 44; Berger, Embryonenschutz und Klonen beim Menschen, S. 96f.

in diesem Rahmen jedoch nicht erst die Frage, ob bei einem Zellkerntransfer ein „Klon“ im Sinne der Vorschrift entsteht, sondern bereits der Anwendungsbereich des Embryonenschutzgesetzes.

(a) Anwendung des Embryonenschutzgesetzes

Schutzgut des Embryonenschutzgesetzes ist der Embryo und jede totipotente Zelle, die sich teilen und zu einem Individuum entwickeln kann. §8 Abs. 1 ESchG definiert den Embryo wie folgt: Als Embryo im Sinne dieses Gesetzes gilt bereits die befruchtete, entwicklungsfähige menschliche Eizelle vom Zeitpunkt der Kernverschmelzung an, ferner jede einem Embryo entnommene totipotente Zelle, die sich bei Vorliegen der dafür erforderlichen weiteren Voraussetzungen zu teilen und zu einem Individuum zu entwickeln vermag. Insofern stellt das Gesetz zur Definition des Embryos auf die Verschmelzung von Ei- und Samenzelle ab. Wie bereits eingangs erörtert findet eine solche Verschmelzung beim Verfahren des therapeutischen Klonens nicht statt. Hier wird lediglich durch chemisches Verfahren die Zelle aktiviert und deren Entwicklung bewirkt[459].

Nach herrschender Ansicht wird auch dieser Fall unter das ESchG subsumiert. Bei §8 ESchG handele es sich um eine weit auszulegende, den Embryo umfassend schützende, nicht abschließende Regelung[460]. Durch die Auslegung der Vorschrift werde auch die Wortlautgrenze insofern nicht überschritten, als man die Formulierung “bereits“ nicht nur im zeitlichen Sinne, sondern im Sinne von „auch“ zu verstehen habe[461]. Außerdem habe der Gesetzgeber das Verfahren gekannt und mit in den Anwendungsbereich des Embryonenschutzgesetzes einbezogen. Dafür spräche der Wortlaut des §6 Abs. 1 ESchG. Hier wird bestraft, wer künstlich bewirkt, dass ein menschlicher Embryo mit der gleichen Erbinformation wie ein anderer Embryo, Fötus, ein Mensch oder ein Verstorbener entsteht. Diese

---

459 Dazu bereits ausführlich in Teil B (Medizinischer Hintergrund).

460 Eser, Klonierung beim Menschen. Biologische Grundlagen und ethisch-rechtliche Bewertung, Stellungnahme für den Rat für Forschung, Technologie und Innovation, S. 369; BT-Drs. 13/11263 1998 S. 14; BT-Drs. 14/7546; Schreiber, Recht als Grenze der Gentechnologie, S. 902 ff; Heinz, Der gesetzliche Embryonenschutz in Deutschland nach gegenwärtigem und zukünftigem Recht, S. 197; Trips-Hebert, ZRP 2009 S. 80, 82.

461 Taupitz, NJW 2001, S. 3433, 3434; Günther/Taupitz/Kaiser, ESchG Kommentar, §8 Rn. 10; Fülle, Embryonenforschung und Embryonenschutz, S. 70; Berger, Embryonenschutz und Klonen beim Menschen, S. 95 f.

aufgezählten Varianten wären ohne Zellkerntransfer nicht möglich[462]. Außerdem führe die Ausgrenzung der geklonten Zelle letztlich zu der absurden Konsequenz, dass ein geklonter Mensch nie das Embryonalstadium durchliefe[463].

Nach anderer Ansicht ist „bereits“ ausschließlich zeitlich zu verstehen und ein nicht durch Befruchtung entstandener Embryo nicht durch das ESchG geschützt[464]. Der Gesetzgeber habe ja zumindest theoretisch die Möglichkeit des therapeutischen Klonens gekannt und nicht regeln wollen[465]. Jede andere Auslegung überschreite die Wortlautgrenze und stelle eine im Strafrecht unzulässige Analogie dar, die gegen Art. 103 Abs. 2 GG verstieße[466]. Die Gesetzeslücke müsse durch den Gesetzgeber geschlossen werden[467]. Für diese Ansicht spräche die Bestrebung des Gesetzgebers, das Embryonenschutzgesetz zu ändern, nachdem man im Jahr 1998 die Methode des „therapeutischen Klonens“ erstmalig erfolgreich am Klonschaf Dolly durchgeführte[468]. Auch §6 Abs. 2 ESchG sei Indiz für diese Auslegung. Er regelt, dass ein Klon nicht in den Uterus einer Frau eingepflanzt werden darf. Damit stehe fest, dass der Gesetzgeber bei einer therapeutisch klonierten Zelle nicht von schützenswertem Leben und damit einem Embryo ausgehe[469].

Für die herrschende Ansicht, §8 ESchG als nicht abschließend zu interpretieren und die Befruchtung damit als *einen* möglichen Weg der Entwicklung einer menschlichen Eizelle einzustufen, spricht nicht nur die systematische Auslegung der Vorschrift in Zusammenhang mit §6 Abs. 1 ESchG dem Klonverbot, sondern auch dessen Sinn und Zweck. Sinn und Zweck des Gesetzes war bei dessen Schaffung der umfassende Schutz einer Entität in der Zeit vor Schutzbeginn der §§218 ff. StGB[470]. Man wollte ein möglicherweise entstehendes Kind vor den Folgen der medizinischen Entwicklungen schützen[471]. Schutzgut ist der Embryo.

---

462 Koch, Erzeugung und Verwendung „therapeutischer Klone“ aus rechtlicher Sicht, S. 193; Fülle, Embryonenforschung und Embryonenschutz, S. 71.

463 Übersicht dazu von Taupitz, in Günther/Taupitz/Kaiser, ESchG-Kommentar §8 Rn. 54 S. 291.

464 Gutmann, Strafbarkeit des Klonens von Menschen, S. 355.

465 Gutmann, Strafbarkeit des Klonens von Menschen, S. 355 f.

466 Gutmann, Strafbarkeit des Klonens von Menschen, S. 356.

467 Gutmann, Strafbarkeit des Klonens von Menschen, S. 354; Schroth, Forschung mit embryonalen Stammzellen und Präimplantationsdiagnostik im Lichte des Rechts, S. 172; Witteck/Erich, MedR 5/2003, S. 259.

468 Koch, Erzeugung und Verwendung „therapeutischer Klone“ aus rechtlicher Sicht, S. 193.

469 Gutmann, Strafbarkeit des Klonens von Menschen, S. 356.

470 BT Drs. 11/5460 S. 8; Neidert, ZRP 35/2002, S. 467, 468.

471 Taupitz, NJW 2001, S. 3433, 3439.

Stellt man bei der Definition des Schutzgutes „Embryo“ aber auf seine Entstehungsart ab, verengt dies den Wirkungsbereich des Gesetzes zu seinen Ungunsten[472]. Entscheidend muss sein, dass der Prozess der Entwicklung eines Menschen beginnt, der zu einem Embryo führt[473]. Diese Auslegung lässt auch der Wortlaut der Norm zu. Die Vorschrift schützt „bereits“ die befruchtete Eizelle, was nicht ausschließlich temporär zu verstehen ist. Vielmehr spricht auch die weitere Formulierung des §8 S. 2 ESchG, der „ferner“ die totipotente Zelle schützt, für eine weite Auslegung. Der zweite Satz nimmt auf den ersten Satz Bezug und konkretisiert ihn hinsichtlich seiner nicht nur zeitlichen Bedeutung. „Ferner“ signalisiert, dass das „bereits“ des ersten Satzes als Startpunkt einer Aufzählung zu verstehen ist, also im Sinne von „schon“. Weiterhin war das Verfahren des therapeutischen Klonens bereits vor der Schaffung des Embryonenschutzgesetzes bekannt[474], auch wenn das Verfahren erst im Rahmen der Entstehung des Klonschafs Dolly Jahre später die Aufmerksamkeit der Öffentlichkeit erregte[475]. Aus diesem Grund vermag auch das Argument, der Gesetzgeber habe erst 1998 das Gesetz zu erweitern angestrebt, nicht zu überzeugen. Dabei ging es vielmehr um die eindeutige Klarstellung der Bedeutung der Vorschrift, wofür auch spricht, dass die Änderungen nicht durchgeführt wurden. Diese weite Auslegung verstößt auch nicht gegen Art. 103 Abs. 2 GG, da der Wortlaut diese zulässt. Ebenso verhält es sich mit der Kritik an dieser Auslegung vor dem Hintergrund der Embryodefinition im Stammzellgesetz, welches bewusst anders formuliert ist und den Verdacht nahe legen könnte der Gesetzgeber sei sich erst bei Schaffung des Stammzellgesetzes der Lückenhaftigkeit des Embryonenschutzgesetzes gewahr geworden. Das Stammzellgesetz definiert den Embryo nämlich anders als das Embryonenschutzgesetz als „bereits jede menschliche totipotente Zelle, die sich bei Vorliegen der dafür erforderlichen weiteren Voraussetzungen zu teilen und zu einem Individuum zu entwickeln vermag“ und bezieht damit ausdrücklich Zellkerntransfer-Embryonen ein. Grundsätzlich ist aber davon auszugehen, dass das Stammzellgesetz dies zu Klarstellungszwecken tut, ohne dabei auf etwaige Lücken des Embryonenschutzgesetzes hinweisen zu wollen. Dies zum einen, weil unterschiedliche Definitionen

472 Auch der EuGH stellt in seiner aktuellen Rechtsprechung auf das entstehende Leben an sich ab: Brüstle/Greenpeace, EuGH, Urteil vom 18.10.2011, C34/10, Pkt. 35, 36; Kritisch zum Urteil insgesamt: Taupitz, GRUR 2012, S. 1 ff.

473 EuGH, GRUR 2011, S. 1104, 1107.

474 BT-Drs. vom 23.2.1988, 11/1856 S. 8.

475 Siehe §6 Abs. 1 EschG.

in unterschiedlichen Gesetzen nicht schaden[476] und weil die Klarstellung in einem Gesetz nicht zwangsläufig zu bedeuten hat, dass ein anderes Gesetz Mängel aufweist.

Im Rahmen der Methode des Zellkerntransfers muss allerdings noch geklärt werden, ab welchem Zeitpunkt beim Zellkerntransfer von einem Embryo gesprochen werden kann. Dabei wird nach herrschender Ansicht, entsprechend des Zeitpunkts der Kernverschmelzung bei der herkömmlichen Befruchtung, der Zeitpunkt unmittelbar vor der ersten Zellteilung als entscheidender Zeitpunkt angesehen[477]. Das wäre dann der Zeitpunkt nach Reprogrammierung der Zelle. Durch die Reprogrammierung wird die Zelle in die Entwicklungsphase Metaphase II versetzt und die Zellteilung setzt unmittelbar daraufhin ein. Der Zellkern ist ab diesem Zeitpunkt vergleichbar mit dem Kern der Zygote[478]. Diese Annahme verstößt nach anderer Ansicht gegen das Bestimmtheitsgebot der Verfassung gemäß Art. 103 Abs. 2 GG und §8 ESchG ist entsprechend zu konkretisieren[479]. Für die herrschende Ansicht spricht, dass §8 ESchG das Verfahren des Zellkerntransfers umfasst und §8 Abs. 1 ESchG entsprechend auf den Fall des Zellkerntransfers angewendet werden kann, da er am Ende gerade auf die Zellteilungsmöglichkeit und die Entwicklungsmöglichkeit zu einem Individuum abstellt. Dies ist auch im Rahmen des Verfahrens des Zellkerntransfers möglich und zwar ab dem Zeitpunkt unmittelbar vor Beginn der Zellteilung. In der Praxis ist allerdings auf den Zeitpunkt der ersten Zellteilung abzustellen, da erst diese die erfolgreiche Reprogrammierung beweist[480].

(b) Klonverbot

Verschiedene Rechtsgrundlagen des Embryonenschutzgesetzes werden als Rechtsgrundlage für das therapeutische Klonverbot diskutiert.

Nach einer Ansicht fällt es unter §6 ESchG. Danach wird mit Freiheitsstrafe bis zu fünf Jahren oder mit Geldstrafe bestraft, wer künstlich bewirkt, dass

---

476 Taupitz in Günther/Taupitz/Kaiser, Embryonenschutzgesetz, §8 Rn. 12 S. 274 f.

477 Klonbericht der Bundesregierung BT-Drs. 13/11263 S. 14.

478 Wendtland, Die Forschung mit menschlichen Stammzellen als Gegenstand der Rechtsetzung, S. 54; Wolf, Staatliche Steuerung der Biotechnologie am Beispiel der Klonens von Menschen, S. 37; Limbeck, Embryonenschutzgesetz und Forschung an menschlichen Stammzellen, S. 103.

479 Paul, Möglichkeiten und Grenzen der Forschung an embryonalen Stammzellen und des therapeutischen Klonens, S. 99 f.

480 Klonbericht der Bundesregierung BT-Drs. 13/11263 S. 15.

ein menschlicher Embryo mit der gleichen Erbinformation wie ein anderer Embryo, ein Fötus, ein Mensch oder ein Verstorbener entsteht, Tatbestandliche Voraussetzungen sind damit die Entwicklungsfähigkeit der Zelle und das Vorliegen „gleichen Erbguts".

Zum Teil wird im Rahmen des Tatbestandmerkmals „Entwicklungsfähigkeit" eine Nidationsfähigkeit (§6 Abs. 1 ESchG) und Entwicklungsfähigkeit zum Individuum (§6 Abs.2 ESchG) verlangt[481]. Beim Kerntransfer-Embryo findet aber gerade keine Nidation statt, weshalb die Nidationsfähigkeit nicht bzw. erst im Nachhinein überprüft werden kann. Hinzukommt, dass die Forschung eine Art „Entwicklungsbremse" einbauen will und sich der Embryo nur bis zu einem bestimmten Stadium entwickelt[482]. Insofern fehlte es dann an einer Entwicklungsfähigkeit. Vor diesem Hintergrund stellt die herrschende Ansicht auf die Teilungsfähigkeit der Zelle ab[483], da auch ein schwerstgeschädigter Embryo geschützt werden müsse und die Nidationsfähigkeit kaum nachprüfbar sei[484].

Dem ist zuzustimmen, insbesondere da ansonsten der Schutz des Embryos erst im Nachhinein stattfinden könnte, wenn die Nidationsfähigkeit oder Entwicklungsfähigkeit zum Menschen nachgewiesen ist. Im Sinne der Rechtssicherheit kann erst bei Verlust der Teilungsfähigkeit nicht mehr von einer Entwicklungsfähigkeit gesprochen werden[485].

Problematisch ist im Weiteren die Formulierung „gleiches Erbgut". Im Rahmen des therapeutischen Klonens kommt zu der DNS, die in die entkernte Eizelle eingebracht wird, die Mitochondrien-DNS der entkernten Eizelle hinzu[486]. Damit handelt es sich nur um 100 Prozent „gleiches Erbgut", wenn die entkernte Eizelle und das Kerntransplantat von der gleichen Frau stammen. Die herrschende Meinung hält diese Abweichung jedoch für geringfügig und legt „gleich" als quantitative und nicht als qualitative Maßgabe aus[487]. „Gleich" hieße demnach eben gerade nicht „dieselbe".

Nach anderer Ansicht kann diese Auslegung vom Gesetzgeber jedoch nicht intendiert gewesen sein, da bereits 2 beliebige Menschen einander zu 99,9 Prozent

---

481 Koch, Embryonenschutz ohne Grenzen? S. 1103.

482 Beitz, Zur Reformbedürftigkeit des Embryonenschutzgesetzes, S. 229.

483 Günther/Taupitz/Kaiser, ESchG Kommentar, §6 Rn. 11, S. 256; Beitz, Zur Reformbedürftigkeit des Embryonenschutzgesetzes, S. 229.

484 Günther, in Günther/Taupitz/Kaiser ESchG Kommentar, §6 Rn. 11, S. 256.

485 Günther, in Günther/Taupitz/Kaiser ESchG Kommentar, §6 Rn. 11, S. 256.

486 siehe dazu unter S. 16 ff dieser Arbeit.

487 BT-Drs. 13/11263 S. 13; Jungfleisch, Fortpflanzungsmedizin als Gegenstand des Strafrechts, S. 92; Berger, Embryonenschutz und Klonen beim Menschen, S. 99 f.

in ihrer DNS-Sequenz ähneln[488]. Hierin läge ein Verstoß gegen das Bestimmtheitsgebot der Verfassung gemäß Art. 103 Abs. 2 GG[489].

Für letztere Ansicht spricht das herkömmliche Verständnis des Begriffs „Klon“, der einen exakten Spiegel einer anderen Person darstellt. Andererseits wird auch der Anteil der mitochondrialen DNS keinen wesentlichen Unterschied im Erscheinungsbild bewirken. Ein ethischer Konflikt muss wohl schon an dieser Stelle angenommen werden. Hierfür spricht auch die Gesetzesbegründung, die auf die Erstellung identischer Menschen und nicht „genetisch“ identischer Menschen abstellt[490]. Hinzu kommt, dass eine 100 Prozent genetische Identität auch zufällig durch Mutationen innerhalb der Erbinformation verhindert werden kann[491]. Insofern kann kein „gleiches Erbgut“ im strengen Sinne gemeint sein. Somit unterfällt das therapeutische Klonen dem Verbotstatbestand des §6 ESchG.

Damit ist die Gewinnung embryonaler Stammzellen zum therapeutischen Klonen durch das Verfahren des Zellkerntransfers in eine Eizelle in Deutschland verboten.

bb) Regelungen des Stammzellgesetzes

Die Einfuhr und Verwendung von embryonalen Stammzellen aus dem Ausland, die über das Verfahren des Zellkerntransfers in Eizellen gewonnen wurden, wird durch das Stammzellgesetz verboten[492]. Es schließt damit eine Lücke des Embryonenschutzgesetzes[493]. §4 Abs. 1 StZG verbietet den Import und die Verwendung von embryonalen Stammzellen. §3 Nr. 1 StZG definiert als embryonale Stammzellen “alle aus Embryonen, die extrakorporal erzeugt und nicht zur Herbeiführung einer Schwangerschaft verwendet worden sind oder einer Frau vor Abschluss ihrer Einnistung in der Gebärmutter entnommen wurden, gewonnenen pluripotenten Stammzellen“. Der Embryonenbegriff ist hier ein anderer als im Embryonenschutzgesetz. Gemäß §3 Nr. 4 StZG ist unter einem Embryo „bereits jede menschliche totipotente Zelle, die sich bei Vorliegen der dafür erforderlichen weiteren Voraussetzungen zu teilen und zu einem Individuum zu entwickeln vermag“, zu verstehen. Insofern dürfen im Verfahren des Zellkerntransfers gewonnene embryonale Stammzellen aus dem Ausland nicht eingeführt und verwendet werden. Ausnahmen zu dem Verbot regelt §4 Abs. 2 StZG. In Frage käme der

488 Günther in Günther/Taupitz/Kaiser, ESchG Kommentar, §6 Rn. 16, S. 257.
489 Gutmann, Strafbarkeit des Klonens von Menschen, S. 354.
490 BT Drs. 11/5460 S. 6.
491 Berger, Embryonenschutz und Klonen beim Menschen, S. 99 f.
492 Fülle, Embryonenforschung und Embryonenschutz, S. 73.
493 Fülle, Embryonenforschung und Embryonenschutz, S. 74.

Ausnahmetatbestand des §4 Abs. 2 Nr. 1 lit. b StZG. Hiernach dürfen Stammzellen verwendet werden, wenn „die Embryonen, aus denen sie gewonnen wurden, im Wege der medizinisch unterstützten extrakorporalen Befruchtung zum Zwecke der Herbeiführung einer Schwangerschaft erzeugt worden sind, sie endgültig nicht mehr für diesen Zweck verwendet wurden und keine Anhaltspunkte dafür vorliegen, dass dies aus Gründen erfolgte, die an den Embryonen selbst liegen". Dies scheidet jedoch aus, da der Zellkerntransfer als Verfahren nicht dazu dient, eine Schwangerschaft zu erzeugen.

2. Diskussion

a) Aktuelle rechtspolitische Diskussion

Die Eizellspende und das Verfahren des Zellkerntransfers ermöglichen das therapeutische Klonen, dass als ein Teilgebiet der Stammzellforschung in Deutschland verboten ist. Insgesamt ist das Verfahren des therapeutischen Klonens stark umstritten und Befürworter verlangen immer wieder dessen Zulassung[494]. Die Methode biete schwerkranken Menschen die Hoffnung auf Heilung durch medizinischen Fortschritt. Gerade bei degenerativen Krankheiten wie Parkinson und Diabetes Mellitus gäbe es infolge erfolgreicher Tierexperimente realistische Heilungschancen beim Menschen[495]. Die restriktive Regelung der Bundesrepublik führe dazu, dass Forschungseinrichtungen Zellmaterial aus Drittstaaten importieren müssten[496]. Es müssten vielmehr die verfassungsrechtlichen Vorgaben der Art. 5 Abs. 3 GG und Art. 12 GG beachtet werden, die für eine weitergehende Forschungs- und Wissenschaftsfreiheit sprächen[497]. Gerade die Forschungsfreiheit garantiere das Grundgesetz unbeschränkt und werde unzulässig eingeschränkt[498]. Außerdem sei die Erforschung embryonaler Stammzellen besonders vielversprechend und die Forschung an adulten Zellen ungleich mühsamer und im Ergebnis

494 Zu den medizinischen Möglichkeiten des Verfahrens bei: Schulz, ZRP 2003 S. 362, 366.

495 Schulz, ZRP 2003 S. 362, 366.

496 Kranz, Biomedizinrecht in der EU, S. 398; zur Ermöglichung der umfassenden Forschung sollte die Stichtagsregelung abgeschafft werden: BT-Drs. 16/383 S. 1.

497 Wendehorst, Rechtliche Anforderungen an ein künftiges Fortpflanzungsmedizingesetz, S. 35, 48.

498 Beck, Die Bedeutung der Wortbedeutung, S. 234.

auch erfolglos[499]. Embryonale Stammzellen könnten sich in der Kultur unbegrenzt entwickeln und in sämtliche Zelltypen ausdifferenzieren, beispielsweise in Zellen des Nervensystems, Knochenzellen, Zellen des hämatopoetischen Systems, Endothelzellen, Fettzellen und unterschiedliche Muskelzelltypen wie Herzmuskeln[500].

Gegner des Verfahrens des therapeutischen Klonens beklagen das schwindende Wertebewusstsein in Europa und fordern die Beibehaltung der bestehenden Verbote[501]. Vielfach wird auch eingewandt, die Forschung an adulten Stammzellen sei ebenso erfolgversprechend. Die pluripotenten Stammzellen des Knochenmarks könne man ebenso umfassend einsetzen[502]. Vielfach wird im Rahmen der Kritik an der Forschung an ES-Zellen auch auf die Verbrechen des Nationalsozialismus verwiesen[503]. Diese historische Erfahrung habe dazu geführt, dem Lebensschutz des werdenden Lebens von Anfang an vor den Interessen der Forschung Vorrang zu geben[504]. Außerdem sehen Gegner des therapeutischen Klonens im Zentrum der Forschung vor allem die Zerstörung von Embryonen durch die Entnahme von ES-Zellen[505]. Dieser ethische Konflikt der verbrauchenden Embryonenforschung ist letztlich auch für das gesetzliche Verbot der embryonalen Stammzellforschung in Deutschland durch das ESchG verantwortlich[506]. Die Forschung wird nur ausnahmsweise zugelassen werden, wenn die humanen embryonalen Stammzellen im Ausland vor dem 1.1.2002 bzw. nach der Gesetzesänderung vor dem 1.5.2007 produziert wurden (§4 Abs. 2 Nr. 1 lit. a StZG)[507]. Eben diese Verschiebung der „Stichtagsregelung" hatte jedoch in der Vergangenheit dazu geführt, dass das Stammzellgesetz immer wieder in die Kritik geraten war. Sinn und Zweck der Regelung war die Importerlaubnis Deutschlands, nicht eine Produktion weiterer Stammzellen im Ausland zu verursachen[508]. Die erste Stichtagsregelung erfolgte 2002[509]. Allerdings beschloss man am 11.04.2008 im Deutschen Bundestag die

499 Schöler, Potenzial von Stammzellen, S. 37 ff.
500 Schöler, Potenzial von Stammzellen, S. 37 ff.
501 Frühwald, Die Zeit nach Dolly, S. 557.
502 Yuehua et al., Nature 2002 Vol. 418 S. 49.
503 Catenhusen, Stammzellpolitik in Deutschland, S. 72.
504 Catenhusen, Stammzellpolitik in Deutschland, S. 73.
505 Berger, Embryonenschutz und Klonen beim Menschen, S. 47.
506 Bemühungen Deutschlands im Rahmen der EU-Debatte: Keine Vernichtung von menschlichen Embryonen durch Forschung: BT-Drs. 15/1310 vom 01.07.2003 S. 3; BT Drs. 16/7981 S. 3.
507 Pelchen/Häberle, Kommentierung StZG, Rn. 3.
508 Catenhusen, Stammzellpolitik in Deutschland, S. 64.
509 BT-Drs. 16/7981 S. 2.

Verschiebung der sog. Stichtagsregelung für den Import von Stammzellen aus dem Ausland[510]. Demnach dürfen nun Stammzellen verwendet werden, die vor dem 01.05.2007 produziert wurden. Insbesondere diese Verschiebung führte, obwohl schon die Verwendung von Embryonen trotz eines Verbotes der Herstellung im eigenen Land moralisch zweifelhaft bewertet worden war[511], dann aber letztlich zum Vorwurf der Doppelmoral[512].

b) Grundrechte

Die Eizellspende ermöglicht demnach im Zusammenhang mit dem Verfahren des Zellkerntransfers das therapeutische Klonen. In diesem Zusammenhang liegt es nahe, die Forschungsfreiheit der Wissenschaft als dieses Verfahren befürwortendes Verfassungsrecht zu prüfen. Ebenfalls existiert, wie bereits erörtert, das Recht der Eizellspenderin mit ihrer Eizelle nach ihrem Willen zu verfahren gemäß Art. 14 GG und Art. 2 Abs. 1 i.V.m. Art. 1 Abs. 1 GG[513]. An dieser Stelle ist allerdings auch der Grundrechtsschutz der Eizelle in Betracht zu ziehen, weshalb das Verfahren des therapeutischen Klonens schon im Ansatz ausscheiden könnte. Ob die Grundrecht auch für die weibliche Keimzelle zu prüfen sind, entscheidet die Frage, wann menschliches Leben rechtlich entsteht.

aa) Eizelle

Der Geltungsbereich der Grundrechte auf Menschenwürde gemäß Art. 1 Abs.1 GG und auf Leben und körperliche Unversehrtheit gemäß Art. 2 Abs. 2 S. 1 GG steht zum einen „jedem Menschen“ und zum anderen „jedem Deutschen“ offen. Folglich hängt die Subjektsqualität im Rahmen der Grundrechte von der Einordnung der Eizelle als „Mensch“ ab. Die Verfassung selbst schweigt dazu. Das einfache Gesetz schützt das geborene und ungeborene Leben. Das Bürgerliche Gesetzbuch weist gemäß §1 BGB dem Menschen erst nach der Geburt Rechtsfähigkeit zu. Die §§218, 219 StGB schützen wie auch das ESchG das ungeborene Leben[514].

---

510 BT-Drs. 16/7981.

511 so Joerden, Stammzellgesetzgebung und Doppelmoral, S. 208; aA. Taupitz, JZ 2007 S. 113, 118.

512 Ernst, Mitschuld am Embryonenverbrauch?, S. 297, 317.

513 So auch BGHZ 124, 52 ff; LG Neubrandenburg, 12.8.2009, 2 O 111/09.

514 Wobei ein deutlicher Widerspruch zwischen der Intensität des Schutzes durch das ESchG und die §§ 218 ff StGB festzustellen ist. Dazu Neumann, das Kreuz mit den Argumenten, S. 211, der darauf hinweist, dass das ein Schwangerschaftsabbruch bis

Das einfache Gesetz nützt jedoch nicht im Rahmen der Auslegung verfassungsrechtlicher Regelungen.

(1) Rechtsprechung

Das Bundesverfassungsgericht hat in seinem Urteil zum Schwangerschaftsabbruch festgestellt, „Leben im Sinne der geschichtlichen Existenz eines menschlichen Individuums besteht nach gesicherter biologisch-physiologischer Erkenntnis jedenfalls vom 14. Tage nach der Empfängnis (Nidation, Individuation) an“[515]. Im Weiteren verweist es auf den damit begonnenen Entwicklungsprozess, der als kontinuierlicher Vorgang seinen Verlauf nehme und nicht vom Bewusstsein des Individuums um diese Vorgänge abhänge. Es müsse seine Rechte nicht selbst zu wahren wissen, vielmehr genügen die von Anfang an im menschlichen Sein angelegten potentiellen Fähigkeiten, diese zu begründen. Diese Ansicht bestätigt das Bundesverfassungsgericht in einem späteren Urteil[516]. Damit äußert sich das Bundesverfassungsgericht nur zum Embryo in vivo ab Nidation und enthält sich sowohl einer Aussage zur außerhalb des menschlichen Körpers befindlichen Keimzelle vor dem Zeitpunkt der Nidation als auch einer Aussage hinsichtlich der Qualität des Schutzes, nämlich als Grundrechtsträger oder lediglich als Schutzobjekt. Aus den abweichenden Ansichten spricht aber die Tendenz, auch einen früheren Schutz für vertretbar zu halten[517]. Letztlich kann aber mit Sicherheit aus dieser Rechtsprechung der rechtliche Status der Keimzelle nicht abgeleitet werden[518].

(2) Literatur

In der Literatur werden verschiedene Zeitpunkte zur Festlegung des Lebensbeginns als maßgeblich erachtet. Nach herrschender Auffassung im Schrifttum ist der Zeitpunkt der Verschmelzung von Samen- und Eizelle ausschlaggebender Zeitpunkt[519]. Von da an entwickle sich der Embryo kontinuierlich als Mensch und

kurz vor der Geburt unter bestimmten Umständen straffrei möglich ist, der Embryo aber nach dem Zeitpunkt der Verschmelzung von Ei- und Samenzelle durch das ESchG aber wie einen geborenen Menschen schützt.

515 BVerfG Urteil vom 25.02.1975 BVerfGE 39, 1, 22.

516 BVerfGE 88, 203.

517 BVerfGE 39, 1ff.: Richterin Rupp-vom Brünneck und Richter Dr. Simon.

518 Zu den Widersprüchlichkeiten des Urteils siehe im Einzelnen bei Merkel, Forschungsobjekt Embryo, S. 87 ff, S. 110.

519 Kranz, Biomedizinrecht in der EU, S. 44, Lehmann, Die In-vitro Fertilisation und ihre Folgen, S. 37; Böckenförde, JZ 2003, S. 809, 812; Duttge, GA 2002 S. 241, 252;

habe das Potential zu diesem ohne rechtlich relevante Zäsur. Dagegen wird kritisch eingewandt, bereits die Keimzelle habe das Potential zu Leben zu werden[520], in jedem Fall aber die Eizelle im Vorkernstadium. Denn auch die befruchtete Eizelle entwickle sich ab diesem Zeitpunkt als Mensch und an der Erbinformation ändere sich nichts mehr[521]. Nach anderer Ansicht ist die Nidation als entscheidender Zeitpunkt zu betrachten[522]. Erst hier formten sich Organe und Körperteile und über diesen Moment hinaus könne der Embryo auch in vitro nicht weiter bestehen. Andere fordern die Individuation, da sich vorher der Embryo noch zu Mehrlingen entwickeln könne[523]. Auch das Einsetzen der Hirntätigkeit des Embryos[524] wird als entscheidendes Kriterium für das Menschsein eingestuft, weil hier die persönliche Identität entstünde[525]. Maßgeblich ist nach anderer Ansicht die extrauterine Lebensfähigkeit des Kindes[526]. So könne sich das Kind ab diesem Zeitpunkt von der Mutter abnabeln und als eigener Mensch wahrgenommen werden. Andere stellen auf den Zeitpunkt der Geburt des Kindes ab[527]. Erst hier sei das Kind nicht mehr als Teil der Mutter, sondern als eigener Mensch Teil der Gesellschaft.

Der frühestmögliche Zeitpunkt der Einordnung als Mensch läge demnach bei der Keimzelle. Da diese sich aber nicht zwingend als Mensch entwickelt, kann hier nicht ohne Weiteres die Grundrechtsträgerschaft angenommen werden. Daher ist davon auszugehen, dass die Eizelle zumindest befruchtet sein muss, damit ein Mensch entstehen kann. In Frage steht allerdings, ob das Vorkernstadium oder eine Verschmelzung der Zellkerne nötig ist. Gegen die Annahme der „Mensch“-Qualität im Vorkernstadium spricht die fehlende Verbindung beider

---

Faßbender, MedR 2003 S. 279, 281; Fechner, JZ 1986, S. 653, 658; Müller-Terpitz, ZfL 2006, S. 34, 36.

520 Heun, JZ 2002, S. 517, 520.

521 Rager, ZME 2000 S. 81, 86.

522 Coester-Waltjen, FamRZ 1984 S. 230, 235; DiFabio in: GG-Kommentar Maunz-Dürig, Art. 2 Abs. 2 Rn. 24; Ipsen, JZ 2001, S. 989, 994; Dreier, ZRP 2002, S. 377, 379: für ein gestuften Lebensschutz ab Nidation.

523 Hofmann, JZ 1986 S. 253, 258; Schroth, JZ 2002S. 170, 176; Heun, JZ 2002, S. 517, 522.

524 Die Hirntätigkeit als Anknüpfungspunkt und Pendant zum Hirntodkriterium bei Joerden, JuS 2003, S. 1051, 1053,Lüttger, JR 1972 S. 309, 311, Sass, Extrakorporale Fertilisation und Embryotransfer, S. 30, 38.

525 Singer, Praktische Ethik, S. 185; Schweidler, Menschliches Leben und menschliche Würde: Begriffsabgrenzungen, S. 57, 66.

526 Reinke, Fortpflanzungsfreiheit, S. 99.

527 Hoerster, JuS 2003, S. 529, 532.

Genome[528]. Ab der Verschmelzung der Zellen bildet sich aus zwei Genomen ein eigenes heraus und entwickelt sich ein Embryo kontinuierlich als Mensch und hat das Potential zu diesem. Allerdings führt das Vorkernstadium direkt zu der Verschmelzung der Zellkerne und eine Ausgrenzung des Stadiums erscheint daher willkürlich[529]. Hingegen ist aufgrund der an diesen Umstand angeknüpften Rechtsfolgen des Embryonenschutzgesetztes ein möglichst eindeutig feststellbarer Zeitpunkt zu wählen, was bei der Verschmelzung der Zellkerne definitiv der Fall ist. Außerdem spricht für den Zeitpunkt der Zellkernverschmelzung die faktische Lage. „Zwei Genome" werden erst hier zu „einem neuen Genom".

Alle weiteren Zeitpunkte wie die Nidation, Individuation, Hirntätigkeit und erfolgreiche Geburt sind gleichermaßen wichtig. Aus welchem Grund einer dieser Zeitpunkte besonders hervorzuheben und für die Einordnung als „Mensch" entscheidend sein soll, ist unklar. Eindeutig ermittelbarer Startpunkt ist das Zusammentreffen von Eizelle und Spermium. Ohne dieses Ereignis spielen auch alle anderen Entwicklungsstufen keine Rolle. Insbesondere verstoßen Ansichten, die den Embryo erst nach dem Zeitpunkt der Nidation als Menschen einordnen gegen die ständige Rechtsprechung des Bundesverfassungsgerichts und wegen der Bindungswirkung der Rechtsprechung gemäß §31 BVerfGG gegen geltendes Verfassungsrecht[530].

Daraus folgt, dass der Eizelle keine eigenen Grundrechte zukommen. Diese entfalten ihre Geltung erst ab Verschmelzung von Ei- und Samenzelle.

(3) „Zellkerntransfer" Embryo

Menschliches Leben beginnt demnach ab Verschmelzung der Ei- und Samenzelle, weshalb ab diesem Zeitpunkt die Grundrechte zu berücksichtigen sind. Da im Rahmen des Verfahrens des therapeutischen Klonens keine Befruchtung durch ein Spermium stattfindet, ist der entsprechende Zeitpunkt in diesem Verfahren erst zu ermitteln.

Wie bei der Befruchtung im herkömmlichen Sinne muss auf den Zeitpunkt abgestellt werden, ab dem sich ein Mensch entwickeln könnte. Dies wäre bei einem „Zellkerntransfer-Embryo" der Moment, indem in die entkernte Eizelle die genetische Information eingefügt wird und die Zelle über ein Genom verfügt

528 Faßbender, MedR 2003, S. 279, 281.
529 Rager, ZME 2000 S. 81, 86.
530 Merkel, Forschungsobjekt Embryo, 110 ff.

und sich zu einem Menschen entwickeln kann[531]. Ab diesem Zeitpunkt ist der „Zellkerntransfer-Embryo“ Grundrechtsträger[532]. Inwieweit hier nun der Würdeschutz zum Tragen kommt, wird unterschiedlich beurteilt. Nach *Berger* soll bei einem „Zellkerntransfer-Embryo“ ein gradueller Würdeschutz gelten[533]. Die Menschenwürde käme nur zum Zuge und sei verletzt, wenn durch Zellkerntransfer Embryonen geschaffen würden und dies nicht dem Wohl der Allgemeinheit diene. Hochrangige Forschungszwecke und die Gewinnung embryonaler Stammzellen wären damit keine unzulässige Instrumentalisierung und verstießen nicht gegen den Würdeschutz[534]. Das therapeutische Klonen ist nach dieser Ansicht erlaubt. Anders geht *Starck* davon aus, dass der Grundrechtsschutz in gleicher Weise wie bei dem natürlichen Embryo wirken müsse und das therapeutische Klonen zu verbieten sei[535]. Auch *Müller-Terpitz* nimmt an, dass gerade die schwächsten Mitglieder der Gesellschaft umfassend zu schützen sind[536].

Dem ist zuzustimmen. Ein abgestufter Menschenwürdeschutz widerspricht der Verfassung, die in Art. 1 Abs.1 GG die Menschenwürde als unantastbar beschreibt. Eingriffe jeglicher Art sind nicht zu rechtfertigen. Einen abgestuften Menschenwürdeschutz anzunehmen, hieße dieses von der Verfassung eindeutig formulierte Konzept der Menschenwürde aufzuweichen. Daraus folgt, dass auch der „Zellkerntransfer-Embryo“ ebenso wie der Embryo ab dem Vorkernstadium bzw. der Übertragung der genetischen Information durch die Verfassung geschützt ist.

(4) Zwischenergebnis

Vor diesem Hintergrund ist festzuhalten, dass die einzelne Keimzelle nicht Grundrechtsträger ist, und die Rechte der Verfassung erst ab Verschmelzung von Ei- und Samenzelle Anwendung finden. Entsprechender Zeitpunkt beim Zellkerntransfer-Embryo ist der, zu dem die Zelle über ein entwicklungsfähiges Genom verfügt. Die Grundrechte entfalten ab diesem Augenblick volle Wirkung.

531 Berger, Embryonenschutz und Klonen beim Menschen, S. 197.
532 Berger, Embryonenschutz und Klonen beim Menschen, S. 197.
533 Berger, Embryonenschutz und Klonen beim Menschen, S. 197.
534 Berger, Embryonenschutz und Klonen beim Menschen, S. 198.
535 Starck in Mangoldt/Klein/Starck, Art. 1 Abs. 1 Rn. 100.
536 Müller-Terpitz, ZfL 2006, S. 34, 35.

bb) Art. 5 Abs. 3 GG

(1) Schutzbereich

Der Begriff der Wissenschaft bildet den Oberbegriff zu Forschung und Lehre[537]. Der Schutzbereich von Art. 5 Abs. 3 GG ist sehr weit gefasst; so ist unter Forschung jede Tätigkeit, die nach Inhalt und Form als ernsthafter und planmäßiger Versuch zur Ermittlung der Wahrheit anzusehen ist, zu verstehen[538]. Dabei prägen die Forschungsfreiheit insbesondere die Begriffe ernsthaft, planmäßig und die Wahrheit ermittelnd. Dementsprechend ist Forschung immer der ernsthafte, also auf einem gewissen Kenntnisstand aufbauende Versuch der Ermittlung wahrer Erkenntnisse durch methodisch geordnetes und kritisch reflektiertes Denken[539]. Geschützt wird jeder, der in Wissenschaft, Forschung und Lehre tätig ist. Der Schutzbereich ist nicht auf die wissenschaftliche Betätigung an der Hochschule beschränkt[540], auch wenn in diesem Bereich wohl der Schwerpunkt der Betätigung liegt.

(2) Eingriff

Ein Eingriff in die Wissenschaftsfreiheit kann im Allgemeinen durch Verbote, Sanktionen und tatsächliche Maßnahmen erfolgen. Im vorliegenden Fall verbieten die §1 Abs. 1 Nr. 2, §2 Abs. 1 und §6 Abs. 1 ESchG die Eizellspende und deren Verwendung im Verfahren des „therapeutischen Klonens". Dieser Forschung zielt darauf ab, Stammzellen zu isolieren und diese zu Ersatzgewebe zu züchten. Gleiches kann auch im Wege der Forschung an adulten Stammzellen erreicht werden, die nicht verboten ist. Demnach steht in Frage, ob man von einem Verbot der Forschung sprechen kann, wenn eine bestimmte Verfahrensart zwar verboten ist, nicht jedoch die Forschungsart ganz grundsätzlich. Bei der Beantwortung dieser Frage wäre jedoch eine wertende Einschätzung der verbotenen Verfahrensart nötig. Nämlich welche Bedeutung diese für die Forschung insgesamt hat. Bei einer derartigen Vorgehensweise im Rahmen der Frage nach dem Vorliegen

537 Starck in: Mangoldt/Klein/Starck, GG Kommentar, Art. 5 Abs. 3 Rn. 353 S. 647; Jarass in Jarass/Pieroth, GG Kommentar Art. 5 Rn. 118 S. 229; Scholz, Maunz-Dürig, GG Kommentar, Art. 5 Rn. 85.

538 Jarass in Jarass/Pieroth, GG Kommentar Art. 5 Rn. 122 S. 230; Starck in: Mangoldt/Klein/Starck, GG Kommentar Art. 5 Abs. 3 Rn. 361, S. 651; BVerfGE 35, 79, 113; 47, 327, 367; 90, 1, 12; Kandler, MedR 2008 S. 17, 19.

539 Sodan, GG Kommentar Art. 5 Rn. 45 S. 91; Pieroth/Schlink, Grundrechte-Staatsrecht II, S. 163 Rn. 670.

540 Sodan, GG Kommentar, Art. 5 Rn. 46 S. 91; Pieroth/Schlink, Grundrechte, S. 164 Rn. 672.

eines Eingriffs entfernt man sich allerdings von dem grundsätzlichen Charakter der Eingriffsdefinition, die objektiv bleibt und keine zusätzlichen Wertungen duldet. Ein Eingriff liegt vor, wenn ein staatliches Handeln, das dem Einzelnen ein Verhalten, welches in den Schutzbereich eines Grundrechtes fällt, ganz oder teilweise unmöglich macht[541]. Eine graduelle Abwägung findet nur zu sogenannten „Bagatellen" statt, bei denen es sich nur um alltägliche Lästigkeiten, um subjektive Empfindlichkeiten handelt[542]. Von einer bloßen Bagatelle kann beim Verbot der ES-Zellforschung jedoch nicht gesprochen werden. Bei der Beeinträchtigung der Freiheit der Methode[543], liegt demnach ein Eingriff in die Forschungsfreiheit vor.

(3) Rechtfertigung

Die Forschungsfreiheit kann durch ein Gesetz eingeschränkt werden, soweit dieses wiederum Ausdruck verfassungsimmanenter Schranken ist[544]. Der Gesetzesvorbehalt des Art. 5 Abs. 2 GG bezieht sich lediglich auf Art. 5 Abs. 1 GG. Nur entgegenstehendes Verfassungsrecht kann daher einen Eingriff in die Forschungsfreiheit rechtfertigen[545].

Wie soeben erörtert ist der „Zellkern-Embryo" verfassungsrechtlich geschützt, die Eizelle selbst nicht. Insofern kann die Spenderin ihren Rechten aus Art. 2 Abs.1 i.V.m. Art.1 Abs.1 GG und Art. 14 GG entsprechend eine Eizelle zu Forschungszwecken spenden. Sollte die Eizelle dann entkernt und mit Genmaterial ausgestattet werden, liegt ein grundrechtsfähiger „Zellkerntransfer-Embryo" vor, dessen Rechte aus Art. 1 Abs.1 GG und Art. 2 Abs.2 GG einer embryonenverbrauchenden Forschung wie dem therapeutischen Klonen entgegenstehen. Eine andere Vorgehensweise ist bei sog. „überzähligen Embryonen" zu diskutieren, die im Reproduktionsverfahren entstehen können, wenn Embryonen in vitro erzeugt und nicht einsetzbar sind, weil die Frau beispielsweise verstirbt. Sie werden momentan „verworfen" bzw. „stehen gelassen" und insofern vernichtet. Durch

---

541 Sodan, GG Kommentar, Art. 5 Rn. 48 S. 93; Jarass in Jarass/Pieroth, Art. 5 Rn. 126 S. 232; BverfGE 105, 279, 301.

542 Pieroth/Schlink, Grundrechte, S. 63 Rn. 260.

543 Starck, Forschungsfreiheit und ihre Grenzen, S. 72.

544 Starck in: Mangoldt/Klein/Starck, GG Kommentar Art. 5 Abs. 3, Rn. 414 S. 669; Scholz in: Maunz/Dürig, GG Kommentar, Art 5 Abs. 3 Rn. 183; Sodan, GG Kommentar Art. 5 Rn. 50 S. 93.

545 Starck, Forschungsfreiheit und ihre Grenzen, S. 80; Scholz in: Maunz/Dürig, GG Kommentar Art. 5 Abs. 3 Rn. 185.

eine Verwendung in der Forschung käme den Eizellen eventuell noch ein sinnvoller Zweck zu. Gemäß §2 Abs. 1 Alt. 4 ESchG ist die missbräuchliche Verwendung von extrakorporal erzeugten Embryonen allerdings strafbar. Die Veräußerung oder Abgabe zu einem nicht dem Erhalt dienenden Zweck, der Erwerb oder die Verwendung, erfüllen den Straftatbestand des §2 ESchG. Damit von vornherein wenig überzählige Embryonen entstehen, sollen gemäß §1 Abs. 1 Nr. 5 ESchG daher nach der sog. „Dreierregel" maximal drei Embryonen erzeugt werden, da auch nur maximal drei Embryonen in den Uterus der Frau einsetzbar sind. Nicht übertragene überzählige Embryonen werden für spätere Zyklen krykonserviert. Tritt durch einen unvorhergesehenen Umstand dann doch die Unmöglichkeit des Transfers an die Frau ein, kann der Embryo ausnahmsweise an eine andere Frau gespendet werden[546]. Hier ist die Eizellspende auch im deutschen Recht ausnahmsweise erlaubt, denn gemäß §1 Abs. 1 Nr. 2 ESchG darf der Embryo nur nicht erzeugt werden, um ihn einer anderen Frau einzusetzen. Der überzählige Embryo ist aber bereits erzeugt und in diesem Sinne „verwaist". Möchte aber auch keine andere Frau den überzähligen Embryo übertragen bekommen, wird der Embryo „verworfen"[547]. Dies ist nicht verboten, da §2 Abs. 1 ESchG hier der Embryo nicht zu „einem Zweck" verworfen wird. Nur der forschende Arzt verfolgt einen „Zweck" im Sinne der Vorschrift[548].

Diese Argumentation ist nur schwer nachvollziehbar. Sie entspringt wie die gesamte deutsche Regelung zur Stammzellforschung im Embryonenschutzgesetz und Stammzellforschungsgesetz, dem nachvollziehbaren Reflex der Ablehnung der rasanten medizinischen Fortschritte in diesem Bereich. Vor dem Hintergrund der Nutzung ausländischer embryonaler pluripotenter Stammzellen ist das Vorgehen in der Bundesrepublik jedoch inkonsequent. Man möchte die Stammzelltherapie und ihr Potential nutzen, ohne mit der Erzeugung von ES-Zellen in Zusammenhang gebracht zu werden. Dies ist aber unmöglich. Jeder der eine Technologie nutzt, muss sich auch seiner Verantwortung in diesem Bereich gewahr sein, denn auch die ausländischen ES-Zellen haben eine embryonenzerstörende Auswirkung. Zentrales Problem ist allerdings, dass durch die momentane Regelung im Inland keine ethische Debatte mehr darüber stattfindet, ob man eine Forschung an embryonalen Stammzellen erlauben sollte oder nicht. Man befasst sich ausschließlich damit, auf welche Weise die Zellen gewonnen wurden und woher sie stammen. Insofern muss die deutsche Regelung dringend überdacht werden. Dies

---

546 Beitz, Zur Reformbedürftigkeit des Embryonenschutzgesetzes, S. 109.
547 Beitz, Zur Reformbedürftigkeit des Embryonenschutzgesetzes, S. 115.
548 Beitz, Zur Reformbedürftigkeit des Embryonenschutzgesetzes, S. 109.

gilt insbesondere vor dem Hintergrund der Entscheidung des Gesetzgebers, die Präimplantationsdiagnostik (PID) ausnahmsweise zuzulassen (§3a ESchG)[549]. Möglicherweise entstehen in diesem Zusammenhang künftig noch mehr überzählige Embryonen als bereits ohnehin. Medizinischen Untersuchungen zur Folge ist nämlich die „Dreierregel" für die PID unpraktikabel, da bei jedem zweiten untersuchten Embryo im Anschluss kein übertragbarer Embryo vorliegen wird[550]. Die „Dreierregel" ist jedoch bislang nicht geändert worden[551]. Letztlich entsteht aber nach Entkernung und Neubestückung der Eizelle kurz vor der Reprogrammierung und Aktivierung ein Mensch, weshalb Menschenwürdeschutz und Lebensschutz greifen. Eine Forschung an „überzähligen Embryonen" ist demnach nicht umsetzbar.

cc) Zwischenergebnis

Der Eingriff in die Forschungsfreiheit gemäß Art. 5 Abs. 3 GG durch das Verbot des therapeutischen Klonens ist gerechtfertigt. Nach Entkernung und Neubestückung einer Eizelle zum Zweck des therapeutischen Klonens entsteht vor der Reprogrammierung und Aktivierung ein Mensch. Die verfassungsrechtlich garantierten Rechte des Menschenwürdeschutzes gemäß Art. 1 GG und der Lebensschutz gemäß Art. 2 Abs. 2 GG sind insofern zu beachten. Eine Forschung an Embryonen verbietet sich infolgedessen.

III. Zwischenergebnis und Stellungnahme

Die Untersuchung ergibt einen Verstoß des Verbots der Eizellspende in der Reproduktionsmedizin gegen verfassungsrechtlich geschützte Freiheits- und Gleichheitsrechte der Spenderin, der Empfängerin und ihres Partners.

Die Regelung verstößt in Bezug auf die Eizellempfängerin und deren Partner gegen die Fortpflanzungsfreiheit, die als Voraussetzung für die Existenz einer Familie, selbst auch über Art. 6 Abs. 1 GG geschützt wird. Dies gilt wegen der körperlichen und psycho-sozialen Bindung zwischen den Personen, die nur das Recht auf Familie berücksichtigt, auch für den Fall, dass fremdes Genmaterial verwendet wird wie bei einer Eizellspende. Das Verbot der Eizellspende stellt

549 BT Drs. 17/5451; BR Drs. 480/11; Ethikrat, Stellungnahme Präimplantationsdiagnostik 2011, S. 31 ff.

550 Ethikrat, Stellungnahme Präimplantationsdiagnostik 2011, S. 32.

551 BT Drs. 17/5451; BR Drs. 480/11.

einen nicht gerechtfertigten Eingriff in dieses Recht dar. Dies zum einen, weil das vom Gesetzgeber herangezogene Schutzgut des Kindeswohls gemäß medizinischen Studien nicht tatsächlich gefährdet ist, und zum anderen, das Kindeswohl kein valides Abwägungskriterium gegenüber der Nichtexistenz des Kindes darstellt.

Sonstige für das Verbot der Eizellspende angeführte Gründe, wie die gesundheitlichen Risiken, die Kommerzialisierungsgefahr und Ausbeutung der Frau, können ein Totalverbot nicht rechtfertigen. Ihnen ist durch eine detaillierte, die beteiligten Interessen berücksichtigende, gesetzliche Vorschrift zu begegnen.

Weiterhin verstößt das Verbot der Eizellspende gegen die Eigentumsfreiheit der Eizellspenderin gemäß Art. 14 Abs. 1 GG. Der Gefahr der Kommerzialisierung oder der Ausbeutung der Frau kann anders begegnet werden, als durch das absolute Verbot der Weitergabe der weiblichen Keimzelle. Auch moralische Aspekte, wie die Verhinderung der gespaltenen Mutterschaft, ändern an diesem Ergebnis nichts. Dieser Gesichtspunkt war im Zusammenhang mit der Eigentumsfreiheit als Eingriffsrechtfertigung in Erwägung zu ziehen, da hier, anders als bei Art. 6 GG, nicht nur kollidierendes Verfassungsrecht zu einer Rechtfertigung eines Eingriffs führt. Eine moralische Vorstellung stellt allein jedoch keinen legitimen Zweck eines Gesetzes dar. Trotz Einschätzungsspielraums des Gesetzgebers bei der Schaffung von Normen, hat sich dieser insbesondere bei Strafnormen an den Vorgaben der Verfassung zu orientieren. Der Gesetzgeber kann insofern nicht jedes beliebige Gut als schützenswertes Rechtsgut definieren. Ansonsten würde die klare Grenze zwischen Recht und Ethik verschwimmen. Lediglich eine rechtliche und nicht nur ethische Notwendigkeit darf zur Schaffung einer Norm führen. Bezüglich des Verbots der Eizellspende fehlen empirische Untersuchungen der gesetzlich zu regelnden Materie und verallgemeinerungsfähige und widerspruchsfreie Vorüberlegungen des Gesetzgebers. Bei der Vorschrift handelt es sich somit um ein sogenanntes „Trojanisches Pferd“ zur Normierung eines ethischen Prinzips, einer bereits zuvor gefassten moralischen Wertung der Materie.

Auch kommt es durch das Verbot der Eizellspende zu einer Verletzung des allgemeinen Persönlichkeitsrecht gemäß Art. 2 Abs. 1 i.V.m. Art. 1 Abs. 1 GG der Spenderin, die nicht frei über ihre Eizelle entscheiden darf.

Zusätzlich stellt die Ungleichbehandlung von Eizellspende und Samenzellspende eine Ungleichbehandlung von Empfängerin und Spenderin der Eizelle zu Spender und Empfänger einer Samenzelle dar. Diese ist auf verschiedene Weise behebbar. Entweder durch eine Angleichung der einen Regelung an die jeweils andere oder es kann eine dritte Art der Behandlung gefunden werden. Der Gesetzgeber muss jedenfalls eine neue Regelung schaffen.

Im Bereich der Forschung ist zunächst festzuhalten, dass die Eizelle selbst nicht Grundrechtsträger ist. Die Rechte der Verfassung finden erst ab Verschmelzung von Ei- und Samenzelle Anwendung. Entsprechender Zeitpunkt beim Zellkerntransfer-Embryo ist der, zu dem die Zelle über ein entwicklungsfähiges Genom verfügt.

Der Eingriff in die Forschungsfreiheit gemäß Art. 5 Abs. 3 GG durch das Verbot des therapeutischen Klonens ist gerechtfertigt. Nach Entkernung und Neubestückung einer Eizelle zum Zweck des therapeutischen Klonens entsteht vor der Reprogrammierung und Aktivierung ein Mensch. Die verfassungsrechtlich garantierten Rechte des Menschenwürdeschutzes gemäß Art. 1 GG und der Lebensschutz gemäß Art. 2 Abs. 2 GG sind zu beachten und ist die Forschung an Embryonen untersagt.

G. Dänische Rechtslage

Die dänische Gesetzeslage bietet sich als Vergleich zu den deutschen Normen zur Eizellspende insbesondere deshalb an, weil Dänemark im Gegensatz zu Deutschland eine sehr liberale Herangehensweise an das Thema Eizellspende hat. Dänemark ermöglicht bereits seit 1997 die Eizellspende und regelt diese seither sehr detailliert. Zum Verständnis der dänischen Rechtslage soll im Folgenden ein kurzer Überblick über die rechtlichen Rahmenbedingungen erfolgen, damit –bevor die dänischen Normen zur Eizellspende vorgestellt werden- der Kontext geklärt wird, in den diese Normen eingebettet sind und dem sie als höherrangigem Recht entsprechen müssen.

I. Rechtliche Rahmenbedingungen

1. Die Rechtsquellen

Maßgebliche Rechtsquelle im dänischen Staat ist zunächst die Verfassung. Die Verfassungsgeschichte Dänemarks beginnt bereits 1665 mit dem lex regia. Der von König Christian V. im Jahr 1683 geschaffene Kodex von Dänemark löste diese ab. Seither änderte sich am Verfassungstext fast ausschließlich die Regierungsform. 1953 wurde der Verfassungstext letztmalig überarbeitet und existiert seitdem unverändert. Dazu kommen einfache Gesetze und deren Ausführungsbestimmungen. Einfache Gesetze werden im Parlament (Folketing) verabschiedet, durch den/die König/in bestätigt und im Gesetzesblatt veröffentlicht (Lovtidende). Einfache Gesetze (lov), Anordnungen (anordninger) und Bekanntmachungen (bekendtgørelser) werden im Gesetzesblatt A veröffentlicht[552].

Darüber hinaus existieren als Rechtsquelle Präzedenzfälle und Gewohnheitsrecht[553]. Im Bereich des Verwaltungsrechts haben die Stellungnahmen des Ombudsmannes Rechtswirksamkeit.

552 Lovtidende.dk.
553 Dübeck, Einführung in das dänische Recht, S. 21.

2. Grundrechte

Vorschriften, die dem deutschen Grundrechtskatalog entsprechen, sind in Dänemark in den §§71–84 *Grundloven* (GL) geregelt. Hier sind die Rechte und Pflichten der Bürger aufgeführt. Der Grundrechtskatalog der Verfassung enthält eine Basis an Rechten, die von einer umfassenden Zahl von Gesetzen ergänzt und erweitert werden, ohne dass diese Verfassungsrang besitzen. Die Grundfreiheiten werden nicht als Leistungsrechte für den Einzelnen gewährleistet[554]. Die letzte Änderung der Verfassung erfolgte 1953, durch die das Zweikammern-System abgeschafft und die weibliche Thronfolgemöglichkeit eingeführt wurde[555]. Im Rahmen der Eizellspende möglicherweise interessante Artikel sind im vorliegenden Kontext die Unverletzlichkeit der persönlichen Freiheit (§71 Abs. 1 GL) und die in §73 GL normierte Unverletzbarkeit des Eigentums.

3. Internationales Recht

Ebenso hat Dänemark die Europäische Menschenrechtskonvention unterzeichnet und sich zur Achtung der dort gewährleisteten Rechte verpflichtet. Insofern müssen auch die bereits oben in Teil C der Arbeit diskutierten Rechte der Art. 8 und 14 EMRK von Dänemark beachtet werden. Gleiches gilt für die Bioethikkonvention.

4. Europarechtliche Vorschriften

In Dänemark gelten auch die in Teil C der Arbeit genannten europarechtlichen Vorschriften. So die Grundrechtecharta und die Verordnung 2004/23/EC, die in Bezug auf die Reproduktionsmedizin bestimmte Standards festlegen, aber keine konkrete Regelung zur Eizellspende treffen[556].

Für auf Forschungsvorhaben gelten ebenfalls die in Teil C der Arbeit erörterten europarechtlichen Details der Grundrechtecharta und der Vorschriften des AEUV. Lediglich das Verbot des reproduktiven Klonens ist in diesem Bereich ausdrücklich normiert. Auf Grundlage des AEUV wurden Forschungsrahmenprogramme erstellt, die jedenfalls auch Forschung an „überzähligen“ Embryonen fördern.

---

554 Dübeck, Einführung in das dänische Recht, S. 54.

555 Retsinformation.dk, Lov Nr. 169 vom 05.06.1953, Grundloven.

556 Ausführlich in Teil C der Arbeit.

II. Historische Entwicklung

Die bioethische Debatte begann in Dänemark wie in Deutschland im Jahr 1984 mit dem ersten Kind aus einer erfolgreichen IVF-Behandlung[557]. Der vom dänischen Innenministerium 1984 veröffentlichte Report „Der Preis des Fortschritts“[558] thematisierte erstmalig die neuen Methoden in der Medizin. Er enthielt unter anderem den Vorschlag zur Schaffung eines Ethikrates und argumentierte für den Schutz der Menschenrechte vor dem Hintergrund der biomedizinischen Entwicklungen[559]. Bezüglich reproduktionsmedizinischer Maßnahmen blieb der Report neutral und sprach sich dafür aus, ethische Grundsätze nicht in das Gesetz zu integrieren[560]. Die Fragen zu den ethischen Grenzen des mittlerweile medizinisch Machbaren führten 1987 dann zur Schaffung des Ethikrates. Dieser steht dem Parlament bei ethischen Fragen der Gesetzgebung, den Ministern und anderen öffentlichen Stellen Rat gebend zur Seite[561]. Im Anschluss gewannen bioethische Probleme in Dänemark insgesamt auch in der öffentlichen Meinung an Bedeutung, weshalb der Gesetzgeber nach 1988 verschiedene Gesetze im Bereich Bioethik verabschiedete[562]. Die ersten Regelungen 1992 bezogen sich auf die medizinische Forschung[563]. 1997 trat dann das erste Gesetz bezüglich reproduktionsmedizinischer Maßnahmen in Kraft[564]. Grundlegendes Prinzip des dänischen Gesundheitsrechts war seit Beginn der Diskussionen die Patientenautonomie[565], bei deren Auslegung die körperliche Integrität und die Menschenwürde eine

557 http://etiskraad.dk/Om-Raadet/Historie.aspx.

558 Fremskridtets pris, Indenrigsministeriet (Innenministerium Dänemarks, 1984).

559 Rendtorff/Kemp, Basic ethical principles in European Bioethics and Biolaw, S. 163.

560 Achen, Den bioetiske udfordring.

561 Siehe zur Historie: http://etiskraad.dk/Om-Raadet/Historie; rechtliche Grundlage mittlerweile in Gesetz Nr. 440 vom 09.06.2004 §1 Abs. 2 und §2.

562 Rendtorff/Kemp, Basic ethical principles in European Bioethics and Biolaw, S. 163.

563 Gesetz zur Patientenversicherung: Lov om Patientforsikring Nr. 367 af 06. Juni 1991 (in Kraft getreten am 01. Juli 1992); siehe dazu Madsen, Sundhedsret, S. 375: das Gesetz regelt die Erstattungsmöglichkeiten eines im Rahmen einer ärztlichen Behandlung entstandenen Schadens; auf internationaler Ebene entstand 1992 die Helsinki Deklaration mit verschiedenen Richtlinien zur Forschung am Menschen.

564 Lov om kunstig befrugtning i forbindelse med lægelig behandling, diagnostik og forskning, Nr. 460 af 10. Juni 1997 (Gesetz über künstliche Befruchtung unter ärztlicher Behandlung, Diagnose und Forschung).

565 Dazu: Kemp/Lebech/Rendtorff, Den bioetiske vending.

signifikante Rolle spielten[566]. Der Grundsatz tauchte in den ersten Regelungen im Bereich des Gesundheitsrechts erstmalig im Gesetzestext auf[567].

Die gesetzlichen Regelungen zur künstliche Befruchtung sind Teil des Bereichs Gesundheitsrecht (*sundhedsret*). Dieser Rechtsbereich bestand lange Jahre nur aus Regelungen des ärztlichen Standesrechts und des ungeschriebenen Gewohnheitsrechts. Unbestimmten Pflichtenregelungen des Arztes wie beispielsweise die Regelung, dieser müsse stets mit „Sorgfalt und Pflichtbewusstsein" handeln, standen dabei im Vordergrund[568]. Nach und nach wurden allerdings immer mehr Bereiche rechtlich ausgearbeitet und normiert[569]. Eine am 01.01.2007 in Kraft getretene Kommunalreform enthielt auch eine Reform des Gesundheitswesens[570]. Das in früher 15 unterschiedlichen Gesetzen geregelte Gesundheitsrecht fasste man im Rahmen dieser Reform in einem Gesetz zusammen. Dabei ging es im Kern um Fragen der Patientenrechtsstellung, der Krankenversicherung, des Krankenhauses, der Patientensicherheit, der Zuständigkeit innerhalb der Verwaltung für das Gesundheitswesen, des Rechts bezüglich der Krankenhausgemeinschaften in der Hauptstadtregion (*Region Hovedstaden*), der Schwangerschaftsfürsorge und Geburtshilfe, der Gratisimpfung gegen bestimmte Krankheiten, vorbeugende Gesundheitsprogramme für Kinder und Jugendliche, zur Krankenpflege zu Hause, zur Zahnpflege, zum Gesetz für Amtsärzte (*embedslægevæsen*) und zum Gesetz zum Schwangerschaftsabbruch. Das Gesetz zur künstlichen Befruchtung wurde im Rahmen der Reform ebenfalls überarbeitet bzw. die Änderungen der letzten Jahre wurden in einem einheitlichen Text zusammengefügt, ohne in das gemeinsame Gesundheitsrecht integriert zu werden.

Beginnend mit dem Gesetz Nr. 460 vom 10.06.1997[571] zur künstlichen Befruchtung, über die Änderungen der Gesetze Nr. 427 vom 10.06.2003[572], Nr. 69 vom 04.02.2004[573], Nr. 240 vom 05.04.2004[574] und dem Gesetz Nr. 535 vom

566 Madsen, Sundhedsret, S. 143.
567 Rendtorff und Kemp, Basic ethical principles in European Bioethics and Biolaw, S. 162.
568 Madsen, Sundhedsret, S. 21.
569 Madsen, Sundhedsret, S. 21.
570 Madsen, Sundhedsret, S. 22.
571 Lov om kunstig befrugtning i forbindelse med lægelig behandling, diagnostik og forskning m.v.
572 Forskning på embryonale stamceller.
573 Lov om ændring af forskellige love på Indenrigs- og Sundhedsministeriets område.
574 Konkret anvendelse af præimpantationsdiagnostik.

08.06.2006[575], kam der Normtext Nr. 923 vom 04.09.2006[576] zustande, das am 01.01.2007 in Kraft trat. Nachträgliche Änderungen dieser Zusammenfassung der geltenden Rechtslage finden sich in den Gesetzen Nr. 1546 vom 21.12.2010, Nr. 593 vom 14.06.2011 und dem Gesetz Nr. 602 vom 18.06.2012.

Welche Umgestaltungen an der rechtlichen Lage im Laufe der Zeit bis Juni 2012 vorgenommen wurden, wird in nachfolgenden Erörterungen ausführlich dargestellt.

1. Gesetz Nr. 460

Wie bereits angesprochen ist das Gesetz Nr. 460 das erste Gesetz zur künstlichen Befruchtung in Dänemark und stammt aus dem Jahr 1997. Es erlaubte in engen Grenzen die Eizellspende. Wesentliche Bestimmung dieses Gesetzes war §3, der bestimmte, dass eine künstliche Befruchtung nur verheirateten Frauen bzw. Frauen in eheähnlichen Lebensgemeinschaften zugutekommen durfte. Außerdem sollte gemäß §14 Abs. 2 Gesetz Nr. 460 die Spenderin selbst an einem IVF-Programm teilnehmen, in dessen Rahmen sie ohnehin medizinisch behandelt wurde, um Eizellen abzugeben. §15 des Gesetz Nr. 460 bestimmte einen Aufbewahrungszeitraum von zwei Jahren für krykonservierte Eizellen zur Vornahme weiterer Behandlungen bei der Frau.

2. Gesetz Nr. 427

Die erste gesetzliche Änderung erfolgte am 10.06.2003 durch das Gesetz Nr. 427 (in Kraft ab dem 01.09.2003). Es betraf die Forschung an menschlichen Stammzellen und ergänzte §25 Abs. 1 Nr. 1 und 2. um die Nr. 3, die bestimmte, dass Forschung an befruchteten Eizellen und Stammzellen möglich ist, wenn sie der Behandlung von Krankheiten dienen soll[577]. Hintergrund dieser Gesetzesänderung

---

575 Omfanget af behandling på de regionale sygehuse, ligestilling af kvinders adgang til kunstig befrugtning uanset civilstand og seksuel orientering, vurdering af forældreuegnethed, lempelse af ægdonationsreglerne og forlængelse af opbevaringstiden for nedfrosne æg.

576 Bekendtgørelse af lov om kunstig befrugtning i forbindelse med lægelig behandling, diagnostik og forskning m.v.; zitiert als Normtext und nicht als Gesetz, da es lediglich die Zusammenfassung der bestehende Rechtslage darstellt und kein eigenes Gesetz.

577 Madsen, Sundhedsret, S. 293.

war ein Report des Gentechnologieausschusses aus dem Oktober 2002 hinsichtlich der Chancen und Risiken von Gentechnologien, der sich für die Forschung an embryonalen Stammzellen aussprach[578]. Für die Eizellspende in der Reproduktionsmedizin ergaben sich keine Änderungen.

3. Gesetz Nr. 69

Daran schließt sich die Änderung durch das Gesetz Nr. 69 vom 04.02.2004 an (in Kraft ab dem 01.07.2004). Darin wird in §13 eine Änderung des §29 Abs. 1 des Gesetzes Nr. 460 beschlossen. §29 Abs. 1 ist eine der Strafbestimmungen, die bei Verstößen gegen das Fortpflanzungsmedizingesetz eine Geld- oder Haftstrafe vorsieht. Dies wurde konkretisiert in eine Geld- oder Freiheitsstrafe bis zu 4 Monaten[579]. Insofern wurde die Haftmöglichkeit eingeschränkt auf maximal 4 Monate. Konkrete Umgestaltungen für die Eizellspende selbst ergeben sich auch aus dieser gesetzlichen Neuerung nicht.

4. Gesetz Nr. 240 und 535

Die dritte Änderung durch Gesetz Nr. 240 vom 05.04.2004 betraf die Regelungen zur Präimplantationsdiagnostik (PID). Zur Eizellspende finden sich keine Umgestaltungen.

Eine der umfangreichsten Änderungen erfolgte durch das Gesetz Nr. 535 vom 08.06.2006, das am 01.07.2007 in Kraft trat. Hier wurde die Zulässigkeit der Behandlung der künstlichen Befruchtung auch auf alleinstehende Frauen erweitert und die Anforderungen an die Ehe bzw. Paarbeziehung des behandlungssuchenden Paares wurden aufgehoben. Man nahm weiterhin detaillierte Regelungen zur Aufbewahrung der Eizellen am Krankenhaus auf und die Arztpflichten zur Abweisung der Behandlung im Fall der Elternuntauglichkeit in §6a. Außerdem wurde die Zeit zur Aufbewahrung der Eizelle am Krankenhaus von 2 auf 5 Jahre verlängert.

Wichtigste Änderung in Bezug auf die Eizellspende ist bei diesem Gesetz insofern die Einführung einer „Elterntauglichkeitsprüfung“. Die Vorschrift wurde bereits geändert. Zum damaligen Zeitpunkt lautete sie:

---

578 Siehe dazu: 2002/1 LF 209.

579 "bøde eller hæfte“ wurde zu "bøde eller fængsel indtil 4 måneder“.

§6a Abs. 1: Wenn ein behandelnder Arzt *beurteilt*, dass *offensichtliche* Zweifel bei einer alleinstehenden Frau oder einem Paar bestehen, dass sie die *nötige Fürsorge* für das Kind nach dessen Geburt tragen können, muss der Arzt die Behandlung zur künstlichen Befruchtung abweisen.

Abs. 2: Wenn der behandelnde Arzt *findet*, dass *begründete* Zweifel bei einer alleinstehenden Frau oder einem Paar bestehen, dass sie die *Fürsorge* für das Kind nach der Geburt tragen können, muss der Arzt mit dem Einverständnis der Frau oder des Paares andere Sachkunde zur Beurteilung der Elterntauglichkeit im Rahmen der Behandlung einholen. Bei fehlendem Einverständnis muss der Arzt die Behandlung der künstlichen Befruchtung ablehnen.

Abs. 3: 4 Jahre nach einer nach Absatz 1 oder 2 abgewiesenen Behandlung kann bei der Verwaltung ein erneuter Antrag auf Behandlung gestellt werden.

Abs. 4: Das Gesundheitsministerium kann weitere Regelungen zur Bestimmung der Abs. 1–3 festsetzen.

Die Absätze 1 und 2 waren bis auf einzelne Begriffe wortgleich. In Absatz 1 ging es um ein Urteil des Arztes zu offensichtlichen Zweifeln an der nötigen Fürsorge. Absatz 2 beschrieb demgegenüber Fälle, in denen der Arzt dieses Urteil noch nicht fällen konnte, er aber fand, dass zumindest begründete Zweifel an der Fürsorge bestehen. Dann muss er zur endgültigen Beurteilung dieser Frage mit dem Einverständnis der Beteiligten andere Sachkunde einholen. Daraus folgte, dass eine bestimmte Schwelle der Dringlichkeit zu überschreiten war, damit eine Behandlung zur künstlichen Befruchtung abgelehnt werden durfte. Diese wurde durch die Rechtsbegriffe „Urteil" über „offensichtliche Zweifel" an der „nötigen Fürsorge" ausgedrückt. War unklar, ob diese Schwelle erreicht wurde, war durch den Arzt bei Anhaltspunkten eigeninitiativ ermitteln, ob diese anzunehmen ist (Absatz 2).

5. Gesetzestexte Nr. 923, 1546, 593 und 602

Der Gesetzestext Nr. 460 wurde dann im Jahr 2006 mit seinen Änderungen gemeinsam neu im Normtext Nr. 923 zusammengefasst. Die gesamte Rechtslage findet sich nun im Text Nr. 923 und ist insofern als „Hauptgesetzestext" anzusehen, der aber seit Schaffung bereits mehrfach geändert wurde[580].

580 Eine vollständige und beglaubigte Übersetzung des Textes von Gesetz Nr. 923 aus dem Jahr 2006 findet sich im Anhang der Arbeit.

Die letzten Aktualisierungen erfolgten am 21.12.2010 (lov Nr. 1546), 14.6.2011 (lov Nr. 593) und 18.06.2012 (lov Nr. 602). Das Gesetz Nr. 593 regelt insbesondere die speziellen Zulässigkeitskriterien von Forschungsprojekten und hat keinen Einfluss auf die Regelungen der Eizellspende.

Das Gesetz Nr. 1546 ändert die Regelung zur Elterntauglichkeit.

§6a lautet nun:

Abs. 1: Wenn ein behandelnder Arzt *beurteilt*[581], dass Zweifel bei einer alleinstehenden Frau oder einem Paar bestehen, dass sie die *nötige Fürsorge* für das Kind nach dessen Geburt tragen können, muss der Arzt mit Einverständnis der alleinstehenden Frau oder des Paares eine Erklärung an die Staatsverwaltung senden mit dem Ersuchen, dass die Staatsverwaltung eine Entscheidung hinsichtlich der Frage trifft, inwieweit die Behandlung zur künstlichen Befruchtung durchgeführt werden darf. Bei fehlendem Einverständnis der alleinstehenden Frau oder des Paares zur Übersendung dieses Ansuchens muss der Arzt die Einleitung der Behandlung ablehnen.

Abs. 2: Die Staatsverwaltung trifft die Entscheidung, inwieweit die künstliche Befruchtung durchgeführt werden darf. Sie kann mit dem Einverständnis der alleinstehenden Frau oder des Paares andere Sachkunde zur Beurteilung der Elterntauglichkeit vor Durchführung der Behandlung einholen. Bei mangelndem Einverständnis muss die Staatsverwaltung die Einleitung der Behandlung abweisen.

Abs. 3: 4 Jahre nach einer Anfrage nach Absatz 2, kann bei der Staatsverwaltung ein erneuter Antrag eingebracht werden.

Abs. 4: Das Gesundheitsministerium kann weitere Regelungen zur Bestimmung der Abs. 1–3 festsetzen.

Die Norm hat sich demnach in mehrfacher Hinsicht geändert. Absatz 2 ist komplett weggefallen, weshalb keine Unterscheidung mehr in offensichtliche und begründete Zweifel an der Elterntauglichkeit stattfindet. Absatz 1 wurde geändert und es geht mittlerweile nur noch um die Frage der Zweifel an der Elterntauglichkeit. Darüber hinaus urteilt nicht mehr der Arzt über die Einleitung der Behandlung zur künstlichen Befruchtung, sondern der Staat.

Auch die letzte Änderung im Gesetz Nr. 602 betrifft verschiedene wichtige Detailregelungen zur Eizellspende in der Reproduktionsmedizin. Es erweitert zuerst §1 Abs. 1 S. 1 des Textes Nr. 923 um den Satz 2 und bestimmt bezüglich des Anwendungsbereichs, dass das Gesetz auch für die Arbeitsweise von Gewebezentren gilt, soweit diese Leistungen wie künstliche Befruchtungen in Verbindung

581 Hervorhebungen in §6a Gesetz Nr. 1546 durch den Autor.

mit der Behandlung, Diagnose und Forschung erbringen[582]. Im gesamten Gesetz wird außerdem das Wort Arzt durch die Bezeichnung „Person des Gesundheitswesens" ersetzt. Des Weiteren wird ein §5a eingefügt, der in Absatz 1 die künstliche Befruchtung in Situationen verbietet, wo eine Person des Gesundheitswesens oder eine für diese tätige Person Kenntnis davon erlangt, dass die Ei- oder Samenzellen von genetisch nah verwandten Personen stammen. Nach Absatz 2 ist eine künstliche Befruchtung untersagt, wenn entweder die Ei- oder Samenzelle von Verwandten in auf- und absteigender Linie derselben Frau stammen, bei der die künstliche Befruchtung durchgeführt werden soll[583]. §6a Abs. 1 wird wie folgt ergänzt: Personen *mit Wohnsitz in Dänemark*, bei denen Zweifel daran bestehen, ob sie die Sorge für das Kind nach der Geburt übernehmen können, erhalten keine künstliche Befruchtung. Diese Entscheidung trifft die Staatsverwaltung. Bei der Behandlung von Personen mit Wohnsitz im Ausland trifft die Entscheidung nach dem neu eingeführten §6b Gesetz Nr. 602 weiterhin der Arzt selbst. Darüber hinaus wurde §14 aufgehoben. Hier war die Donoranonymität normiert. Diese sollte es für den Empfänger der Eizelle unmöglich machen sich ein Kind nach bestimmten Eigenschaften „auszusuchen"[584]. Ebenso wurde §16 aufgehoben. §16 regelte das Verbot befruchtete oder unbefruchtete Eizellen zur künstlichen Befruchtung oder zu Forschungszwecken ins Ausland zu verbringen.

6. Zwischenergebnis

Die dänische Rechtslage zur Eizellspende in der reproduktiven und regenerativen Medizin ist seit ihrer ersten Ausgestaltung 1997 bis ins Jahr 2012 in sehr wesentlichen Bereichen insgesamt sieben Mal umgestaltet worden. Besonders hervorzuheben sind dabei die veränderten Familienkonstellationen, in denen nunmehr eine Eizellspende zu Reproduktionszwecken erfolgen darf. Waren es zunächst nur verheiratete Paare und solche in eheähnlichen Beziehungen, die eine Eizellspende empfangen durften, sind es mittlerweile auch alleinstehende Frauen. Im Jahr 2006 wurde die Prüfung der sog. Elterntauglichkeit eingeführt. Die Norm diesbezüglich

582 Dazu: Pia Olsen Dyhr, Fremsat den 29. Marts 2012 af ministeren for sundhed og forebyggelse, S. 4 (Stellungnahme der Ministerin für Gesundheit und Gesundheitsprävention Pia Olsen Dyhr zum Gesetzesvorschlag am 29.03.2012).

583 Pia Olsen Dyhr, Fremsat, S. 18.

584 So Pia Olsen Dyhr, Fremsat den 29. Marts 2012 af ministeren for sundhed og forebyggelse, S. 5 (Stellungnahme der Ministerin für Gesundheit und Gesundheitsprävention Pia Olsen Dyhr zum Gesetzesvorschlag am 29.03.2012).

wurde in den Jahren 2010 und 2012 überarbeitet. Letztlich hat sich auch die Einstellung zur anfangs erforderlichen Donoranonymität geändert und wurde in der letzten Gesetzesänderung 2012 überarbeitet. Auch im Bereich der Forschung haben sich weitreichende Modifikationen im Verlauf der Zeit ergeben. Wie diese Regelungen im Detail aussehen und aus welchem Grund sie bestehen oder geändert wurden ist Teil der Darstellung im Folgenden Abschnitt über die geltende Rechtslage.

III. Reproduktionsmedizin

Folgende gesetzliche Regelungen gelten im Detail aktuell zur Eizellspende in der Reproduktionsmedizin in Dänemark.

1. Anwendungsbereich

Zur Inanspruchnahme reproduktionsmedizinischer Maßnahmen muss es sich grundsätzlich zunächst um ein ungewollt kinderloses Paar handeln, das eine künstliche Befruchtung wünscht[585]. Gemäß §1 Abs. 1 Text Nr. 923 in Verbindung mit §1 Nr. 2 Änderungsgesetz Nr. 602 muss die Behandlung von einer Person des Gesundheitswesens oder unter dessen Anleitung erfolgen[586]. Der Begriff der künstlichen Befruchtung umfasst dabei die unterschiedlichen Techniken und die damit im Zusammenhang stehenden notwendigen Untersuchungen, die Diagnostik und Behandlung selbst. Verfahren zur Untersuchung der unbefruchteten oder befruchteten Eizellen auf ernste erbliche Krankheiten oder Chromosomenanomalien (PID) werden ebenfalls durch das Gesetz erfasst[587]. Die Vorschriften erstrecken sich allerdings nicht auf solche medizinische Maßnahmen, die kinderlosen Paaren auf natürlichem Wege zu einem Kind verhelfen sollen wie beispielsweise die chirurgische Behandlung von geschlossenen Eileitern[588]. Auch Behandlungen die keinerlei medizinische Expertise erfordern, wie das Verbringen von Samen in der weiblichen Vagina, unterfallen nicht dem Anwendungsbereich des Gesetzes[589].

585 Madsen, Sundhedsret, S. 278.
586 Einzige Ausnahme vom Arztvorbehalt ist in §18 geregelt.
587 Sundhedsret Karnov, 2006, S. 571.
588 Madsen, Sundhedsret, 2010, S. 278; Kommentierung Sundhedsret-Karnov, 2006, S. 571.
589 Pia Olsen Dyhr, Fremsat den 29. Marts 2012 af ministeren for sundhed og forebyggelse, S. 4, (Stellungnahme vom 29.03.2012 der Ministerin für Gesundheit und Gesundheitsprävention Pia Olsen Dyhr zum Gesetzesvorschlag am 29.03.2012).

Vor dem Hintergrund der letzten Änderung aus dem Jahr 2012 gilt das Gesetz nun auch für Gewebezentren wie beispielsweise Samenbanken, was zuvor nicht der Fall war. Die Normen betrafen bislang nur Krankenhäuser und Behandlungen, die durch einen Arzt durchgeführt wurden[590].

2. Behandlungsmethoden

Gemäß §21 Abs. 1 des Normtextes Nr. 923 muss jede Behandlungs- und Diagnosemethode durch das Gesundheitsministerium hinsichtlich ethischer und gesundheitlicher Fragen geprüft und anerkannt werden. Verbotene Behandlungsmethoden sind in den §§2,4,5,8,9, 10 und 11 genannt. §2 des Normtextes Nr. 923 verbietet die Durchführung einer künstlichen Befruchtung an genetisch veränderten Ei- und Samenzellen. Diese Bestimmung stellt den Kern des Gesetzes dar, wonach der Embryo, der durch künstliche Befruchtung entsteht, sich nicht von dem unterscheiden darf, der durch eine gewöhnliche Befruchtung im Rahmen der natürlichen Fortpflanzung zustande kommt[591]. Änderungen der Erbmasse sind demnach verboten. §4 des Normtextes Nr. 923 untersagt das Einsetzen - gleichzeitig oder nacheinander - identischer unbefruchteter oder befruchteter Eizellen bei einer oder mehreren Frauen im Befruchtungsmoment. Demgemäß sind Behandlungen zum Zweck der Herstellung einheitlicher Kopien von ein und demselben Individuum verboten[592]. Somit ist es rechtswidrig, identische menschliche Individuen anzufertigen und „Sicherheitskopien“ von befruchteten Eizellen zu nehmen[593]. Identische befruchtete Eizellen dürfen auch nicht zur Erhöhung der Schwangerschaftswahrscheinlichkeit eines Paares erzeugt werden[594]. Der Begriff des Klonens umfasst nicht allein die Fälle, wo eine Zelle eines bereits lebenden Individuums geklont wird, sondern auch andere Versuchsarten. So ist auch untersagt, geteilte Eizellen in den Uterus mehrerer Frauen einzuführen[595]. §5 des Normtextes Nr. 923 bestimmt, dass niemals gleichzeitig Ei- und Samenzellspende vorliegen dürfen. Eine der Keimzellen muss immer von dem Partner des Paares stammen, das die künstliche

590 Pia Olsen Dyhr, Fremsat den 29. Marts 2012 af ministeren for sundhed og forebyggelse, S. 4, (Stellungnahme vom 29.03.2012 der Ministerin für Gesundheit und Gesundheitsprävention Pia Olsen Dyhr zum Gesetzesvorschlag am 29.03.2012).

591 Kommentierung im Sundheds-Karnov 2006, S. 571.

592 Madsen, Sundhedsret, S. 280.

593 Madsen, Sundhedsret, S. 280.

594 Kommentierung im Sundheds-Karnov 2006, S. 571.

595 Kommentierung im Sundheds-Karnov 2006, S. 571.

Befruchtung vornehmen lässt[596]. Das Änderungsgesetz Nr. 602 vom 18.12.2012 fügt zusätzlich den §5a ein, der künstliche Befruchtung in Fällen verbietet, in denen eine genetische Verwandtschaft zum Spender der Ei- oder Samenzelle besteht. Darüber hinaus will er Generationssprünge verhindern, indem er künstliche Befruchtung untersagt, wenn die Ei- oder Samenzelle von Verwandten der gleichen Frau in auf- oder absteigender Linie stammen[597]. Gemäß §8 Gesetz Nr. 923 darf im Rahmen der künstlichen Befruchtung keine Auswahl der Samenzelle oder befruchteter Eizellen vor dem Hintergrund der Geschlechtswahl erfolgen, außer es geht um die Verhinderung einer ernsten erblichen Krankheit, die durch die Frau vererbt werden könnte[598]. Diese Bestimmung sichert die Einhaltung der Bioethikkonvention[599]. §9 des Normtextes Nr. 923 sanktioniert die Entwicklung einer befruchteten Eizelle zu einem menschlichen Individuum außerhalb des weiblichen Uterus. Diese Vorschrift untersagt die Kombination einer künstlichen Befruchtung in einer artfremden Gebärmutter[600]. Nach Einleitung des Befruchtungsstadiums muss die Eizelle sich im Körper der Frau befinden. §10 Gesetz Nr. 923 pönalisiert Eizellen und Eierstöcke von abgetriebenen oder totgeborenen Föten oder verstorbenen Frauen zu nutzen. Gesetzeswidrig ist gemäß §11 Gesetz Nr. 923 auch die Eierstocktransplantation, um der Unfruchtbarkeit abzuhelfen. Diese Vorschrift soll nicht die Reimplantation eines eigenen Eierstocks verhindern, weshalb eine Frau sich nach einer Chemotherapie den eigenen Eierstock wieder einsetzen lassen kann[601].

3. Behandlungsvoraussetzungen

Es existieren allgemeine und besondere Behandlungsvoraussetzungen. Als Allgemeine gelten das Alter der zu behandelnden Frau, die medizinische Indikation und die Elterntauglichkeit. Sie müssen bei jeder künstlichen Befruchtung von den beteiligten Institutionen, die in den Anwendungsbereich des Gesetzes fallen, beachtet werden. Liegen darüber hinaus besondere Behandlungsvoraussetzungen

596 Madsen, Sundhedsret, S. 280.
597 Pia Olsen Dyhr, Fremsat den 29. Marts 2012 af ministeren for sundhed og forebyggelse, S. 18, (Stellungnahme vom 29.03.2012 der Ministerin für Gesundheit und Gesundheitsprävention Pia Olsen Dyhr zum Gesetzesvorschlag am 29.03.2012).
598 Art 14 Bioethikkonvention.
599 Madsen, Sunhedsret, S. 280.
600 Madsen, Sunhedsret, S. 281.
601 Madsen, Sundhedsret, S. 281.

vor, besteht ein Anspruch der Paares oder der alleinstehenden Frau auf die Behandlung in einem öffentlichen Krankenhaus. Eine solche ist beispielsweise der Umstand, dass bislang keine eigenen, bzw. bei Paaren, keinen gemeinsamen Kinder existieren. Im Einzelnen gelten nachfolgende Bestimmungen.

a) Allgemeine Behandlungsvoraussetzungen

Erste allgemeine Behandlungsvoraussetzung zur Behandlung ungewollter Kinderlosigkeit ist gemäß §6 des Normtextes Nr. 923 das Höchstalter der Frau von 45 Jahren. Mit Vollendung des 46. Lebensjahres darf eine Behandlung weder begonnen noch fortgesetzt werden. Die gesetzliche Vorschrift des §6 des Normtextes Nr. 923 wird durch das Rundschreiben Nr. 15057 vom 30.09.1997 (*vejledning nr. 15057 af 30.09.1997*) konkretisiert, welches besagt, dass außerdem eine medizinische Indikation für die Behandlung bestehen muss, was der Fall ist, wenn eine mindestens 12 Monate andauernde Kinderlosigkeit trotz Verkehrs ohne Kontrazeptiva besteht (Punkt 1 *vejledning nr. 15057*). Diese Zeitspanne kann unter besonderen Umständen verkürzt werden. Ein Ausnahmefall wäre beispielsweise das fortgeschrittene Alter der Frau, das eine Behandlung früher erforderlich macht. Bevor die Behandlung begonnen wird, muss durch Untersuchungen aufgeklärt werden, aus welchem Grund Konzeptionsschwierigkeiten bestehen (Punkt 2 *vejledning nr. 15057*). Im Rahmen dieser Untersuchungen müssen auch verschiedene Krankheiten getestet werden, wie beispielsweise eine Chlamydieninfektion oder HIV (Punkt 3 *vejledning nr. 15057*). In Punkt 4 des Rundschreibens (*vejledning nr. 15057*) folgt das Erfordernis einer allgemeinen Gesundheitsuntersuchung und der Hinweis auf die Aufklärungspflichten des Arztes hinsichtlich der Risiken der Behandlung und der Schwangerschaft.

Weiterhin ist gemäß §6a des Normtextes Nr. 923[602], geändert durch Gesetz Nr. 1546 vom 21.12.2010 und durch das Gesetz Nr. 602 vom 18.06.2012,

602 Die Elterntauglichkeit wurde bislang durch den Arzt entschieden, der bei offensichtlichen Zweifeln eine Behandlung abzulehnen hatte. Bei begründetem Zweifel sollte unter Rücksprache mit sachkundigen anderen Ärzten die Elterntauglichkeit bewertet werden, bevor die Behandlung umgesetzt werden durfte. Mittlerweile seit dem Änderungsgesetz Nr. 1546 geht es nur um „Zweifel" an der Elterntauglichkeit und die Entscheidung über die Zulässigkeit der künstlichen Befruchtung. Diese traf bislang immer der Arzt selbst. Dies gilt seit der Änderung Nr. 602 nur noch für behandlungssuchende Personen mit Wohnsitz im Ausland, bei in Dänemark wohnhaften Personen trifft nach Mitteilung des Arztes die Entscheidung die Staatsverwaltung.

sicherzustellen, dass die Eltern in der Lage, sind für das Kind Sorge zu tragen[603]. Sinn und Zweck der Vorschrift ist, im Vorhinein künstliche Befruchtungen zu vermeiden, bei denen die Voraussetzungen für ein normales Aufwachsen des Kindes zweifelhaft sind, einschließlich der Fälle, wo das Kind direkt nach der Geburt auf externe Hilfe angewiesen wäre oder im Heim aufwachsen würde. Demnach soll der behandelnde Arzt eines Paares oder einer alleinstehenden Frau einschätzen, ob das Paar oder die Frau nach der Geburt des Kindes infolge der künstlichen Befruchtung, die erforderliche Sorge für das Kind aufzubringen vermag. Bestehen Zweifel, muss der Arzt mit dem Einverständnis des Paares oder der Frau ein Ersuchen an die Staatsverwaltung mit dem Antrag auf Entscheidung in dieser Frage stellen (§1 Abs. 2 Änderungsgesetz Nr. 1546). Liegt kein Einverständnis des Paares oder der Frau diesbezüglich vor, hat der Arzt die Behandlung abzulehnen. Die Staatsverwaltung trifft nach Information durch den Arzt die Entscheidung, ob die künstliche Befruchtung vorgenommen wird. Sie kann mit Einverständnis des Paares oder der Frau an der Entscheidung auch sachkundige Dritte beteiligen. Bei mangelndem Einverständnis muss die Staatsverwaltung die Behandlung ablehnen (§1 Abs. 2 Änderungsgesetz Nr. 1546). Ihre Zuständigkeit existiert nur in Bezug auf zu behandelnde Personen, die ihren Wohnsitz im Inland haben (§6a Änderungsgesetz Nr. 602). Bei Personen, die ihren Wohnsitz im Ausland haben, darf (weiterhin) die Person des Gesundheitswesens selbst die Behandlung ablehnen (§6b Änderungsgesetz Nr. 602). Diese Ergänzungen dienen nur der Abgrenzung der Aufgaben der Staatsverwaltung. Die Entscheidung, ob die Behandlung durchzuführen ist, trifft nun eindeutig diese und nicht die Person im Gesundheitswesen, wenn die zu behandelnde Person ihren Wohnsitz in Dänemark hat[604]. Leitet ein Arzt eine Behandlung aufgrund der Absätze 1 oder 2 nicht ein, ist nach 4 Jahren eine Berufung vor dem nationalen Beschwerdekomitee für soziale Angelegenheiten (*Ankestyrelsen*) möglich. Das Innen- oder Gesundheitsministerium kann weitere Bestimmungen zu den Absätzen 1–3 festsetzen (§1 Abs. 2 Änderungsgesetz Nr. 1546) (§1 Abs. 2 Änderungsgesetz Nr. 1546). Dementsprechend wurde die Bekanntmachung (BKM) Nr. 74 vom 28.1.2011[605] geschaffen. Die Bekanntmachung stellt die entscheidenden Kriterien und Vorgehensweisen für die Staatsverwaltung auf[606]. Nach §2 Abs. 3 BKM Nr. 74 ist der Arzt verpflichtet

603 Madsen, Sundhedsret, S. 282.

604 Pia Olsen Dyhr, Fremsat, S. 18.

605 Im Folgenden BKM Nr. 74.

606 Bekendtgørelse om vurdering af forældreuegnethed i forbindelse med behandling med kunstig befrugtning.

der Staatsverwaltung eine genaue Darstellung der Zweifel an der Elternschaft zu übersenden. Hinsichtlich der Einbeziehung fremder Sachkenntnisse beschreibt §3 Abs. 1 S. 2 BKM Nr. 74 die mögliche Einbeziehung eines anderen praktischen Arztes, einer sozialen Einrichtung oder anderer fachkompetenter Institutionen. Gemäß §4 BKM Nr. 74 können sich die Zweifel an der Elternschaft aus bestimmten Kriterien ergeben. Dazu gehören 1. bekannte Mißbrauchsprobleme, 2. der eingeschränkte psychische Zustand des Paares oder der alleinstehenden Frau, 3. Die Unmöglichkeit der Unterbringung des Kindes zu Hause oder 4. es existiert bereits ein Kind, das aufgrund der Familienverhältnisse nicht zu Hause untergebracht ist. Nach §5 BKM Nr. 74 dürfen jedenfalls weder die sexuelle Orientierung, Rasse, Religion oder ethnischen Eigenschaften des Paares oder der alleinstehenden Frau eine Rolle spielen. Diese Vorschrift dient demnach insgesamt dem Schutz des zukünftigen Kindes[607].

Darüber hinaus darf es sich nicht um eine verbotene Behandlungsmethode handeln wie bereits oben erörtert[608]. §5a Abs. 1 Gesetz Nr. 602 untersagt eine genetische Verwandtschaft zwischen der gespendete Ei- oder Samenzellen und nahen Verwandten der behandelten Person(en). Nahe Verwandte sind die Eltern und Kinder in gerader Linie (*forældre og børn i lige linje*), die übrigen Kinder der Großeltern wie Tanten und Onkel (*bedsteforældrenes børn (onkler og tanter)*), sowie deren Kinder (Cousin und Cousine) (*bedsteforældrenes børnebørn (fætre og kusiner)*) und wiederum deren Kinder (*bedsteforældrenes oldebørn (fætres og kusiners børn)*)[609]. §5a Absatz 2 Gesetz Nr. 602 verbietet die künstliche Befruchtung, wenn entweder die Ei- oder Samenzelle von Verwandten in auf- und absteigender Linie der zu behandelnden Frau stammen. Hier fehlt im Gesetzestext der Hinweis auf die genetische Verwandtschaft, weshalb Generationssprünge auch im Rahmen nicht vorhandener genetischer Verbindungen vermieden werden sollen[610].

---

607 Madsen, Sundhedsret, S. 283.

608 Teil E, II, 2. b) der Arbeit.

609 Pia Olsen Dyhr, Fremsat den 29. Marts 2012 af ministeren for sundhed og forebyggelse, S. 18, (Stellungnahme der Ministerin für Gesundheit und Gesundheitsprävention Pia Olsen Dyhr zum Gesetzesvorschlag am 29.03.2012).

610 Pia Olsen Dyhr, den 29.Marts 2012 af ministeren for sundhed og forebyggelse Fremsat, S. 18, (Stellungnahme der Ministerin für Gesundheit und Gesundheitsprävention Pia Olsen Dyhr zum Gesetzesvorschlag am 29.03.2012).

b) Besondere Behandlungsvoraussetzungen

Die Behandlung am öffentlichen Krankenhaus kann nur erfolgen, wenn das zu behandelnde Paar noch keine gemeinsame Kinder oder die alleinstehende Frau noch keine eigenen Kinder hat[611]. Von dieser Voraussetzung sind nur zwei Ausnahmen denkbar. Wurde durch die Gesundheitsverwaltung einem Paar oder einer Frau die Erlaubnis erteilt, eine PID durchführen zu lassen, liegt eine Ausnahme vor[612]. Diese findet dann vor Einsetzung der befruchteten Eizelle in vitro statt, weshalb das Paar oder die Frau auf eine künstliche Befruchtung angewiesen ist (§7 Abs. 3 Normtext Nr. 923). Die zweite Ausnahme erfolgt im Fall der Fortsetzung einer künstlichen Befruchtungsbehandlung mit einem krykonservierten Ei (§1a Abs. 2 Normtext Nr. 923), was innerhalb der Fünfjahresfrist des §15 Abs. 1 Normtext Nr. 923 erfolgen kann[613].

4. Besonderheiten bezüglich Eizellspende

Kapitel 3 des Normtextes Nr. 923 regelt Verkauf, Spende und Aufbewahrung menschlicher Eizellen. Nach §12 Normtext Nr. 923 ist es nicht erlaubt, unbefruchtete oder befruchtete menschliche Eizellen zu verkaufen, den Kauf zu vermitteln oder auf andere Weise am Verkauf mitzuwirken. Damit ist der Handel mit befruchteten oder unbefruchteten Eizellen verboten[614]. §13 Normtext Nr. 923 verbietet zudem die Leihmutterschaft. Der Arzt darf damit eine Behandlung nicht unterstützen, wenn er bemerkt, dass es sich um ein geplantes Leihmutterschaftsverhältnis handelt[615]. Donoranonymität wird seit der Gesetzesänderung aus dem Jahr 2012 nicht mehr gefordert. §14 des Normtext Nr. 923, der durch das Gesetz Nr. 602 aus dem Jahr 2012 aufgehoben wurde, schloss ehemals die Eizellspende aus, wenn die Identität der Spenderin bekannt war oder die Eizellempfängerin die Identität der Spenderin im Vorhinein bestimmte. Danach war es nicht möglich, den Spender im Vorhinein hinsichtlich bestimmter gewünschter Eigenschaften auszuwählen[616].

---

611 Ansonsten muss die Behandlung auf eigene Kosten an einem privaten Krankenhaus erfolgen: Madsen, Sundhedsret, S. 284.

612 Madsen, Sundhedsret, S. 284.

613 Madsen, Sundhedsret, S. 284.

614 Kommentierung im Sundheds-Karnov 2006, S. 572.

615 Kommentierung im Sundheds-Karnov 2006, S. 572.

616 Kommentierung im Sundheds-Karnov 2006 S. 572, siehe Näheres dazu in Bkg. Nr. 728 von 1997.

Der Arzt konnte lediglich im Fall der Eizellspende Rücksicht auf die physische Erscheinung der zu behandelnden Person(en) nehmen, so dass das Kind den Eltern möglichst ähnlich sah. Er durfte sich dabei an den gleichen Kriterien orientieren, die auch bei der Wahl des Samenspenders berücksichtigt wurden[617]. Diese Voraussetzung wurde abgeschafft, da weder klinische noch medizinische Sachverhalte bekannt geworden waren, die eine derartige Einschränkung hätten begründen können[618]. Generationssprünge innerhalb der Familie werden nun durch §5a verhindert[619].

Nach §15 Abs. 1 dürfen Eizellen maximal 5 Jahre aufbewahrt werden, danach sind sie zu zerstören. Nach §15 Abs. 2 sollen im Todesfall von Mann oder Frau, deren Trennung, Scheidung oder Ende des Zusammenlebens die verwahrten befruchteten Eizellen vernichtet werden. Nach Abs. 3 gilt dies auch für den Fall, dass ein unbefruchtetes Ei bereitgehalten wird und die Frau verstirbt. Diese Frist zur Lagerung der Eizellen ist maximal und absolut[620]. Zu einer Zerstörung der Eizelle vor Ablauf der Fünfjahresfrist kann es nicht nur aus den in §15 genannten Gründen kommen, sondern auch, wenn die Frau das 46. Lebensjahr vollendet. Gemäß §16 Normtext Nr. 923 in Verbindung mit dem Änderungsgesetz Nr. 602 dürfen befruchtete oder unbefruchtete Eizellen nun auch ins Ausland transportiert werden. Dies war vor 2012 nicht möglich. Sinn und Zweck der Vorschrift war, dass die dänische Gesundheitsbehörde über die Einhaltung der verschiedenen Rechtsvorschriften zur Reproduktionsmedizin und Forschung wachte, was bei Verbringung der Eizellen ins Ausland nicht möglich ist[621]. Ins Ausland verzogene Ehepaare können nach der neuen Gesetzeslage ihre Behandlung dort fortsetzen[622].

---

617 Kommentierung im Sundheds-Karnov 2006 S. 572, siehe dazu Vej. Vom 30.09.1997 sind das die Hautfarbe, Augenfarbe, Haarfarbe, Größe und Gewicht.

618 So Pia Olsen Dyhr, Fremsat den 29. Marts 2012 af ministeren for sundhed og forebyggelse, S. 6 (Stellungnahme der Ministerin für Gesundheit und Gesundheitsprävention Pia Olsen Dyhr zum Gesetzesvorschlag am 29.03.2012).

619 So Pia Olsen Dyhr, Fremsat den 29. Marts 2012 af ministeren for sundhed og forebyggelse, S. 7 (Stellungnahme der Ministerin für Gesundheit und Gesundheitsprävention Pia Olsen Dyhr zum Gesetzesvorschlag am 29.03.2012).

620 Madsen, Sundhedsret, S. 288; Kommentierung im Sundheds-Karnov 2006, S. 572; näheres in Bkg. 1724 vom 21.12.2006 (siehe unten).

621 Madsen, Sundhedsret, S. 289.

622 Pia Olsen Dyhr, Fremsat den 29. Marts 2012 af ministeren for sundhed og forebyggelse, S. 9 (Stellungnahme der Ministerin für Gesundheit und Gesundheitsprävention Pia Olsen Dyhr zum Gesetzesvorschlag am 29.03.2012).

Dies ändert nichts am Verbot der Leihmutterschaft und dem Handel mit Eizellen, §§5, 12 und 13 Normtext Nr. 923.

Laut §17 Abs. 1 darf das Gesundheitsministerium Regelungen hinsichtlich Spende, Anwendung, Einsetzung und Aufbewahrung menschlicher Eizellen festsetzen. §17 Abs. 2 enthält eine Ermächtigungsgrundlage für die Verwaltung, im Gesundheitswesen ebenfalls Regelungen diesbezüglich zu treffen[623]. In Kapitel 1 der Bekanntmachung Nr. 1724 (im Folgenden BKM Nr. 1724) wird Näheres hinsichtlich der Aufbewahrung von menschlichen Eizellen geregelt. Nach §1 BKM Nr. 1724 dürfen diese nur maximal 5 Jahre aufbewahrt werden. In §2 BKM Nr. 1724 folgen die Gesichtspunkte unter denen die Aufbewahrung stattfinden darf. Diese darf im Fall a) einer späteren Rückführung an die abgebende Frau, b) bei einer Spende zu Forschungszwecken, c) einer möglichen Schwangerschaft bei einer anderen Frau erfolgen. Gemäß §3 BKM Nr. 1724 muss die Frau eine schriftliche Zustimmung zur Aufbewahrung der unbefruchteten Eizelle abgeben. Im Zuge dessen sind auch Informationen über die Konsequenzen der Aufbewahrung schriftlich und mündlich zu übermitteln. Die Frau erklärt gleichzeitig, dass sie die Begrifflichkeiten und Rahmenbedingungen der Aufbewahrung gemäß Gesetz und Bekanntmachung verstanden hat. Handelt es sich um befruchtete Eizellen, hat die alleinstehende Frau oder das Paar zwingend ein schriftliches Einverständnis abzugeben (§4 BKM Nr. 1724). Stirbt die Frau, für die die Eizelle aufbewahrt wird, wird diese zerstört, außer die Frau hat die Eizelle zur Spende an eine andere Frau abgegeben oder zu Forschungszwecken freigegeben (§5 BKM Nr. 1724)[624].

5. Informationspflichten

Vor einer Eizellspende bzw. einer Behandlung zur künstlichen Befruchtung generell sind umfassende Informationspflichten zu beachten. Kapitel 6 enthält Regelungen zu den Informationspflichten der am Verfahren Beteiligten. Dazu zählen nach §23 Abs. 1 Normtext Nr. 923 das schriftliche Einverständnis der Frau sowie des jeweiligen Ehepartners oder Partners zur Behandlung vor deren Beginn. Dieses Einverständnis muss bei Behandlungsbeginn noch vorliegen. Dies hat der behandelnde Arzt sicherzustellen. Vor dem Hintergrund dieser Vorschrift kann eine Person, der es dauerhaft an der Fähigkeit mangelt, eine Zustimmung zu

---

623 Siehe dazu Vejledning Nr. 15057 vom 30.09.1997 om kunstig befrugtning og anden reproduktionsfremmende behandluing *til landets læger.*

624 Kommentierung im Sundheds-Karnov 2006, S. 572.

erteilen, wie beispielsweise bei psychischen Entwicklungsstörungen oder Geistesstörungen, nicht behandelt werden. Nach §23 Abs. 2 Normtext Nr. 923 kann das Einverständnis nur vor dem Hintergrund einer schriftlichen oder mündlichen Information über die Behandlungsauswirkungen und Risiken abgegeben werden. Im Zuge dieser Information ist die Frau bzw. das Paar auch über die Möglichkeit der Adoption aufzuklären. §23 Abs. 3 Normtext Nr. 923 regelt die Notwendigkeit eines schriftliches Einverständnisses im Fall der Eizell- oder Samenspende.

§24 Normtext Nr. 923 regelt die Verpflichtung für den behandelnden Arzt über die zivilrechtlichen Auswirkungen der künstlichen Befruchtung mit Keimzellspende zu informieren. Die zivilrechtlichen Wirkungen ergeben sich aus dem Kindesgesetz (*børnelov*) §§ 27–30[625]. Danach gilt der Ehemann oder Partner der künstlich befruchteten Frau rechtlich als Vater des Kindes, wenn er sein Einverständnis zur Behandlung gegeben hat. Eine rechtliche Entscheidung, wonach der Samenspender als rechtlicher Vater anzusehen ist, ist nicht möglich. Mutter des Kindes ist in jedem Fall die gebärende Frau[626]. Das Innen- und Gesundheitsministerium hat in Zusammenarbeit mit dem Justizministerium ein Standardrundschreiben zur Vermittlung dieser Informationen ausgearbeitet, welches als Anhang zum Rundschreiben (*Cirkulæreskrivelse vedrørende ny lov om kunstig befrugtning og nye krav for adgang til behandling*) 22.09.1997 übermittelt wird[627].

6. Grundsätze Ärzteschaft

Das Rundschreiben vom 30.9.1997 Nr. 15057 (vejledning Nr. 15057) richtet sich an die Ärzteschaft und gibt einen Überblick über die Ansprüche und Voraussetzungen, die sich zum Teil aus dem ärztlichen Standesrecht und dem Recht der künstlichen Befruchtung ableiten. Das Regelungswerk umfasst 112 Vorschriften, die zum Teil bereits im Gesetz zur künstlichen Befruchtung beschrieben wurden, andere Teile werden im Folgenden nur insoweit erörtert, als sie die Eizellspende betreffen.

Teil A des Rundschreibens fasst das Behandlungsangebot zusammen. Die Punkte 1–4 erörtern die Behandlungsindikation. Bevor die Behandlung begonnen wird,

625 Børnelov nr. 460 vom 07.06.2001.

626 Madsen, Sundhedsret, S. 285, 286.

627 Siehe Cirkulæreskrivelse vedrørende ny lov om kunstig befrugtning og nye krav for adgang til behandling Nr. 17277 af 22.09.1997/Bilag: Vejledning om moderskab og faderskab til par, der ønsker foretaget kunstig befrugtning.

ist durch Untersuchungen der Grund der Konzeptionsschwierigkeiten zu ermitteln (Punkt 2). Im Rahmen dieser Untersuchungen müssen auch verschiedene Krankheiten getestet werden (Punkt 3). In Punkt 4 folgt das Erfordernis einer allgemeinen Gesundheitsuntersuchung und der Hinweis auf die Aufklärungspflichten des Arztes hinsichtlich der Risiken der Behandlung und der Schwangerschaft. Punkt 6 enthält Bestimmungen zum Alter der Frau. Punkt 7 bezieht sich auf §3 des Gesetzes Nr. 923, der nicht mehr existiert und ist damit irrelevant. Punkt 7 enthält die Pflicht, Eizellspenden und Samenspenden nicht miteinander zu kombinieren. An diese allgemeinen Anforderungen hinsichtlich der Behandlung schließt sich Teil B an, der die Informationspflichten des Arztes wiedergibt, die dieser gegenüber den Behandlungssuchenden hat. Teil C thematisiert die Hormonbehandlung der Frau, die Berichterstattungspflicht des Arztes gegenüber der Gesundheitsverwaltung, die Eizellenlagerungsmöglichkeiten für die Frau, die chirurgische Behandlung der Frau im Rahmen der Eizellspende, das Verbot der Geschlechtswahl, die PID und andere genetische Untersuchungen. Teil D betrifft ausschließlich die PID. In Teil E folgen dann Regelungen zur Samen- und Eizellspende. Bezüglich der Eizellspende wird in Punkt 51 festgelegt, dass nur unbefruchtete Eizellen gespendet werden dürfen und Donoranonymität vorliegen muss. Sämtliche Informationen über die Konsequenzen der Behandlung sind der Eizellspenderin zu übermitteln. Die Punkte 52 und 53 enthalten Anforderungen an die zu untersuchenden Krankheiten bei der Eizellspenderin. Punkt 54 erörtert die eventuelle Weitergabe genetischer Krankheiten. Punkt 79 behandelt die Möglichkeit im Rahmen der Samenspende auf die Hautfarbe, Augenfarbe, Haarfarbe, Größe und das Gewicht Rücksicht zu nehmen, woran sich der Arzt auch im Rahmen der Eizellspende orientieren darf[628]. Im Folgenden finden sich Hinweise an die Ärzteschaft zur Krykonservierung der Ei- und Samenzellen und zu deren Aufbewahrung, zur Einführung neuer reproduktionsmedizinischer Methoden und zur Berichterstattung über Behandlungen.

7. Strafbestimmungen

§29 des Normtextes Nr. 923 enthält Strafbestimmungen bei Übertretung der rechtlich normierten Grundsätze der §§2–6, 7–16, 18, 19, 21 Abs. 1 und 22–28. Dabei handelt es sich um eine Geld- oder Haftstrafe bis zu vier Monaten. Nicht bestraft werden die Spenderin der Eizelle oder die Empfängerin.

628 Madsen, Sundhedsret, S. 287.

8. Zwischenergebnis

Aus diesen gesetzlichen Regelungen und Anordnungen folgen Rechtsansprüche für den Bürger, der diese bei verwaltungsrechtlichen Prüfungsinstanzen einklagen kann[629]. Ein Paar hat demzufolge einen Anspruch auf eine Eizellspendenbehandlung an einem öffentlichen Krankenhaus, wenn eine medizinische Indikation besteht, keine gemeinsamen Kinder existieren, der Samen vom Partner stammt, Elterntauglichkeit vorliegt und kein Verwandtschaftsverhältnis zum Spender besteht.

IV. Regenerativmedizin

1. Geltendes Recht

Kapitel 7 enthält in den §§25–28 Normtext Nr. 923 Regelungen zur Forschung und Versuchen an befruchteten menschlichen Eizellen und Stammzellen. Forschungsprojekte in diesem Bereich müssen angemeldet und genehmigt werden (§27 Abs. 2 Gesetz Nr. 923 iVm Gesetz Nr. 593 vom 14.6.2011 und der Bekanntmachung Nr. 1113 vom 7.11.2011). Gemäß §25 Normtext Nr. 923 darf biomedizinische Forschung nur in bestimmten Fällen an befruchteten Eizellen, die zur Befruchtung eingesetzt werden sollen, erfolgen: 1. wenn sie den Zweck hat, eine in vitro Befruchtung oder ähnliche Technik zur Herbeiführung einer Schwangerschaft zu verbessern. 2. wenn sie den Zweck hat, eine Technik zur genetischen Untersuchung einer befruchteten Eizelle im Hinblick auf erbliche Krankheiten oder Chromosomenabnormitäten zu verbessern. 3. wenn es darum geht, den Kenntnisstand im Bereich der Behandlung menschlicher Krankheiten zu verbessern[630]. Bei Krankheiten im Sinne dieser Vorschrift geht es um solche, die mit Stammzelltherapie zu behandeln sind wie Parkinson, Herzkrankheiten, bestimmte Arten von Zuckerkrankheit[631]. Es ist nur die Forschung an überzähligen

629 Madsen, Sundhedsret, S. 111, 404 ff.

630 Eingeführt wurde diese Vorschrift durch das Änderungsgesetz Nr. 427 im Jahre 2003, demnach sollten eingefrorene Eizellen aus einer Fertilitätsbehandlung auch für die Forschung gespendet werden dürfen, wobei eine maximale Aufbewahrungszeit von 5 Jahren nicht überschritten werden darf, siehe Gesundheitsrechts Kommentar, 2006 –Sundhedslove, Lovbekendtgørelse 2006-09-04 Nr. 923 §25 S. 573.

631 So Kommentierung Madsen in: Sundheds-Karnov, 2006 –Sundhedslove, Lovbekendtgørelse 2006-09-04 Nr. 923 §25 S. 573.

Embryonen und Stammzellen erlaubt. Zur Forschung an einem menschlichen befruchteten Ei wird ein schriftliches Einverständnis des Paares benötigt. Gemäß §26 Normtext Nr. 923 kann die Forschung nur innerhalb einer Frist von 14 Tagen ab Befruchtung erfolgen. Die Zeit der Einfrierung des Eis wird dabei nicht eingerechnet[632]. Gemäß §27 Normtext Nr. 923 dürfen befruchtete menschliche Eizellen, die Gegenstand der biomedizinischen Forschung waren, nicht in den Uterus einer Frau eingesetzt werden, außer dies kann ohne Risiko der Übermittlung erblicher Krankheiten, Defekte, Missbildungen oder Ähnlichem erfolgen. §28 Normtext Nr. 923 regelt Forschungsverbote; Nr. 1 verbietet die Herstellung identischer menschlicher Lebewesen, wobei das Klonen von Zellen durch diese Regelung unberührt bleibt[633]. Nr. 2 verbietet Versuche, die den Zweck der Herstellung menschlicher Individuen durch Verschmelzung unterschiedlicher genetischer Embryoanlagen haben. Diese Bestimmung beinhaltet ein Verbot der Herstellung von Individuen, die eine Kombination aus verschiedenen Erbmassen darstellen. Nr. 3 verbietet die Herstellung von Hybriden und Nr. 4 die Einpflanzung von artfremden Individuen in den Uterus einer Frau. Stirbt die Frau, für die eine Eizelle aufbewahrt wird, muss diese Eizelle ebenfalls zerstört werden, außer die Frau hat die Eizelle zur Spende an eine andere Frau abgegeben oder zu Forschungszwecken freigegeben, §5. In Kapitel 3 dieser Bekanntmachung wird in den §§15–17 die Einführung neuer Behandlungs- und Diagnosemethoden ausgeführt. Dabei handelt es sich um nähere Ausführungen zu §21 des Normtext Nr. 923. Demgemäß muss vor Anwendung einer neuen Behandlungs- oder Diagnosemethode ein Antrag bei der Gesundheitsverwaltung und zeitgleich beim Ethikrat eingereicht werden. Gemäß §15 Abs. 2 des Bkg Nr. 1724 versteht man unter einer neuen Behandlungs- oder Diagnosemethode eine solche, die wesentlich oder prinzipiell neu im Verhältnis zu den klinisch angewendeten Methoden in Dänemark ist[634]. Bei Zweifeln des Arztes kann er diese als Fragestellung an die Gesundheitsverwaltung formulieren (§15 Abs. 5 Bkg Nr.1724). Die fachliche Beurteilung diesbezüglich nimmt die Gesundheitsverwaltung vor, der Ethikrat äußert sich ausschließlich zu den ethischen Aspekten. Auf dieser Grundlage erarbeitet dann die Gesundheitsverwaltung einen Vorschlag an das Innen-und Gesundheitsministerium (§16 Bkg. Nr. 1724). Über den folgenden Beschluss berichtet dann die Gesundheitsverwaltung an die Ärzteschaft (§17 Bkg. Nr. 1724).

632 Madsen, Sundhedsret, S. 293.
633 Madsen, Sundhedsret, S. 294.
634 Madsen, Sundhedsret, S. 279.

2. Stellungnahme

Vor diesem Hintergrund ist Forschung nur an überzähligen embryonalen Stammzellen möglich und nur, wenn sie einem gesetzlich festgelegten Sinn und Zweck dient. Im Focus der öffentlichen Debatte steht aktuell die Frage nach der Ausweitung der Regelung der Forschung an embryonalen Stammzellen. Die Hauptrolle in diesem Diskurs spielt der dänische Ethikrat. Der Ethikrat unterstützt in Dänemark grundsätzlich das Parlament, die Ministerien und öffentliche Behörden bei ethischen Fragen. Er gibt Erklärungen und Berichte zu bestimmten Themen ab, regt Debatten an und veröffentlicht beispielsweise auch Jahresberichte zur Wirksamkeit bestimmter Regelungen[635]. In einem seiner jüngsten Reporte zum Thema „ethische Aspekte neuer Verfahren der Stammzellen und Befruchtungstechniken“ nimmt er zum Thema der Stammzellforschung Stellung[636]. Darin wird diskutiert, ob es zu Forschungszwecken auch möglich sein sollte, Embryonen eigens hierfür herzustellen. Eine Mehrheit im Ethikrat spricht sich dafür aus, dass es zu Forschungszwecken möglich sein sollte, embryonale Stammzellen im Wege der Kerntransplantation in Eizellen von Tieren herzustellen, wobei es gewichtiger Gründe bedürfe dies zu tun. Gewichtiger Grund könne dabei die Behandlung bestimmter erheblicher Krankheiten sein oder die Herstellung von Ersatzgewebe oder Organen, die nicht vom Patienten abgestoßen werden. Diskussionsschwerpunkt diesbezüglich war der rechtliche Status des Embryo. Mehrere Mitglieder sprachen sich dafür aus, dem Embryo die gleiche Integrität und Würde wie einem Menschen zukommen zu lassen, wohingegen andere die Gesundheit eines kranken Menschen, der durch Stammzellforschung geheilt werden könne, als schwerer wiegend betrachteten als die Gesundheit eines Embryos, der zu diesem Zeitpunkt keinerlei Eigenschaften eines Menschen aufweise[637].

V. Diskussion

Eine dem deutschen Recht entsprechende Grundrechtsdebatte existiert in Dänemark nicht. Dies liegt größtenteils an der fehlenden verfassungsrechtlichen Grundlage. Im Bereich des Gesundheitsrechts, zu dem auch die Regelungen der Eizellspende in der Reproduktionsmedizin und der Forschung gehören, gibt es

635 Madsen, Sundhedsret, S. 41.

636 Report des dänischen Ethikrates vom 17. Dec 2010.

637 http://etiskraad.dk/Udgivelser.

keinen in der Verfassung normierten Artikel, der betroffen wäre. Nur im Rahmen der Freiheitsberaubung durch die im Gesundheitsrecht geregelten freiheitsentziehenden Maßnahmen wie beispielsweise die Einweisung in eine psychiatrische Klinik, findet sich ein Bezug zur Verfassung. Diese thematisiert §71 Abs. 6. Hiernach haben Personen, die aufgrund eines Verwaltungsgesetzes ihre persönliche Freiheit einbüßen, einen Anspruch auf eine gerichtliche Überprüfung dieser Entscheidung. Im Rahmen des Gesetzes zur künstlichen Befruchtung gibt es einen solchen Fall jedoch nicht.

Eine Diskussion um die Rechtsgüter der Beteiligten findet vor diesem Hintergrund in Dänemark anhand der Regelungen internationaler Abkommen statt[638].

1. Europäische Menschenrechtskonvention

a) Reproduktionsmedizin

Die Rechte der am künstlichen Befruchtungsverfahren beteiligten Personen folgen aus internationalen Vorschriften, insbesondere der Europäischen Menschenrechtskonvention. Diese gilt in Dänemark wie in Deutschland im Rang eines einfachen Gesetzes[639]. Die EMRK wurde darüber hinaus mittlerweile in die Verfassung inkorporiert, was die Bedeutung der Rechte der EMRK in Dänemark steigerte[640]. Insofern gilt die EMRK und die daraus folgenden Rechte und Grundsätze ebenso in Dänemark (siehe Teil C der Arbeit).

aa) Art. 8 EMRK

Die Zulässigkeit der Eizellspende selbst ist, wie bereits in Teil C der Arbeit erörtert, in internationalen Vertragswerken nicht konkret geregelt.

Allerdings umfasst der sachliche Schutzbereich des Rechts auf Privat- und Familienleben gemäß Art. 8 EMRK das Recht, menschliche Beziehungen aufzubauen

---

638 Bei der Frage der Menschenwürde wird auf „International Human Rights"-Law (UDHR von 1948) verwiesen: Hartlev, Coercive treatment and human dignity, S. 129, 131 f. und speziell im Bereich des Embryonenschutzes auf die Bioethikkonvention: Madsen; Sundheds-Karnov 2006 S. 572.

639 Grabenwarter, EMRK, S. 17 Rn. 5.

640 Grabenwarter, EMKR, S. 18 Rn. 5.

und zu entwickeln[641] und auch das Recht eines Paares auf genetische Elternschaft[642]. Die Entscheidung eines Paares, ein Kind unter Zuhilfenahme reproduktionsmedizinischer Maßnahmen zu empfangen, ist nach Ansicht des Gerichtshofes ebenfalls Teil des Privat- und Familienlebens[643]. Hinzu tritt das Recht auf Informationen über die eigene Identität. Danach ist es Teil des Privatlebens, die eigene Geburt und deren Umstände zu kennen[644].

Die Familie ist in diesem Zusammenhang weit auszulegen, weshalb auch eheliche oder nichteheliche Paare geschützt sind. Im Mittelpunkt des Schutzes steht die de-facto Familie. Damit sind Personen geschützt, die zusammenleben und eine enge persönliche Beziehung pflegen[645]. Werden die persönlichen Beziehungen nicht unter „Familie" gefasst, können sie trotzdem noch über den Begriff „Privatleben" erfasst werden[646]. Dementsprechend hat jeder ein Recht die Auskünfte und Informationen zu erhalten, die nötig sind, um die eigene Entwicklung zu verstehen[647].

(1) Donoranonymität

Einen Eingriff in dieses Recht stellte bis vor kurzem die dänische Regelung zur Donoranonymität dar. Bis zur letzten Gesetzesänderung im Jahr 2012 war wie bereits ausgeführt die Anonymität der Eizellspenderin garantiert. Nach Abschaffung der Donoranonymität besteht kein Eingriff mehr in das Recht auf Kenntnis der Abstammung aus Art. 8 EMRK. Es ist aber davon auszugehen, dass die zuvor gültige Rechtslage gerechtfertigt war[648]. Regelungen über eine anonyme Geburt verstoßen nach Ansicht des EGMR nicht gegen Art. 8 EMRK, da sich der Staat im Rahmen einer Interessenabwägung dafür entscheiden darf, dass dies zu weniger komplexen Familienkonstellationen führt[649]. Zur Änderung der Gesetzeslage kam

641 EGMR, Niemietz vom Germany, Urteil vom 16.12.1992.

642 Dickson vom the United Kingdom GC no 44362/04, §66, EGMR 2007–XIII.

643 EGMR, S.H. and Others vom Austria, Urteil vom 01.04.2010 Punkt Nr. 60.

644 Meyer-Ladewig, EMRK Handkommentar, 2006, Art 8 EMRK, S. 166 Rn. 14a.

645 Meyer-Ladewig, EMRK Handkommentar, Art 8 EMRK, S. 168 Rn. 18.

646 Meyer-Ladewig, EMRK Handkommentar, Art 8 EMRK, S. 169 Rn. 19a, so beispielsweise für gleichgeschlechtliche Paare in EGMR, x,y/Vereinigtes Königreich vom 10.07.1978, 8257/78.

647 Meyer-Ladewig, EMRK Handkommentar, Art 8 EMRK, S. 166 Rn. 14a.

648 Grabenwarter, Europäische Menschenrechtskonvention, 2009, S. 111 Rn. 5.

649 Es muss eine Interessenabwägung stattfinden und die anonyme Geburt verstößt nicht gegen Art. 8 EMRK: EGMR vom 13.02.2003, 42326/98, NJW 2003, 2145.

es in Dänemark, da keine klinischen oder medizinischen Erkenntnisse vorlagen, die diese Einschränkung länger hätten aufrecht erhalten können[650].

(2) Elterntauglichkeit

Ein Eingriff in die Fortpflanzungsfreiheit liegt auch in der Regelung der Elterntauglichkeit des §6a Gesetz Nr. 923 (inkl. Änderungsgesetz Nr. 1546 und 602).

Hiernach dürfen nur „taugliche" Eltern eine Eizelle in Anspruch nehmen. §6a normiert diesbezüglich in Abs. 1: „Wenn ein behandelnder Arzt beurteilt, dass Zweifel bei einer alleinstehenden Frau oder einem Paar bestehen, dass sie die nötige Fürsorge für das Kind nach dessen Geburt tragen können, muss der Arzt mit Einverständnis der alleinstehenden Frau oder des Paares eine Erklärung an die Staatsverwaltung senden mit dem Ersuchen, dass die Staatsverwaltung eine Entscheidung hinsichtlich der Frage trifft, inwieweit die Behandlung zur künstlichen Befruchtung durchgeführt werden darf. Bei fehlendem Einverständnis der alleinstehenden Frau oder des Paares zur Übersendung dieses Ansuchens, muss der Arzt die Einleitung der Behandlung ablehnen." §6a Abs. 2 legt fest: „Die Staatsverwaltung trifft die Entscheidung, inwieweit die künstliche Befruchtung durchgeführt werden darf. Sie kann mit dem Einverständnis der alleinstehenden Frau oder des Paares andere Sachkunde zur Beurteilung der Elterntauglichkeit vor Durchführung der Behandlung einholen. Bei mangelndem Einverständnis muss die Staatsverwaltung die Einleitung der Behandlung abweisen."

Insofern kann in den genannten Fällen die reproduktionsmedizinische Maßnahme einem Paar oder einer alleinstehenden Frau versagt werden, was einen Eingriff in die Fortpflanzungsfreiheit darstellt.

Eingriffe in die Fortpflanzungsfreiheit können gemäß Art. 8 Abs. 2 EMRK gerechtfertigt sein, wenn eine gesetzliche Grundlage vorliegt, die der nationalen und öffentlichen Sicherheit dient, dem wirtschaftlichen Wohl eines Landes, der Aufrechterhaltung der Ordnung, der Verhütung von Straftaten, dem Schutz von Gesundheit und Moral, sowie dem Schutz der Freiheiten und Rechte anderer[651]. Diese Rechtfertigungsgründe werden durch die Rechtsprechung des EGMR ausgelegt[652]. Im Fall des Verbots der Eizellspende zieht der Gerichtshof als Rechtfertigung den Schutz der Gesundheit, Moral und der Rechte und Freiheiten anderer

---

650 So Pia Olsen Dyhr, Fremsat den 29. Marts 2012 af ministeren for sundhed og forebyggelse, S. 7 (Stellungnahme der Ministerin für Gesundheit und Gesundheitsprävention Pia Olsen Dyhr zum Gesetzesvorschlag am 29.03.2012).

651 Grabenwarter, Europäische Menschenrechtskonvention, 2009, S. 216 Rn. 36.

652 Karpenstein-Meyer, EMRK Handkommentar, Art 8 EMRK, S. 240 Rn. 96.

heran (protection of health or morals and the protection of the rights and freedom of others)[653]. Das Gesetz muss außerdem verhältnismäßig sein. Verhältnismäßig ist es, wenn der jeweilige Eingriff durch Gesetz erforderlich und notwendig ist. Im Rahmen der Erforderlichkeit gilt bei Eingriffen in Grundrechte, die weniger belastende Maßnahme zu wählen[654]. Im Bereich der Notwendigkeit ist der Ermessensspielraum der Staaten zu berücksichtigen[655]. Ein Eingriff ist insofern „notwendig", wenn er einem dringenden sozialen Bedürfnis entspricht, einem legitimen Ziel dient und die beteiligten Interessen ausgewogen ins Verhältnis setzt[656]. Die bloße Nützlichkeit reicht nicht aus[657]. Der Gerichtshof berücksichtigt bei der Prüfung der „Notwendigkeit" wesentliche Merkmale der demokratischen Gesellschaft wie Pluralismus, Toleranz und eine offene Geisteshaltung[658]. Dies bedeutet jedoch nicht, dass nur mehrheitliche Interessen gewahrt werden[659]. Je stärker durch einen staatlichen Eingriff der Kernbereich eines Rechts der EMRK betroffen ist, desto wichtiger müssen die den Eingriff rechtfertigenden Gründe sein[660]. Im Rahmen der Notwendigkeitsprüfung ist der Fall demnach in seiner Gesamtheit zu prüfen[661]. Vor diesem Hintergrund muss ein Gesetz zur Regelung der Eizellspende in der Reproduktionsmedizin zunächst notwendig und erforderlich sein.

Ein Eingriff ist insofern „notwendig", wenn er einem dringenden sozialen Bedürfnis entspricht, einem legitimen Ziel dient und die beteiligten Interessen ausgewogen ins Verhältnis setzt[662]. Im Bereich der Notwendigkeit ist zusätzlich der Ermessensspielraum der Staaten zu berücksichtigen[663].

---

653 EGMR, S.H. u.a./Österreich, Urteil der Kammer des EGMR vom 1.4.2010, 57813/00, Pkt. Nr. 90.

654 Rubel, Entscheidungsfreiräume in der Rechtsprechung des Europäischen Gerichtshofes für Menschenrechte und des Europäischen Gerichtshofs, Hamburg 2005 S. 131.

655 Fischer, Kommentar zur Europäischen Menschenrechtskonvention, Art. 8 und 12, S. 15 Rn. 12.

656 Meyer Ladewig, EMRK Kommentar 3. Auflage 2011, Rn. 118; Olsson/Sweden, EGMR vom 24.3.88, 10465/83, Pkt. §67.

657 Chassagnou u.a./Frankreich, EGMR vom 29.4.1999, 25088/94, Pkt. 112.

658 Chassagnou u.a./Frankreich, EGMR vom 29.4.1999, 25088/94, Pkt. 112.

659 Chassagnou u.a./Frankreich, EGMR vom 29.4.1999, 25088/94, Pkt. 112.

660 Smith u. Grady/Vereinigtes Königreich, EGMR vom 27.9.1999, 33985/96 Pkt. 89.

661 Olsson vom Sweden, EGMR vom 24.3.88, 10465/83, Pkt. 65; K. und T. vom Finnland, 25702/94, Pkt. 154; Kutzner/Deutschland, EGMR vom26.2.2012, 46544/99 Pkt. 65.

662 Meyer Ladewig, EMRK Kommentar 3. Auflage 2011, Rn. 118; Olsson/Sweden, EGMR vom 24.3.88, 10465/83, Pkt. §67.

663 Fischer, Kommentar zur Europäischen Menschenrechtskonvention, Art. 8 und 12, S. 15, Rn. 12.

Zunächst ist die Frage der Zielsetzung des Gesetzes zu erörtern.

Vor dem Hintergrund dieser Fragestellung ist zunächst näher darauf einzugehen, wann die Elterntauglichkeit tatsächlich vorliegt.

Die Elterntauglichkeit liegt jedenfalls nicht vor, wenn Zweifel an der nötigen Fürsorge bestehen. Bei den Begriffen „Zweifel an der nötigen Fürsorge“, handelt es sich jedenfalls um unbestimmte Rechtsbegriffe, die nach dem Gesetzesvorschlag eng auszulegen sind und sich an den Maßstäben zu orientieren haben, ab wann beispielsweise einer Adoption nicht mehr zugestimmt würde oder es zu einer Zwangsentfernung des Kindes aus der Familie käme[664]. Ausschlaggebend sind gemäß §4 Bekanntmachung (BKM) Nr. 74[665], dass 1. Mißbrauchsprobleme bekannt werden, 2. der psychische Zustand der Paares oder der Frau die Fürsorgefähigkeit einschränkt, 3. das Kind unter Umständen nicht zu Hause untergebracht werden kann oder 4. bereits ein Kind existiert, das aufgrund der Familienverhältnisse nicht zu Hause untergebracht ist. §5 BKM Nr. 74 legt fest, dass weder die sexuelle Orientierung, Rasse, Religion oder ethnischen Eigenschaften des Paares oder der alleinstehenden Frau eine Rolle spielen dürfen.

Damit ist ein Ziel des Gesetzes der Schutz des Kindeswohls. Problematisch an dieser Zielsetzung ist, wie auch bereits zur Fortpflanzungsfreiheit zu Art. 6 Abs. 1 GG diskutiert, dass es sich um den Schutz der zukünftigen Interessen eines potentiellen Grundrechtsträgers dreht. Dessen Grundrechte bestehen noch nicht und können nicht vorwirkend berücksichtigt werden. Sieht man aber auch das Kindeswohl als objektiven Wert in der EMRK durch Art. 8 EMRK als geschützt an, könnte das Kindeswohl als objektiver Wert durch das Gesetz geschützt werden und müsste beachtet werden. Auch in diesem Punkt kann allerdings auf die Argumentation zu Art. 6 Abs. 1 GG verwiesen werden, denn wie dort bereits erörtert, ist nicht nachvollziehbar, wieso die Nichtexistenz des Kindes dessen Wohl dienen soll.

Indem die Elterntauglichkeit aber nur verneint wird, wenn der Staat die Fürsorge des Kindes nach dessen Geburt übernehmen müsste, kann als Zweck des Gesetzes auch der Schutz des Staates bzw. der Gesellschaft vor finanziellen Belastungen verstanden werden. Es erscheint aber bereits fraglich, inwieweit es legitim ist, dass finanzielle Erwägungen des Staates zur Nichtexistenz eines Kindes führen. Darüber hinaus ist auch anzuzweifeln, dass das Gesetz die beteiligten Interessen in ein ausgewogenes Verhältnis setzt. Auch akut überlastete Paare oder alleinstehende

664 Madsen, Sundhedsret, S. 283.

665 Bekanntmachung Nr. 74 aus dem Jahr 2011, zuvor Bekanntmachung Nr. 119 aus dem Jahr 2007.

Frauen durchleben möglicherweise im Angesicht der Schwangerschaft einen Sinneswandel und stellen sich ihrer Aufgabe entsprechend. Außerdem existieren wohl genügend Familien, bei denen ein solcher Wandel zur „Elternuntauglichkeit“ nicht vorhersehbar ist und trotzdem eintritt. Insofern wären Paare und alleinstehende Frauen mit noch nicht existenter Diagnose gegenüber denen, bei denen bereits eine diesbezügliche Beurteilung besteht, ohne Grund bevorzugt. Letztlich wäre milderes Mittel wohl auch die Selbstfinanzierungspflicht bei „untauglichen“ Paaren. Die Elterntauglichkeit ist allerdings allgemeine Behandlungsvoraussetzung und daher auch bei Paaren erforderlich, die sich auf eigene Kosten in einem privaten Krankenhaus behandeln lassen.

Allerdings ist in diesem Zusammenhang auch noch der Beurteilungsspielraum der Staaten zu berücksichtigen.

Der Ermessensspielraum variiert je nachdem, ob in den Mitgliedstaaten ein Konsens zu der zu regelnden Sachlage besteht[666], wie stark in den Kernbereich des gewährten Konventionsrechts eingegriffen wird[667] und ob Fragen ethischer und moralischer Bedeutung betroffen sind[668]. Am kleinsten ist der Ermessensspielraum, wenn ein Konsens besteht und der Kernbereich des Rechts der EMRK durch das staatliche Handeln betroffen ist.

In Bezug auf den Faktor „Kernbereich“ ergibt sich für das Verbot der Eizellspende bei Elternuntauglichkeit, dass ein sehr starker Eingriff in die Rechte des Bürgers vorliegt. In diesem Fall ist die Fortpflanzungsfreiheit nämlich ausgeschlossen. Insofern kommt es zu einer Verkleinerung des Beurteilungsspielraums der Staaten. Im Weiteren sind aber ethische und moralische Fragen betroffen, zu denen kein Konsens besteht. Insofern findet wiederum eine Erweiterung des Beurteilungsspielraums statt. Nimmt man diese Faktoren zusammen, ist der Beurteilungsspielraum ca. um ein Drittel verkleinert.

Vor diesem Hintergrund ist zugunsten Dänemarks von einem Agieren innerhalb des ihnen zustehenden Ermessensspielraumes auszugehen. Dänemark stellt zumindest die widerstreitenden Interessen des Bürgers an der Fortpflanzungsfreiheit denen des Staates gegenüber, dass Kinder bei ihren Eltern und nicht in staatlicher Obhut aufwachsen. Dabei erlaubt der dänische Gesetzgeber die Eizellspende

666 Fischer, Kommentar zur Europäischen Menschenrechtskonvention, Art. 8 und 12, S. 15 Rn. 12.

667 Fischer, Kommentar zur Europäischen Menschenrechtskonvention, Art. 8 und 12, S. 15 Rn. 12; Dickson/Vereinigtes Königreich, EGMR vom 4. 12. 2007, 44362/04.

668 Peters/Altwicker, EMRK, 2012, S. 32 Rn. 18; Frette/Frankreich, EGMR vom 26.2.2002, 36515/97 Pkt. 41.

grundsätzlich und räumt damit den Interessen des Bürgers so den Vorzug ein. Der Ausnahmefall der Elterntauglichkeit fällt in den Beurteilungsspielraum Dänemarks, da diesbezüglich kein Konsens in den Konventionsstaaten besteht und eine moralische/ethische Frage betroffen ist.

Eine darüber hinausgehende Verkleinerung des Beurteilungsspielraums kann im vorliegenden Fall auch nicht über einen mittlerweile überwiegenden Konsens hinsichtlich der Zulassung der Eizellspende argumentiert werden. Dieser hätte im Fall S.H. gegen Österreich beispielsweise zu einer zusätzlichen Verkleinerung des Beurteilungsspielraumes führen können bzw. sollen. Hier geht es aber nicht um die Zulässigkeit der Eizellspende generell, sondern um deren Verbot in bestimmten Ausnahmefällen.

Außerdem sind die wesentlichen Merkmale der demokratischen Gesellschaft wie Pluralismus, Toleranz und eine offene Geisteshaltung[669] zu beachten, die im vorliegenden Fall auch für eine weite Auslegung des Ermessens sprechen.

Das Kriterium der Elterntauglichkeit liegt damit innerhalb des Aktionsspielraumes Dänemarks und ist als Eingriff in das Recht auf Fortpflanzungsfreiheit gerechtfertigt.

bb) Art. 14 EMRK

Art. 14 EMRK enthält das unselbstständige Diskriminierungsverbot. Es ist immer in Verbindung mit einem Recht der EMRK anzuwenden, wobei es sich im Fall der Eizellspende um Art. 8 EMRK handelt. Nicht jede Ungleichbehandlung ist ausgeschlossen[670]. Eine Diskriminierung liegt nur vor, wenn eine sachliche und vernünftige Rechtfertigung fehlt[671]. Im Rahmen ethischer und moralischer Entscheidungen lässt der Gerichtshof den Mitgliedstaaten einen weiten Beurteilungsspielraum, allerdings müssen die Entscheidungen der Mitgliedstaaten auch in diesem Bereich dann bei Vergleichbarkeit Diskriminierungen vermeiden.

Da Dänemark die Eizellspende und die Samenspende erlaubt und an bestimmte Voraussetzungen knüpft, kommt diesbezüglich keine Ungleichbehandlung in Betracht. In diesem Zusammenhang ist aber die Regelung des §6b Gesetz Nr. 923 (und Änderungsgesetz Nr. 602) zu erörtern, nach der über die Elternuntauglichkeit von Inländern der Staat und über die Elternuntauglichkeit von Ausländern weiterhin der Arzt selbst entscheidet. Demnach trifft einmal der Staat und einmal der Arzt die Entscheidung zur Elterntauglichkeit des Paares oder

669 Chassagnou u.a./Frankreich, EGMR vom 29.4.1999, 25088/94, Pkt. 112.
670 Meyer-Ladewig, EMRK Handkommentar, 2006, Art 14 EMRK, S. 232 Rn. 8.
671 EGMR, NJW 2002, 2851.

der alleinstehenden Frau. Diese Ungleichbehandlung findet wohl aber vor dem Hintergrund der verwaltungsbehördlichen Informationsroutinen statt[672], die hinsichtlich der Erwägungen zur Elterntauglichkeit mit Jugendamt und staatlichen Heimen stattfinden. Diese sind bei Ausländern nicht möglich, weshalb hier der Arzt allein entscheidet. Insofern handelt es sich um eine sachliche und vernünftige Einschränkung, die im Rahmen des Beurteilungsspielraums Dänemarks liegt.

b) Regenerativmedizin

Wie bereits erörtert liefert die EMRK keine rechtlichen Vorgaben für die Eizellspende in der Forschung. Ebenso enthält sich die EMRK und der EGMR einer Aussage über den Status des Embryos[673]. Der EGMR hat zwar erörtert, dass vor dem Hintergrund der Menschenwürde ein Schutz des Embryos erforderlich ist, dieser aber in Art und Umfang von den Konventionsstaaten zu regeln ist[674]. Indem die Forschung in Dänemark an „überzähligen" Embryonen erlaubt ist, ergibt sich insofern kein Widerspruch zur EMRK oder der Rechtsprechung des EGMR.

2. Menschenrechtskonvention zur Bioethik

Zentrale Bedeutung im Gesundheitsrecht und damit im Bereich der Eizellspende hat in Dänemark jedenfalls die Patientenautonomie. Das Prinzip ist einfachgesetzlich in den §§15, 16 des Gesundheitsrechts geregelt, wobei als Grundlage die Art. 5–9 Menschenrechtskonvention zur Bioethik herangezogen werden[675]. Die Patientenautonomie steht nach Ansicht der Literatur dabei in direktem Zusammenhang mit der Menschenwürde und der körperlichen Unversehrtheit[676]. Autonome Entscheidungen treffen zu können, sei Voraussetzung der Wahrung der Menschenwürde[677]. Dies entspricht den durch Art. 1 formulierten Zielen des Vertragswerks, nämlich der Wahrung der Würde und Identität aller menschlichen Lebewesen. Dabei bedeutet Selbstbestimmung nicht, dass der Patient ein Recht zur Behandlung nach seinen Vorstellungen hat, sondern dass der Patient nicht ohne sein

---

672 Eine Auseinandersetzung dazu fehlt im Gesetzesvorschlag, 2011/1 LF 138.

673 Siehe dazu S. 46 der Arbeit.

674 VO/Frankreich, EGMR vom 8.7.2004, 53924/00.

675 Madsen, Sundhedsret, S. 143.

676 Madsen, Sundhedsret, S. 143; Hartlev, Coercive treatment and human dignity, S. 129, 137.

677 Hartlev, Coercive treatment and human dignity, S. 129, 137.

Einverständnis behandelt werden darf. Das Behandlungsangebot ist Sache der Regionen und Kommunen[678].

Art. 14 der Bioethikkonvention normiert lediglich das Verbot der Geschlechterwahl im Rahmen reproduktionsmedizinischer Maßnahmen.

Die Detailregelung des Gesetzes Nr. 923 genügt auch dem Verbot der Geschlechterwahl. Insofern verstößt das dänische Recht nicht gegen die internationalen Vorschriften zu Bioethik.

Die Regelungen zur Forschung im Bereich des therapeutischen Klonens halten sich auch an die Anforderungen der Bioethikkonvention. Dort ist in Art. 18 Nr. 2 die Produktion von Embryonen zu Forschungszwecken verboten, weshalb in Dänemark nur an Embryonen geforscht werden darf, die „überzählig" aus einer reproduktionsmedizinischen Maßnahme hervorgehen.

Insofern ermöglicht die dänische Regelung eine Gewährleistung der Forschungsfreiheit im Rahmen der Forschung an „überzähligen" Embryonen und erfüllt damit die Anforderungen des Europarates.

3. Regelungen Europäische Union

Die rechtliche Regelung der Eizellspende in der Reproduktionsmedizin genügt auch den Regelungen der Grundrechtecharta.

Zunächst ist wie bereits ausgeführt[679] darauf hinzuweisen, dass die Grundrechtecharta nur im Rahmen der Durchführung von Unionsrecht gilt (Art. 51 Abs.1 GRCh). Bei Rechten, die ebenfalls über die EMRK gesichert sind, entspricht sie deren Tragweite und Bedeutung (Art. 52 Abs. 3 GRCh).

Die dänische Regelung zur Eizellspende ermöglicht bei Vorliegen bestimmter Voraussetzungen die Eizellspende wie auch die Samenspende. Dadurch berücksichtigt sie insbesondere das Recht der Charta der Grundrechte auf Gleichbehandlung (Art. 21 GRCh)[680] und das Recht auf Achtung des Privat- und Familienlebens (Art. 7 GRCh). Ebenso wird die Pflicht zum Verbot der entgeltlichen Eizellspende in Art. 3 Abs. 2 Fall 3 GRCh berücksichtigt. Da die genannten Rechte fast wortgleich in der EMRK zu finden sind, entsprechen sie gemäß Art. 52 Abs. 3

678 Madsen, Sundhedsret, S. 49.

679 Siehe S. 45.

680 Voß, Schutz der Grundrechte in der Medizin und Biologie durch die Charta der Grundrechte, S. 67.

S. 1 GRCh diesen hinsichtlich Bedeutung und Tragweite. Eine ausführliche Auseinandersetzung erübrigt sich insofern.

Die Normen Dänemarks zu Forschungsvorhaben entsprechen den Anforderungen der Charta der Grundrechte. Die Grundrechtscharta enthält in Art. 13 GRCh das Recht auf Forschungsfreiheit. Hierunter fallen auch die Stammzellforschung und sonstige biomedizinische Forschungsaktivitäten[681]. Eingeschränkt wird diese Freiheit durch Art. 3 Abs. 2 GRCh und Art. 52 Abs.1 GRCh[682]. Art. 3 Abs. 2 GRCh benennt ausdrücklich das Verbot des reproduktiven Klonens. Zum therapeutischen Klonen schweigt die Charta der Grundrechte. Dies zu regeln bleibt dem nationalen Gesetzgeber überlassen[683]. Eine entgegenstehende gesicherte Rechtsprechung des EuGH zur Frage, ob eventuell auch das therapeutische Klonen ausgeschlossen sein soll, existiert nicht[684]. Das reproduktive Klonen ist in Dänemark verboten und nur die Forschung an „überzähligen Embryonen" ist im Ausnahmefall erlaubt.

In Bezug auf den Status des Embryos ist auf die Tragweite des Lebensschutzes des Art. 2 EMRK zu verweisen. Diese äußert sich nicht, wie bereits diskutiert[685], zum Beginn menschlichen Lebens und überlässt den Schutz des Embryos vor dem Hintergrund der Menschenwürde den Konventionsstaaten. Dem entspricht Dänemark, indem es nur die Forschung an „überzähligen" Embryonen ermöglicht.

VI. Zwischenergebnis

Die dänische gesetzliche Regelung zur Eizellspende in der Reproduktionsmedizin und der Forschung genügt den internationalen Rechtsvorschriften der EMRK und der Bioethikkonvention. Sie ermöglicht die Eizellspende bei Paaren mit einer medizinischen Indikation zur Eizellspende am regionalen Krankenhaus, wenn die Frau nicht älter als 45 Jahre ist, über die Behandlungs- und Schwangerschaftsrisiken aufgeklärt wurde und die Elterntauglichkeit vorliegt. Die Versicherung trägt die Kosten der medizinischen Behandlung, wenn das Paar noch kein eigenes bzw.

681 Nowak, Der Status der Forschung in der EU Grundrechtscharta und der Europäischen Menschenrechtskonvention, S. 75, 108.

682 Voß, Schutz der Grundrechte in der Medizin und Biologie durch die Charta der Grundrechte, S. 302.

683 Erläuterungen Entwurf GRCh 4473/00; Berger, Embryonenschutz und Klonen beim Menschen, S. 138.

684 Nowak, Der Status der Forschung in der EU Grundrechtscharta und der Europäischen Menschenrechtskonvention, S. 75, 114 ff.

685 Siehe S. 42 der Arbeit.

gemeinsames Kind hat. Ein Eingriff in die Fortpflanzungsfreiheit stellt lediglich die Regelung der Elterntauglichkeit des §6a Gesetz Nr. 923 dar. Hiernach dürfen nur „taugliche“ Eltern eine Eizellspende in Anspruch nehmen. Tauglich ist das Paar oder die alleinstehende Frau, wenn keine Missbrauchsvorwürfe existieren und feststeht, dass das Kind nicht sofort nach der Geburt in ein Heim muss. Dieser Eingriff ist gemäß Art. 8 Abs. 2 EMRK gerechtfertigt. Im Fall des Verbots der Eizellspende zieht der Gerichtshof als Rechtfertigung den Schutz der Gesundheit, Moral und der Rechte und Freiheiten anderer heran. Der Gesetzgeber hat im Rahmen der Interessenabwägung nach ständiger Rechtsprechung des Gerichtshofes zudem einen Prognosespielraum, der sehr weit ausfällt, wenn in den Konventionsstaaten keine einheitliche Gesetzeslage zum geregelten Bereich besteht. Bei dem Gesetz Nr. 923 handelt es sich um eine gesetzliche Grundlage i.S.v. Art. 8 Abs. 2 EMRK. Sie dient dem Kindeswohl und damit einem in Art. 8 Abs. 2 EMRK beschriebenen Zweck.

H. Vergleich

Insgesamt besteht bezüglich der Gesetzgebung im Bereich der Eizellspende in Reproduktionsmedizin und Regenerativmedizin in den Staaten der Europäischen Menschenrechtskonvention und der Europäischen Union ein Rückzug auf lokale traditionelle Ordnungen. Im Gegensatz zu Rechtsgebieten wie dem zivilrechtlichen Vertragsrecht, findet hier keine „Globalisierung des Rechts“ statt. Insofern können Rechtsmodelle anderer Staaten gerade in diesem Bereich nicht übertragen werden. Die Systeme Politik und Recht sind mit dem Nationalstaat verbunden, orientieren sich am Gemeinwohl und sind nur dadurch demokratisch legitimiert[686]. Allerdings können sie Anreize zur Überarbeitung der eigenen Gesetzeslage liefern.

Gegenstand des Vergleichs sind die bereits dargestellten gesetzlichen Vorschriften der Länder Deutschland und Dänemark zur Eizellspende in der Reproduktionsmedizin und der regenerativen Medizin. Dabei stehen sich die funktional gleichwertigen Normen des ESchG und des Gesetzes Nr. 923 mit seinen Änderungsgesetzen und seinen Zusatzvorschriften gegenüber. Die Normensysteme differieren stark wie sich aufgrund der vorangegangenen Länderberichte feststellen lässt. So entschied sich Deutschland 1991 zu einem seit dieser Zeit unveränderten Verbot der gespaltenen Mutterschaft und der Forschung am Embryo. Demgegenüber beschloss Dänemark 1997 eine wesentlich detailreichere Regelung, die die Möglichkeit einer Eizellspende unter bestimmten Bedingungen sowie die Forschung an „überzähligen“ Embryonen vorsieht. Die dänische Gesetzeslage ist seit ihrer Existenz immer wieder aktualisiert worden. Diese verschiedenen Lösungen Deutschlands und Dänemarks unter neuen und gemeinsamen Perspektiven zu betrachten, soll zur Klärung der Unterschiede und letztlich zur Findung einer zweckmäßigen und gerechten Regelung führen.

Verschiedene Faktoren sind für das Zustandekommen der jeweiligen Regelung verantwortlich und werden nachfolgend erörtert.

I. Rechtskultur

Ausgangspunkt der Erörterungen soll die Einordnung „Rechtsvergleich als Kulturvergleich“ sein[687]. Schaffung und Abschaffung bzw. Weiterentwicklungen von

686 Ipsen, Private Normenordnungen als Transnationales Recht?, S. 41, 240.

687 Häberle, Rechtsvergleichung im Kraftfeld des Verfassungsstaates, S. 27, 35 ff.

Rechtsregeln stehen immer in Zusammenhang mit den kulturellen Entwicklungen des Landes. Führt man sich beispielsweise die rechtsphilosophischen Entwicklungen Deutschlands und Dänemarks vor Augen, die das Verhältnis von Recht und Moral im jeweiligen Staat prägten, wird deren Einfluss auf die Rechtsregelungen deutlich.

Hinsichtlich der Beziehung von Recht und Moral haben Deutschland und Dänemark sich sehr unterschiedlich entwickelt. Gerade der Regelungsbereich „gespaltene Mutterschaft" ist stark von Wertvorstellungen und Moralgeboten geprägt. Diese Frage wird in Deutschland und Dänemark von verschiedenen Rechtsphilosophen behandelt bzw. beeinflussten unterschiedliche internationale Rechtsphilosophen das jeweilige Rechtssystem.

In Deutschland spielen bei der Frage nach dem Verhältnis von Recht und Moral zwei große Denkrichtungen eine Rolle. Dabei handelt es sich um das Naturrecht und den Rechtspositivismus. Naturrechtliche Theorien gehen von einer Verknüpfung von Moral und Recht aus[688]. Der Rechtspositivismus befürwortet hingegen eine strikte Trennung von Recht und Moral. Naturrecht sei lediglich Ausdruck einer menschlichen Weltanschauung[689]. Gründer des Rechtspositivismus argumentieren unter anderem, dass Recht der Befehl vom Souverän an den Untergebenen ist, unabhängig von dessen Wert oder Unwert[690]. Eine Rechtsnorm, deren Inhalt zu irgendeiner Moral in Widerspruch stehe, bliebe insofern dennoch Recht und als solches gültig[691]. Verfechter des Rechtspositivismus lehnen das Naturrecht insbesondere ab, da es inhaltlich zu unbestimmt sei[692].

Die Diskussion um das Naturrecht lebte in Deutschland in der Nachkriegszeit erneut auf, da man den Rechtspositivismus als „Steigbügel des totalitären Regimes" betrachtete[693]. Diese Naturrechtsrenaissance nach 1945 bewirkte einen

---

688 So beispielsweise Verdross, Die naturrechtliche Basis der Rechtsgeltung, S. 44: bei einer sanktionierenden Norm läge auch immer eine moralische Norm zugrunde, aufgrund derer der Staat sein Gewaltmonopol betreibe und sich an das Gesetz halte. Insofern sei die Geltung positiver Rechtsnormen immer von der Moral abhängig.

689 Kunz/Mona, Rechtsphilosophie, Rechtstheorie, Rechtssoziologie, S. 78.

690 Eckmann, Rechtspositivismus und sprachanalytische Philosophie, S. 28, 29.

691 So u.a. Kelsen, Auseinandersetzungen zur Reinen Rechtslehre, S. 3.

692 Kelsen, Auseinandersetzungen zur Reinen Rechtslehre, S. 4, 10; Eckmann, Rechtspositivismus und sprachanalytische Philosophie, S. 40.

693 Dazu ausführlich bei Achterberg, Die Reine Rechtslehre in der Staatstheorie der Bundesrepublik Deutschland, S. 17, der dafür den Irrtum zwischen der Einordnung des Rechtspositivismus als Rechtstheorie anstatt als rechtsphilosophische Ansicht verantwortlich macht.

starken „Antipositivismus“[694] und die Ablehnung positivistischer Denkansätze[695]. Diese Konsequenz wurde zum Teil als zwingend betrachtet, da schon das Grundgesetz in Art. 20 Abs. 3 GG formuliere, die vollziehende Gewalt und Rechtsprechung seien „an Gesetz *und Recht* gebunden“[696]. Von ca. 1965 an wandte man sich verstärkt dem Rechtspositivismus zu[697]. Auch das Bundesverfassungsgericht äußert sich kritisch zu den verschiedenen Naturrechtstheorien[698]. Es erörtert bereits 1959 zur Frage elterlicher Gewalt wie folgt: „(…) Die Frage, ob die Einheit der Familie die primäre Zuständigkeit des Vaters für die Konfliktentscheidung notwendig fordert, ist vielfach auf der Grundlage naturrechtlicher Vorstellungen erörtert worden. Die verfassungsrechtliche Prüfung an diesen Vorstellungen zu orientieren, verbietet sich jedoch schon durch die Vielfalt der Naturrechtslehren, die zutage tritt, sobald der Bereich fundamentaler Rechtsgrundsätze verlassen wird, und die sich vor allem bei der Erörterung der innerhalb der naturrechtlichen Diskussion selbst sehr bestrittenen Fragen des Verhältnisses „Naturrecht und Geschichtlichkeit“, „Naturrecht und positives Recht“ zeigt. Für die hier vorzunehmende Prüfung kommt daher als Maßstab nur das Grundgesetz in Betracht. (…)“.

Insofern wandelt sich die Einstellung in der Bundesrepublik von der Tendenz zum Naturrecht in der direkten Nachkriegszeit ab den siebziger Jahren immer deutlicher hin zum Rechtspositivismus[699]. Zur Zeit der Schaffung des Embryonenschutzgesetzes 1991 wurde bereits überwiegend nach rechtspositivistischen Grundsätzen entschieden. Trotzdem entspricht die Vermeidung der gespaltenen Mutterschaft und das Anknüpfen an den Satz: „mater semper certa est“ eher einem naturrechtlichen Denkansatz. Daher ist davon auszugehen, dass zum Teil im damals neuen Bereich des Medizinstrafrechts noch auf bestimmte „alte“ Werte zurückgegriffen wurde. Schließlich wurde im Wesentlichen eine moralische, ethische Vorstellung strafrechtlich geregelt.

---

694 Stolleis, Geschichte des öffentlichen Rechts in Deutschland IV, S. 200.

695 Radbruch, Gesetzliches Unrecht und übergesetzliches Recht, S. 46; „Recht und Gesetz stehen nicht zur Disposition des Gesetzgebers. Auch das BVerfG vertritt keinen reinen Gesetzespositivismus und entschied bereits mehrfach gegen den Wortlaut des Gesetzes: BVerfGE 3, 225, 232, BVerfGE 34, 269, 286; 35, 263, 278; 37, 67, 81; 38, 386, 396; 49, 304, 318; 65, 182, 190; 71, 354, 362; 82, 6, 11.

696 Alexy, Begriff und Geltung des Rechts, S. 23.

697 Stolleis, Geschichte des öffentlichen Rechts in Deutschland IV, S. 384, 385.

698 BVerfGE 10, 59, 81 (Urteil vom 29.7.1959).

699 Stolleis, Geschichte des öffentlichen Rechts in Deutschland IV, S. 548.

In Dänemark prägte der Rechtsrealismus die Frage des Verhältnisses von Moral und Recht[700]. Er entstand dort als Reaktion auf den herrschenden Idealismus[701]. Dem Rechtsrealismus haftet insbesondere eine besondere Nüchternheit und Sachlichkeit an. Er richtet sich an der Wirklichkeit aus und lehnt jeglichen Idealismus ab. Die Möglichkeit sinnvoller metaphysischer Aussagen wird generell in Zweifel gezogen und als sinnlose Wortverbindung betrachtet, der nur wegen ihrer Gefühlswerte ein Sinn zugeschrieben werde[702]. Im Mittelpunkt der Arbeit des Realismus steht somit die Klärung von Begriffen und Aussagen, durch die Tatsachen ausgedrückt werden[703]. Die skandinavischen Realisten lehnen die Naturrechtstheorien entschieden ab, den Rechtspositivismus betrachten sie als unwissenschaftlich und sinnlos. Rechtsnormen seien keine Willenskundgebungen Gottes, des Staates oder des Gesetzgebers, sondern freistehende Imperative oder Direktiven. Diese bezeichnen eine vorgestellte Handlungsweise und bedeuten damit einen im Bewusstsein vergesellschafteten Befehl. Die Rechtsnorm sei damit nur als gesellschaftliches Phänomen verständlich und die Rechtswissenschaft eher Sozialtheorie, mit der Aufgabe psychologische Zusammenhänge zwischen Normen und menschlichem Handeln darzustellen[704]. Die Realisten wehren sich gegen die Vorstellung einer Wertphilosophie von einem das Recht beherrschenden idealen Reich objektiver Werte. Die Welt des Seins durch eine idealisierte Welt des Sollens bestimmen zu wollen, sei insofern keine gangbare Lösung. Die Wissenschaft habe damit umzugehen was sei und nicht Vorschriften darüber zu erlassen was sein soll. Sowohl Naturrecht als auch Rechtspositivismus hielt man für irrational und subjektiv[705]. Die Einordnung nach „richtig“ oder „gerecht“ führe lediglich zum Ausdruck eines Gefühls und brächte keine Werterkenntnis[706]. Insofern müsse man im Sinne einer objektiven Rechtswissenschaft Recht und Moral dringend trennen[707]. Damit betonte der skandinavische Realismus früher als andere verwandte Richtungen die Begriffsanalyse[708] und trennte Recht und Moral strikt.

---

700 Frändberg, Die skandinavische Reaktion auf Hans Kelsens Reine Rechtslehre, 1978, S. 70.
701 C.J. Boström (1797–1866); F. Castberg (1893 geb.).
702 Bjarup, Skandinavischer Realismus, S. 11.
703 Bjarup, Skandinavischer Realismus, S. 11.
704 Bjarup, Skandinavischer Realismus, S. 12.
705 Wesel, Geschichte des Rechts in Europa, S. 512.
706 Bjarup, Skandinavischer Realismus, S. 18.
707 Ross, On Law and Justice, §58 S. 261.
708 Bjarup, Skandinavischer Realismus, S. 16.

Diese Trennung führt wohl zu der dänischen Regelung zur Eizellspende, die überwiegend sachlich auf empirischen Untersuchungen aufgebaut ist und ständig dem aktuellen Stand der Wissenschaft angepasst wird.

Insofern stehen die Normen Deutschlands und Dänemarks in direktem Zusammenhang zu den im Staat herrschenden Ansichten zum Verhältnis von Recht und Moral.

II. Rechtsstruktur

Weitere Erkenntnisse, gerade im Hinblick auf die Schaffung einer zukünftigen Regelung, bringt die Betrachtung der unterschiedlichen Normenstrukturen im Detail.

Den Vergleich der Normenstrukturen im Detail gestaltet sich vor dem Hintergrund des seit Jahren in Deutschland existierenden umfassenden Verbots der Eizellspende in der Reproduktionsmedizin und der Forschung schwierig. Aus diesem Grund steht die sehr detailreiche Regelung Dänemarks quasi einer einzigen Regelung gegenüber und muss der Vergleich insofern eher kurz ausfallen.

Zunächst kann festgestellt werden, dass sich die Regelung in Dänemark und in Deutschland an denselben Adressaten richtet, nämlich den Arzt bzw. die Person im Gesundheitswesen, die die Behandlung vornimmt. Spenderin und Empfängerin trifft in Deutschland und Dänemark ein Strafausschlussgrund. In der Bemessung des Strafrahmens bestehen jedoch erhebliche Unterschiede. Deutschland hat sich für einen Strafrahmen von bis zu 3 Jahren oder Geldstrafe entschieden (§1 Abs. 1 ESchG) und Dänemark für eine Geldstrafe oder Freiheitsstrafe von maximal 4 Monaten (§29 Abs. 1 Gesetz Nr. 923 und Nr. 69).

Im Weiteren ist Sinn und Zweck der deutschen Regelung das Kindeswohl zu schützen. Auch die dänische Regelung hat das Kindeswohl bei Vorschriften wie §6a des Gesetzes Nr. 923 im Blick, in der die Elterntauglichkeit eine allgemeine Behandlungsvoraussetzung darstellt. Allerdings führt diese Überlegung in Deutschland zum umfassenden Verbot der Eizellspende und in Dänemark lediglich zur Überprüfung der Elterntauglichkeit. Bei dieser Prüfung handelt es sich um eine staatliche „Eignungsprüfung" der potentiellen Eltern, die nur unter sehr engen Voraussetzungen negativ ausfallen darf. Eine Elternuntauglichkeit liegt nach dem Gesetz nur vor, wenn in der Familie Missbrauch bekannt geworden ist oder das Kind nach seiner Geburt unweigerlich im Heim aufwachsen müsste. Insofern berücksichtigt die dänische Regelung jedenfalls grundsätzlich die Interessen ungewollt kinderloser Paare und alleinstehender Frauen. Diesen soll die Freiheit zukommen, sich reproduktionsmedizinischer Maßnahmen zu bedienen. Dabei wird nicht zwischen bestimmten Verfahren differenziert, sondern alle werden gleichermaßen unter Berücksichtigung bestimmter Einschränkungen zugelassen. So ist unter bestimmten Voraussetzungen die Eizellspende und die Samenzellspende möglich und im selben Gesetz geregelt. Weitere Gemeinsamkeiten oder Unterschiede bestehen nicht, da zu den detailreichen Normen Dänemarks kein deutsches Pendant existiert.

III. Rechtsentwicklung

Das Normensystem kann darüber hinaus im aktuellen Kontext betrachtet werden, wobei insbesondere in Bezug auf die Normakzeptanz und die Entwicklungsbereitschaft des Rechts Gemeinsamkeiten oder Unterschiede zu finden sein werden.

Die Normakzeptanz behandelt die Frage nach der Gültigkeit oder Geltung einer Rechtsnorm[709]. Wesentlich im Bereich dieser Überlegung ist die Frage, inwieweit eine Norm tatsächlich verwirklicht, also zum Bestimmungsgrund menschlicher Verhaltensweisen und sozialer Verhaltensmuster wird[710]. Vor diesem Hintergrund differieren die Regelungen Deutschlands und Dänemark erneut erheblich. Die Adressaten der Regelungen sind zwar unmittelbar die Ärzte, welche die Regelung befolgen und keine Eizellspenden in Deutschland durchführen. Mittelbar betroffen sind allerdings ungewollt kinderlose Paare. Sie kritisieren die deutsche Regelung seit ihrem Bestehen. An reproduktionsmedizinischen Maßnahmen wie der Eizellspende Interessierte reisen momentan in umliegende Nachbarstaaten, um sich dort behandeln zu lassen. Die Betroffenen nehmen in Kauf, in einer fremden Umgebung ein sehr intimes Problem in einer fremden Sprache zu diskutieren, um Hilfe zu erhalten. Insofern verdeutlicht gerade der Eizellspenden-Tourismus, dass vom betroffenen Teil der Bevölkerung das Verbot der Eizellspende nicht akzeptiert wird und sie der Lösungsweg ins Ausland führt. Ein solcher Eizelltourismus existiert in Dänemark nicht. Im Gegenteil ist Dänemark Zielland ungewollt kinderloser Paare. Der Bürger sieht hier seine Rechte in der nationalen Regelung ausreichend gewahrt und die Normakzeptanz ist entsprechend hoch.

In direktem Zusammenhang mit diesen Erwägungen steht die Entwicklungsbereitschaft des Rechts als Kriterium zur Beurteilung der Unterschiede der Normenstruktur im aktuellen Kontext. Das Ergebnis ist hier ähnlich. Während in

709 Raiser, Grundlagen der Rechtssoziologie, S. 237.
710 Raiser, Grundlagen der Rechtssoziologie, S. 237.

Dänemark die Regelungen zur Eizellspende in Reproduktionsmedizin und Forschung sich stetig weiter entwickeln und nachgebessert werden, bestehen die Regelungen in Deutschland weitgehend unangetastet seit ihrer Schaffung. In Dänemark findet ein Kultur- und Wertewandel statt, an den sich auch ein Rechtswandel anschließt. Die vielfältigen Gesetzesänderungen im Verlauf der Jahre sind Beweis dafür. Gerade die Änderungen im Bereich der möglichen Empfänger einer Eizellspende in Dänemark sind vor diesem Hintergrund hervorzuheben. Empirische Untersuchungen werden umgehend in die rechtlichen Grundlagen eingefügt. Dies demonstriert insbesondere die letzte Änderung aus dem Jahr 2012 zur Donoranonymität, die als Behandlungsvoraussetzung mittlerweile aufgegeben wurde. Eine solche Entwicklungsbereitschaft zeigt das deutsche Recht trotz vieler Anstöße in der Literatur zu diesem Thema nicht. Auch das letzte Urteil des EGMR zum Fall *S.H. und andere gegen Österreich* ist bislang ohne Auswirkung geblieben, obwohl der EGMR hier die Staaten insgesamt dazu auffordert, die rechtlichen Regelungen dem aktuellen wissenschaftlichen Stand anzupassen.

IV. Zwischenergebnis

Den inhaltlichen Vergleich der Regelungen erschwert der Umstand, dass der umfangreichen und detaillierten Regelungssystematik Dänemarks ein Totalverbot und damit nur eine einzige Regelung Deutschlands gegenüber steht. Die Rechtsstruktur der beiden Regelungen unterscheidet sich insofern sehr stark. Letztlich ergibt der Vergleich, dass das dänische Recht sich an den internationalen Bestimmungen zum Thema Eizellspende in Forschung und Reproduktionsmedizin orientiert und alle am Verfahren beteiligten Rechte in angemessenen Ausgleich zu bringen sucht. Deutschland hingegen verbietet die Eizellspende umfassend aufgrund des Kindeswohls und berücksichtigt die verfassungsrechtlichen Freiheiten der übrigen Beteiligten nicht.

Diese Unterschiede basieren auf der unterschiedlichen Rechtskultur der Staaten. Dabei ist deutlicher Vorteil der dänischen Regelungen die schnelle Rechtsentwicklung, die zu einer hohen Normakzeptanz in der Bevölkerung führt, da alle Rechte der Beteiligten regelmäßig Thema im öffentlichen Diskurs sind und laufend Änderungen diskutiert und umgesetzt werden.

I. Regelungsvorschlag

Hinsichtlich der Schaffung einer gesetzlichen Grundlage für die Eizellspende sind einerseits die gewonnenen Erkenntnisse zur deutschen und dänischen Rechtslage zu verwerten und andererseits auch die Erkenntnisse der Rechtswissenschaft zur Schaffung einer Norm im Allgemeinen.

Seit langem macht sich die „legislative Rechtswissenschaft" Gedanken darüber, was ein „gutes" Gesetz ausmacht[711]. Die Erwägungen im Bereich Gesetzgebungslehre reichen von der Gesetzesanalytik, die sich mit dem Gesetz als Rechtsquelle beschäftigt, über die Gesetzestaktik, die das äußere Gesetzgebungsverfahren in den Blick nimmt, hin zur Gesetzesmethodik, deren Fokus auf dem Inhalt der gesetzlichen Vorschrift liegt, dazu kommen außerdem die Gesetzestechnik und die Wirkungsforschung[712].

Unabhängig von dieser Herangehensweise hat aber bereits der Vergleich der unterschiedlichen Rechtslagen in Deutschland und Dänemark ergeben, dass in Bezug auf die Eizellspende ein „gutes Gesetz" dann existiert, wenn die Interessen der Betroffenen ausreichend berücksichtigt und geschützt werden und ein entwicklungsfreudiges Regelungswerk vorliegt, dass sich unter gegebenen Umständen der sozialen Wirklichkeit anpasst. Insofern geht es also insbesondere um die Vollziehung des „Wandels von der anwendungsorientierten Interpretationswissenschaft zur rechtsetzungsorientierten Handlungs- und Entscheidungswissenschaft"[713].

Daher haben insbesondere folgende wichtige Erkenntnisse in die zukünftige Regelung einzufließen:

Das in Deutschland bestehende Verbot der Eizellspende in Forschung und Reproduktionsmedizin verstößt gegen Freiheits- und Gleichheitsrechte der Verfassung. Die dänische Regelung hingegen entspricht den Anforderungen der internationalen Regelungen. Sie berücksichtigt die Fortpflanzungsfreiheit des Paares

---

711 ausführlich zur Historie der „legislativen Rechtswissenschaft" bei Emmenegger, Gesetzgebungskunst-gute Gesetzgebung als Gegenstand einer legislativen Methodenbewegung in der Rechtswissenschaft um 1900- zur Geschichte der Gesetzgebungslehre, 2006; zur Frage wie ein Gesetz beschaffen seien soll, existiert zahlreiche Literatur, ausführlich jedenfalls Karpen, Gesetzgebungslehre und Schreckenberger/Merten, Grundfragen der Gesetzgebungslehre.

712 ausführlich dazu bei: Karpen, Gesetzgebungslehre-neu evaluiert, S. 14.

713 Ausführlich zur Rechtswissenschaft als Gesetzgebungskunst bei Schuppert, Governance und Rechtsetzung, S. 107f.

und die Gleichberechtigungsaspekte in Bezug auf die mögliche Samenspende und hält sich an die internationalen Bestimmungen zur Freiheit der Forschung. Bei der Schaffung von Normen ist der Gesetzgeber an die Verfassung gebunden und muss sich nach ihren Vorgaben richten (Art. 1 Abs. 3 und 20 Abs. 3 GG). Das Bundesverfassungsgericht entschied, der Gesetzgeber habe im Bereich Gesetzgebung vor allem eine Pflicht zur Tatsachenfeststellung, eine Prognosepflicht, eine Abwägungspflicht, eine Beobachtungspflicht im Hinblick auf die Auswirkungen des Gesetzes sowie eine Nachbesserungspflicht[714]. Diesen Pflichten muss der Gesetzgeber auch im Hinblick auf das Embryonenschutzgesetz nachkommen und gerade vor dem Hintergrund der Entscheidung des EGMR S.H./Österreich das Embryonenschutzgesetz nachbessern.

Darüber hinaus sind Recht und Moral bei der Schaffung einer gesetzlichen Grundlage ins richtige Verhältnis zu setzen, worin wohl die größte Schwierigkeit liegt. Die naturrechtliche Lehre bezieht die Moral in das Recht mit ein und bewirkt damit eine (Teil)-Identität jener, die zu einer gegenseitigen Begrenzung durch moralische Vorstellungen führen kann. Die Trennung von Recht und Moral nach dem Rechtspositivismus ist schwer durchzuführen. Oft enthält bereits das Gesetzgebungsvorhaben eine konkrete Fragestellung mit einem subjektiven Standpunkt. Der skandinavische Realismus, der die Rechtswissenschaft mehr als „Gesellschaftswissenschaft" begreift, setzt sich der Gefahr aus, menschliche Bedürfnisse an die Stelle moralischer Werte zu setzen, was letztlich zu reinen Nutzenregelungen führen kann. Festhalten lässt sich in diesem Zusammenhang aber jedenfalls, dass gerade im Bereich des Strafrechts nicht ausschließlich eine moralische Vorstellung Rechtsgrund des Gesetzes sein darf.

Letztlich geht es darum einfachgesetzliche Vorschriften zu schaffen, welche die verfassungsrechtlich geschützten Rechte des Einzelnen bestmöglich schützt und unter Berücksichtigung des gesellschaftlichen Diskurses die real geänderten Verhältnisse einfließen lässt. Auf diese Weise wird der Normenbestand, der auf der Verfassung basiert, durch den rechtspolitischen Diskurs reflektiert und findet seine Lösung in der gesetzlichen Norm und der Rechtsentwicklung.

I. Dänemark als Vorbild

Im Vergleich der Gesetzestexte zur Eizellspende erscheint die Dänemarks überlegen. Es handelt sich um ein wirklichkeitsnahes, detailreiches Gefüge, das dem

714 BVerfGE 77, 109.

medizinischen Fortschritt und den gesellschaftpolitischen Vorgaben der Zeit angepasst ist. Für eine stetige Weiterentwicklung des Rechts sorgen ständige Diskussionen in der Gesellschaft und im Ethikrat. Dies bedeutet nicht immer nur eine Liberalisierung der Normenstruktur, sondern zum Teil auch eine Verschärfung. So nahm beispielsweise die Einschätzung, ob ein Paar oder eine alleinstehende Frau eine Behandlung zur künstlichen Befruchtung durchführen darf vom 8.6.2006 (lov Nr. 535) bis zum 21.12.2010 (lov Nr. 1546) ein Arzt vor. Seit dem 21.12.2010 ist dafür die Landesverwaltung auf Empfehlung des Arztes zuständig. In Deutschland steht dagegen ein striktes Verbot der Eizellspende ohne rechtlich relevante Erklärung im Raume. Eine durchdachte detailreiche Regelung, die die Interessen aller Beteiligten berücksichtigt und nicht nur die der Gesellschaft vor der Trennung der Mutterschaft in eine soziale, biologische und genetische, fehlt bislang. Die dänische Regelung berücksichtigt die Schutzbedürftigkeit und Freiheitsrechte betroffener Paare. Ungewollt Kinderlose müssen zur Behandlung nicht ins Ausland „flüchten" wie derzeit in Deutschland. Lediglich im Bereich Forschung entspricht die deutsche Regelung den Anforderungen der Verfassung und die Dänische stimmt mit den internationalen Vorgaben überein. Die Regelung zur PID, die Deutschland gerade erst normiert hat, besteht in Dänemark seit dem Gesetz NR. 240 vom 5.4.2004. Insgesamt wird deutlich, dass in Dänemark eine stetige Diskussion zu den Themen und eine rechtliche Ausarbeitung der Ergebnisse erfolgt. Dies fehlt Deutschland im Bereich der Eizellspende. Indem das Vorgehen Dänemarks auf empirischen Untersuchungen und umfassenden Diskussionen beruht, handelt es sich bei den gesetzlichen Nachbesserungen um eine „Gesetzespflege" und keinen „trial and error" Prozess im negativen Sinne[715], die in Deutschland fehlt. Selbstverständlich hat der Gesetzgeber einen Prognosespielraum bei der Schaffung einer gesetzlichen Grundlage, und eine Einschätzung zukünftiger Geschehensabläufe ist unerlässlich. Dabei darf aber keine subjektive, von den Verfassungswerten losgelöste moralische Entscheidung getroffen werden. Vielmehr muss eine Vernünftigkeits- und Plausibilitätskontrolle aufgrund einer gründlichen Ermittlung der wissenschaftlichen Grundlagen und der objektiven Werteordnung der Verfassung erfolgen[716]. Aufgrund dieser Überlegungen wird nun ein Regelungsvorschlag unterbreitet.

715 Jahrreiß, Größe und Not der Gesetzgebung, S. 5, 32, 33.
716 So auch Stettner, NVwZ 1989, S. 806.

II. Inhaltliche Vorgaben

Die deutsche Regelung zur Eizellspende im Embryonenschutzgesetz verstößt gegen verfassungsrechtlich geschützte Positionen der Eizellempfängerin aus Art. 6 Abs. 1 und Art. 3 Abs. 3 GG und der Spenderin aus Art. 14 und 2 Abs. 1 iVm 1 Abs.1 GG. Auf Grundlage der Kompetenz gemäß Art. 74 Abs. 1 Nr. 26 GG könnte ein Bundesgesetz die Materie umfassend regeln. Wird die Eizellspende erlaubt, sind allerdings bestimmte Rahmenbedingungen abzustecken, die zunächst erörtert werden sollen.

1. Alter der Frau

Zu beachten ist die Gesundheit der am Prozess der künstlichen Befruchtung Beteiligten gemäß Art. 2 Abs. 2 S. 1 GG. Dazu gehört das Alter der Frau, auf die eine Eizelle übertragen wird, zu berücksichtigen und zu begrenzen. Bei höherem Alter nehmen auch die gesundheitlichen Risiken für die Frau durch eine Schwangerschaft stark zu[717]. Die Beteiligten können kein Interesse daran haben, dass das Kind frühzeitig ohne Eltern leben muss, da diese eines natürlichen Todes gestorben sind. Auch das Alter der Spenderin ist zu berücksichtigen, da die Eizellspende eine Belastung darstellt.

2. Geschlechtswahl

Weiterhin ist entsprechend der internationalen Anforderungen eine Regelung in das Gesetz einzuflechten, die eine Geschlechterwahl ausschließt. Die Beeinflussung des Geschlechts des Kindes ist nur in medizinischen Notfällen denkbar, beispielsweise im Fall einer chromosomal vererbten Krankheit. In anderen Kulturkreisen spielt die Geschlechterbestimmung eine größere Rolle als in Deutschland. So haben beispielsweise China, aufgrund der „Einkind-Politik", und Indien, aufgrund traditioneller Werte, Interesse an einer Geschlechtsfeststellung und der Geburt eines Jungen[718]. Dies führt zu gesellschaftlichen und demographischen Fehlentwicklungen wie z. B. der verschobenen Geschlechterverteilung zugunsten

---

717 Thomssen, Der Onkologe, Vol 11 Nr. 3 2005, S. 265–272 (die hormonelle Umstellung im Rahmen der Schwangerschaft kann bei einem späten ersten Kind zu Brustkrebs führen).

718 NZZ Februar 2007, China in der demographischen Zwickmühle-Überalterung und Mädchenmangel.

von männlichen Neugeborenen in China[719]. Die objektive Werteordnung der deutschen Verfassung misst im Rahmen von Art. 3 Abs.1 GG beiden Geschlechtern dieselbe Bedeutung und die gleichen Rechte zu. Gesellschaftlich spielt die Geburt eines Sohnes oder einer Tochter keine Rolle. Dementsprechend darf eine Geschlechterwahl auch nur ausnahmsweise erfolgen.

3. Donorauswahl

Hinsichtlich der Frage der Donorauswahl werden weltweit zahlreiche verschiedene Modelle vertreten. Zum einen, den Donor selbst auszuwählen und zum Reproduktionsverfahren „mitzubringen" oder die jeweils mitgebrachten Donor verschiedener Paare im Reproduktionsverfahren auszutauschen. Zum anderen gibt es die völlige Donoranonymität. Diese ist in Deutschland aufgrund des Rechts auf Kenntnis der Abstammung nicht möglich. Es folgt aus Art. 2 Abs. 1 iVm Art. 1 Abs. 1 GG[720]. Das Recht auf freie Entfaltung der Persönlichkeit und Menschenwürde sichere jedem einen autonomen Bereich privater Lebensgestaltung und die Findung seiner Individualität, die auf der eigenen Abstammung zum Teil beruhe [721]. Im Weiteren mag es für Paare wünschenswert sein, ein Familienmitglied als Spender in Betracht zu ziehen, was in Einzelfällen möglicherweise auch ohne Komplikationen funktioniert. Allerdings kann die enge Beziehung des Donor die Problematik mit sich bringen, dass sich die „dritte" Person möglicherweise als Teil der Familie sieht und dadurch Unstimmigkeiten im Familiengefüge entstehen, welches über Art. 6 Abs. 1 GG durch den Staat zu schützen ist. Mögliche Szenarien in dieser Hinsicht schildert *Djerassi* sehr eindrucksvoll[722]. Die eigene Gestaltungsfreiheit der Familie wird jedenfalls dann am größten sein, wenn keine enge Beziehung zwischen den Eltern und dem Donor besteht, weshalb diese Variante grundsätzlich vorzugswürdig ist. Dafür hat sich auch Dänemark in seiner letzten rechtlichen Aktualisierung des Gesetzes durch das Änderungsgesetz Nr. 602 entschlossen. Auf diese Weise sollen insbesondere Generationssprünge verhindert werden.

719 NZZ Februar 2007, China in der demographischen Zwickmühle-Überalterung und Mädchenmangel.

720 BVerfGE 79, 256/268; 90, 263/270; 56/63; so auch gemäß Art. 8 EMRK: siehe Meyer-Ladewig, EMRK Handkommentar, Art 8 EMRK, S. 166 Rn. 14a.

721 BVerfGE NJW 1988, 3010 ff.

722 Dazu sehr eindrucksvolle Darstellung möglicher familiärer Konfliktkonstellationen bei: Djerassi, sex in an age of technological reproduction.

4. Medizinische Indikation

Außerdem muss die Frau eine medizinische Indikation vorweisen, die eine Behandlung mit einer heterologen Eizellspende nötig macht. Diese Voraussetzung schließt zusammen mit den Kriterien zur Donorauswahl eine mögliche „Zuchtauswahl“ aus. Zu einer solchen kann es nämlich nur kommen, wenn Paare sich einen Donor nach Aussehen und Intelligenz aussuchen können, obwohl sie selbst die Möglichkeit hätten, Kinder zu zeugen. Die medizinische Indikation liegt entsprechend der dänischen Regelung und der deutschen Regelung zur Vornahme einer reproduktionsmedizinischen Maßnahme vor, wenn innerhalb von 2 Jahren ohne Einnahme von Kontrazeptiva keine Schwangerschaft eintritt oder eine genetische oder krankheitsbedingte Belastung der Eizellen bzw. der Eierstöcke vorliegt, wie sie in Teil B der Arbeit beschrieben wurde[723].

5. Elterntauglichkeit

Inwieweit die Grundsätze der in Dänemark ebenfalls zu berücksichtigenden Elterntauglichkeit in eine deutsche Regelung einfließen können, ist weniger eindeutig. Dies resultiert daraus, dass die Elterntauglichkeit, die das Recht auf Fortpflanzung einschränkt, zur Sicherung des Kindeswohls im Rahmen internationaler Vorgaben gerechtfertigt ist, da sie innerhalb des den Staaten zustehenden Beurteilungsspielraumes liegt. Eingriffe in das Recht auf Fortpflanzung unterliegen in der deutschen Verfassung jedoch sehr viel engeren Grenzen. Zum einen handelt es sich bei dem Gesetzesvorbehalt der internationalen Norm nur um einen qualifizierten Gesetzesvorbehalt, wohingegen eine Rechtfertigung der deutschen Verfassungsregelung zur Fortpflanzungsfreiheit lediglich durch kollidierendes Verfassungsrecht möglich ist. Zum anderen ist die Gestaltungsfreiheit des nationalen Gesetzgebers im Verhältnis zum internationalen Normengefüge viel größer als der des deutschen Gesetzgebers hinsichtlich der Umsetzung verfassungsrechtlicher Vorgaben. Der deutsche Gesetzgeber darf bzw. muss das Kindeswohl als objektiven Verfassungswert des Grundrechts der Familie (Art. 6 Abs. 2 GG) berücksichtigen, aber es darf die mögliche Existenz des Kindes nicht mit der Nichtexistenz des Kindes abgewogen werden, da dies ein ungeeignetes Abwägungskriterium für eine Rechtsnorm ist.

---

723 Vgl. S. 11 ff dieser Arbeit.

Als kollidierendes Verfassungsrecht kommt im Rahmen der Elterntauglichkeit nur das Kindeswohl in Betracht. Problematisch ist aber auch hier, dass das Kindeswohl im Wege des vorwirkenden Grundrechtsschutzes geltend gemacht werden würde, was unzulässig ist. Außerdem würde im Fall der „Elternuntauglichkeit" zwischen Existenz und Nichtexistenz des Kindes abgewogen, was wie bereits erörtert kein legitimes Ziel eines Gesetzes ist. Allerdings muss das Gesetz dem Kindeswohl als objektivem Verfassungswert entsprechen, woraus eventuell die Pflicht zur Einführung einer solchen Prüfung führen könnte[724]. In Frage steht daher, ob das Kriterium tatsächlich überhaupt dem Kindeswohl dienen könnte. Dagegen spricht jedenfalls, dass auch Personen, die den Tauglichkeitskriterien entsprechen, einen entsprechenden Wandel durchmachen können und andersherum auch Personen, die eigentlich untauglich sind, über sich hinaus wachsen können. Insofern dient das Kriterium an sich nicht dem objektiven Verfassungswert des Kindeswohls. Es wird lediglich eine Wahrscheinlichkeitsprognose angestellt, die nicht geeignet ist, Eingriffe in ein so umfassend geschütztes Recht wie die Fortpflanzungsfreiheit zu rechtfertigen. Dazu müssten empirisch gesicherte Daten vorliegen.

6. Überzählige Embryonen

Weiterhin ist zu regeln, wie mit überzähligen Embryonen umzugehen ist. Eine Aufbewahrungsdauer der Embryonen zu Reproduktionszwecken ist festzulegen wie die dänische Regelung es vorsieht. Dies hat den Vorteil, dass Paare, die ein zweites Kind wünschen, auf die krykonservierten Embryonen zurückgreifen können. Diese Regelung sollte daher übernommen werden und eine Aufbewahrungsdauer von 5 Jahren möglich sein. Die deutsche Regelung des Embryonenschutzgesetzes und Stammzellgesetzes zum Forschungsverbot an ES-Zellen ist allerdings sehr zwiespältig. Der Gesetzgeber entschied sich, wie bereits erörtert, zugunsten des Würde- und Lebensschutzes der Verfassung gegen die Forschungsfreiheit und Heilungsinteressen von Patienten und damit gegen die verbrauchende Embryonenforschung. Der Konflikt des Gesetzgebers im Rahmen der Regelung zeigt sich aber insbesondere vor dem Hintergrund der Möglichkeit der Forschung an ES-Zellen aus dem Ausland[725]. Durch die Stichtagsregelung wollte man

724 Vgl. zum Kindeswohl ausführlich bereits auf S. 62 dieser Arbeit.

725 Dazu siehe S. 16, 83 ff. dieser Arbeit.

einen moralischen Konflikt zwar vermeiden, indem nur Embryonen zur Forschung verwendet werden sollten, die vor der Schaffung des Gesetzes bereits entstanden waren[726]. Der Wertungswiderspruch des Gesetzes erhöhte sich allerdings, als die Stichtagsregelung gesetzlich „einmalig“ verschoben wurde und damit auch Embryonen nutzbar wurden, die zeitlich nach der Schaffung des Gesetzes entstanden waren. Bereits diese einmalige Verschiebung macht den Sinn des gesamten Gesetzes zunichte. Unter Nutzung liberaler Reglungen im Ausland findet damit nämlich auch in Deutschland Embryonenforschung statt, ohne dass man sich dafür aktiv verantwortlich fühlt, da das Embryonenschutzgesetz und Stammzellgesetz[727] nur die Nutzung von inländischen ES-Zellen verbietet. Diese Problematik verursacht die Globalisierung der Forschung und ihre grenzüberschreitende Wirkung durch den Austausch von Forschungsergebnissen und Forschungsmaterial.

III. Regelung

Aufgrund dieser Vorüberlegungen wird im Folgenden eine Regelung als Teil des Embryonenschutzgesetzes vorgeschlagen. Über diese Regelung hinaus wären die Grundsätze des informed consent und des Verbot des Handels mit Teilen des menschlichen Körpers zu beachten.

§1 Nr. 1 ESchG (geändert)

Mit Freiheitsstrafe bis zu drei Jahren oder mit Geldstrafe wird bestraft, wer auf eine Frau eine fremde unbefruchtete Eizelle ohne Berücksichtigung der Regelungen von §1 a ESchG überträgt,

§1 Nr. 2 ESchG (geändert)

es unternimmt, eine Eizelle zu einem anderen Zweck künstlich zu befruchten, als mit dem Ziel eine Schwangerschaft einer Frau herbeizuführen,

726 Stammzellgesetz vom 28.6.2002.

727 Zur Unzulänglichkeit der Verbotsnormen des ESchG siehe bereits oben im Rahmen der Erörterung des geltenden Rechts im Bereich Forschungsverbote und BT-Drs. 13/11263.

§1a ESchG (neu)

(1) Die Spende einer Eizelle zum Zwecke der Übertragung auf eine andere Frau ist nur zulässig, wenn die Spenderin der Eizelle
   a) volljährig und einwilligungsfähig ist,
   b) in keinem Verwandtschaftsverhältnis zur Empfängerin der Eizelle steht,
   c) über die Behandlung im Zusammenhang mit der Spende einer Eizelle aufgeklärt worden ist und in die Entnahme eingewilligt hat,
   d) nach ärztlicher Beurteilung voraussichtlich nicht über das Operationsrisiko hinaus gefährdet oder über die unmittelbaren Folgen der Entnahme hinaus gesundheitlich schwer beeinträchtigt wird und
   e) die Übertragung der Eizelle auf den vorgesehenen Empfänger nach ärztlicher Beurteilung die einzige Möglichkeit ist, die ungewollte Kinderlosigkeit des zu behandelnden Paares zu überwinden.

(2) Die Spende einer Eizelle zum Zwecke der Übertragung auf eine andere Frau ist weiterhin nur zulässig, wenn die Empfängerin der Eizelle
   a) volljährig und einwilligungsfähig ist,
   b) über die Einsetzung einer gespendeten Eizelle oder die Einsetzung einer befruchteten gespendeten Eizelle aufgeklärt worden ist und darin eingewilligt hat,
   c) nach ärztlicher Beurteilung voraussichtlich nicht über das normale Risiko einer Schwangerschaft hinaus gefährdet und gesundheitlich schwer beeinträchtigt wird,
   d) der Eingriff durch einen Arzt in einem Krankenhaus vorgenommen wird und
   e) wenn die Behandlung aufgrund einer medizinischen Indikation bei der Eizellempfängerin die einzige Möglichkeit des Paares ist Nachfahren zu zeugen und
   f) bei Behandlungsbeginn das 40. Lebensjahr noch nicht vollendet hat.

(3) Die Eizellen dürfen im Rahmen des reproduktionsmedizinischen Verfahrens 5 Jahre zum Zweck der Fortsetzung des Verfahrens oder zur Verwendung in einem zweiten Verfahren des Paares zur Fortpflanzung aufbewahrt werden.

J. Zusammenfassung

Die Eizellspende ist insbesondere als Behandlungsmöglichkeit ungewollter Kinderlosigkeit in der Reproduktionsmedizin bedeutsam. Ihre Zulassung wird immer wieder von den Betroffenen gefordert. Beredtes Beispiel für die Aktualität der Debatte ist die kontinuierliche Berichterstattung in den öffentlichen Medien über ungewollte Kinderlosigkeit[728]. Im Artikel „Was tun bei ungewollter Kinderlosigkeit?" vom 08.04.2013 aus der ZEIT wird die Zahl ungewollt kinderloser Paare aktuell mit 6 Millionen Menschen beziffert. Diese Ausgangslage und die dringliche Aufforderung der Großen Kammer des Europäischen Gerichtshofes für Menschenrechte in ihrer Entscheidung S.H./Österreich vom 3.11.2011 an die Konventionsstaaten ihre rechtlichen Rahmenbedingungen in Bezug auf die Eizellspende dem Stand der Forschung anzupassen, sollten Anlass genug für den deutschen Gesetzgeber sein, das Embryonenschutzgesetz zu überarbeiten.

Die Eizellspende ist Behandlungsmethode bei medizinischen Indikationen wie fehlende Ovarien, Gonadendysgenesie, Chromosomenbesonderheiten, Turner-Syndrom, prämaturer Menopause oder chirurgisch entfernten Eierstöcken. Das komplexe Behandlungsverfahren ist für die Empfängerin und insbesondere für die Spenderin der Eizelle mit einigen Risiken verbunden. Hormonhemmer für die Empfängerin und tägliche Hormoninjektionen für die Spenderin gefährden die Gesundheit der Beteiligten zum Teil erheblich. Letztlich weist die Methode allerdings keine maßgeblichen Unterschiede zu dem Verfahren der in vitro Fertilisation auf. Lediglich der Umstand, dass bei der Eizellspende die Spenderin selbst keinen Nutzen aus der Behandlung zieht, macht den Gegensatz zur IVF Behandlung aus. Dort wird die in vitro befruchtete Eizelle der behandelten Frau wieder eingesetzt. Das Verfahren selbst ist ebenso aufwendig und die behandelte Frau durchläuft ebenso eine Hormontherapie (S. 10). Vor diesem Hintergrund ist die Eizellspende in einer überwiegenden Anzahl von EU-Ländern eine anerkannte und erfolgreiche Behandlungsmethode[729]. Zu den mit der Methode in Zusammenhang stehenden Risiken existieren bereits medizinische Langzeitstudien, die eine Gefährdung der

728 Siehe beispielsweise zuletzt in Zeit online: Was tun bei ungewollter Kinderlosigkeit? Von Stefanie Schuetten, 8.4.2013, 10.41 Uhr; Schicksal ungewollt kinderlos, Von Karsten Polke-Majewski, 8.4.2013, 10.41 Uhr.

729 Dazu auf S. 2 dieser Arbeit.

am Verfahren Beteiligten über das normale Maß einer reproduktionsmedizinischen Maßnahme hinaus ausschließen[730].

Darüber hinaus ist die Eizellspende auch in der regenerativen Medizin von Bedeutung. Durch Zellkerntransfer (SCNT) werden hier embryonale Stammzellen gewonnen, die nach Differenzierung in vitro zu einem bestimmten Gewebetyp transplantiert werden sollen. Eine Abstoßungsreaktion würde wegen des zelleigenen Gewebes bei diesem Verfahren minimiert. Das Verfahren ist jedoch noch mit erheblichen praktischen Schwierigkeiten verbunden, und die Bildung von Ersatzgewebe für geschädigtes oder untergegangenes Gewebe gelingt bislang nur in wenigen Teilbereichen der Medizin. Außerdem wird eine sehr große Anzahl von Eizellen zur Herstellung von Ersatzgewebe benötigt[731]. Die Herstellung von Ersatzgewebe mittels Entkernung und Neubestückung von Eizellen befindet sich insofern noch in der Entwicklung.

In rechtlicher Hinsicht besteht bezüglich der Gesetzgebung im Bereich der Eizellspende in Reproduktionsmedizin und Regenerativmedizin in den Staaten der Europäischen Menschenrechtskonvention und der Europäischen Union ein Rückzug auf lokale traditionelle Ordnungen. Im Gegensatz zu Rechtsgebieten, wie dem zivilrechtlichen Vertragsrecht, findet hier keine „Globalisierung des Rechts“ statt. Aus Internationalen Regelungswerken und Europarechtlichen Vorschriften folgen dennoch einige Vorgaben hinsichtlich der Eizellspende im Bereich assistierter Reproduktion und Forschung.

So schützt die Europäische Menschenrechtskonvention in Art. 8 EMRK unter anderem das Recht eines Jeden auf Achtung des Privat- und Familienlebens. Darunter fällt nach Rechtsprechung des Europäischen Gerichtshofes für Menschenrechte auch die Entscheidung zu Mutter- oder Vaterschaft (*Evans/UK*), sowie die Entscheidung reproduktionsmedizinische Maßnahmen in Anspruch zu nehmen *(Dickson/UK)*. In seiner aktuellsten Entscheidung *(S.H./Österreich)* zur Eizellspende in der Reproduktionsmedizin urteilte der Gerichtshof, dass auch die Fortpflanzungsfreiheit in den Anwendungsbereich des Rechts auf Privatleben fällt und das gesetzliche Verbot der Eizellspende in die Freiheitsrechte aus Art. 8 EMRK eingreift[732]. Die anzuwendenden Maßstäbe im Rahmen der Rechtfertigung dieses Eingriffs wurden im Folgenden durch die Kammer und die Große Kammer des EGMR unterschiedlich beurteilt. Die Kammer des EGMR

730 S. 21 der Arbeit.

731 Dazu auf S.19 der Arbeit.

732 Ausführlich zum Urteil der Kammer und der Großen Kammer auf S. 27 f. und 32 f. der Arbeit.

hatte sich in Bezug auf das Verbot der Eizellspende im benannten Fall im Sinne der Beschwerdeführer für eine nicht gerechtfertigte Verletzung der Rechte aus Art. 8 i.V.m. Art. 14 EMRK entschieden. Eine Verletzung dieser Rechte lag nach Ansicht der Kammer des EGMR vor, da Paare im heterologen System im Gegensatz zu Paaren im homologen System keine Reproduktionsmedizin in Anspruch nehmen durften und die nachvollziehbaren Gründe für diese Ungleichbehandlung fehlten. Nach Ansicht der Kammer des EGMR müsse ein Staat, der sich für die Zulassung von reproduktionsmedizinischen Maßnahmen entscheide, worin er grundsätzlich frei sei, inhaltlich konsequent die unterschiedlichen Interessen berücksichtigen und in angemessenen Ausgleich bringen. Habe sich ein Staat zur Regelung der Reproduktionsmedizin entschieden, dürften insbesondere moralische und ethische Gesichtspunkte keine Rolle mehr spielen. Diese seien nur bei der Frage, ob reproduktionsmedizinische Maßnahmen grundsätzlich rechtlich geregelt werden sollen, einzubeziehen. Die Große Kammer des Gerichtshofes für Menschenrechte hielt den Eingriff im benannten Fall allerdings für gerechtfertigt. Sie stellt diesbezüglich im Wesentlichen auf den weiten Ermessensspielraum der Mitgliedstaaten hinsichtlich des Ausgleichs der beteiligten Interessen im sich dynamisch entwickelnden Bereich der Reproduktionsmedizin ab[733]. Die Große Kammer wies letztlich aber rechtlich unverbindlich darauf hin, dass eine überwiegende Anzahl der Konventionsstaaten die Eizellspende mittlerweile erlaubt, und die Gesetze der übrigen Staaten insofern zu überdenken und dem aktuellen Stand der Technik anzupassen seien.

Zur Eizellspende in der Forschung bzw. zur Forschungsfreiheit generell existieren keine rechtlichen Vorgaben der EMRK. Das Recht der Meinungsfreiheit aus Art. 10 EMRK gilt grundsätzlich nur für den kommunikativen Prozess der Forschung. Der Europäische Gerichtshof für Menschenrechte scheint sich der Forschungsfreiheit zwar über das Recht auf Teilhabe an Forschungstechniken gemäß Art. 12 Abs. 1 und Art. 15 Abs. 1b und 2 des Internationalen Pakts wirtschaftlicher, sozialer und kultureller Rechte von 1966 zu nähern, eine definitive Entscheidung dazu fehlt allerdings bislang[734]. Auch zum Status des Embryos schweigt die EMRK und der EGMR, da diesbezüglich kein Konsens in den Konventionsstaaten vorliegt. Im Fall *Vo/Frankreich* erörtert der EGMR lediglich, dass der Embryo vor dem Hintergrund des Gedankens der Menschenwürde durch das Recht der Konventionsstaaten zu schützen sei. Die genaue Ausgestaltung überlässt er diesen[735].

733 Siehe S. 32 f. dieser Arbeit.

734 Siehe S. 39 dieser Arbeit.

735 Dazu auf S. 40 der Arbeit.

Weiteres Instrument des Europarates ist die Menschenrechtskonvention zur Biomedizin (BMK), die sich ebenfalls zu Teilaspekten der Eizellspende äußert. Sie enthält in Art. 14 BMK die Vorgabe, dass im Fall einer schweren geschlechtsgebundenen Krankheit das reproduktionsmedizinische Verfahren nicht dazu genutzt werden darf, das Geschlecht des Kindes zu beeinflussen. In Art. 21 BMK wird festgelegt, dass die Veräußerung von menschlichen Körperteilen zur Gewinnerzielung zu untersagen ist[736].

Zur regenerativen Medizin regelt die BMK die wissenschaftliche Forschungsfreiheit auf dem Gebiet der Medizin und Biologie (Art. 15 BMK). Deren Grenzen erörtert Art. 16 BMK. Die Forschung an Embryonen wird in Art. 18 Abs. 1 BMK nicht generell ausgeschlossen. Der nationale Gesetzgeber muss in diesem Zusammenhang aber ausreichenden Schutz des Embryos gewährleisten. Die Erzeugung menschlicher Embryonen zu Forschungszwecken ist jedenfalls untersagt (Art. 18 Abs. 2 BMK) und Art. 1 des Zusatzprotokolls vom 12.01.1998 der BMK verbietet die Herstellung genetisch identischen Lebens[737].

Auch europarechtliche Bestimmungen enthalten verschiedene Hinweise auf die Reproduktions- und Regenerativmedizin generell, aber keine konkreten Normen zur Eizellspende. So schützt beispielsweise Art 9 der Grundrechtecharta (GRCh) das Recht auf Familiengründung und den Zugang zu Techniken der medizinisch unterstützten Fortpflanzung. Der Entschluss, ein Kind haben zu wollen und sich dabei reproduktionsmedizinischer Maßnahmen zu bedienen, fällt darunter[738]. Weiterhin regelt Art. 13 GRCh das Recht auf Forschungsfreiheit. Hierzu zählt die Stammzellforschung und sonstige biomedizinische Forschungsaktivitäten. Eingeschränkt wird diese Freiheit durch Art. 3 Abs. 2 GRCh und Art. 52 Abs.1 GRCh. Dabei benennt Art. 3 Abs. 2 GRCh ausdrücklich das Verbot des reproduktiven Klonens. Die Ausgestaltung von Regelungen zum therapeutischen Klonen bleibt dem nationalen Gesetzgeber überlassen. Zum Status des Embryos enthält auch die Charta der Grundrechte keine Vorgaben[739].

Im deutschen Recht existieren verschiedene verfassungsrechtliche Vorgaben für die Eizellspende in der Reproduktions- und Regenerativmedizin.

Für ein ungewollt kinderloses Paar ist insbesondere die Fortpflanzungsfreiheit anzuführen. Sie ist, als unbedingte Voraussetzung für die Existenz einer Familie,

736 Siehe S. 42 der Arbeit.
737 Dazu auf S. 53 dieser Arbeit.
738 Siehe Ausführungen S. 45.
739 Dazu auf S. 43.

wie diese über Art. 6 Abs. 1 GG geschützt[740]. Dies gilt auch für den Fall, dass fremdes Genmaterial verwendet wird wie bei einer Eizellspende. Die körperliche und psycho-soziale Bindung zwischen den Personen, die nur das Recht auf Familie berücksichtigt, entsteht unabhängig von der Herkunft der Eizelle. Vor diesem Hintergrund entschied sich auch der Gesetzgeber in §1591 BGB für die Einordnung der Mutterschaft über die Geburt[741]. Durch das Verbot der Eizellspende kommt es zu einem Eingriff in das Fortpflanzungsrecht der Eizellempfängerin. Diese ist nicht über kollidierendes Verfassungsrecht gerechtfertigt. Die Aspekte des Kindeswohls können den Eingriff nicht rechtfertigen. Zum einen ist die Verletzung des Kindeswohls durch den fehlenden genetischen Link zur Mutter wissenschaftlich nicht belegt. Vielmehr beweisen mittlerweile medizinische Langzeitstudien, dass Kinder aus IVF und Eizellspenden keine Entwicklungsstörungen aufgrund der artifiziellen Zeugung erleiden und etwaige Identitätsfindungsstörungen vielmehr auf den familiären Umgang mit der artifiziellen Zeugung innerhalb der Familie beruhen[742]. Zum anderen kann das Kindeswohl als potentielles Schutzgut argumentativ erst herangezogen werden, wenn das Rechtssubjekt als solches bereits existiert. Ansonsten wirken Grundrechte vor, was unzulässig ist. Begrifflich erfordert die Vorwirkung der Rechte eines Grundrechtsträgers zumindest die Existenz ein Rechtssubjekts, dessen Rechte in einem hypothetischen, gesetzlich zu regelnden Fall, mit bedacht werden[743]. Im Weiteren ist das Kindeswohl kein valides Abwägungskriterium gegenüber der Nichtexistenz des Kindes. Sonstigen Gründen, die für das Verbot der Eizellspende herangezogen werden, wie die gesundheitlichen Risiken, die Kommerzialisierungsgefahr und Ausbeutung der Frau, kann durch eine, die beteiligten Interessen abwägende gesetzliche Vorschrift, hinreichend begegnet werden[744].

Auf Seite der Spenderin der Eizelle ist das allgemeine Persönlichkeitsrecht und das Recht auf Eigentum betroffen. Im Rahmen des allgemeinen Persönlichkeitsrechts obliegt es der Frau selbst, über ihren Körper und die aus diesem herausgelösten Körperteile und Gewebe zu entscheiden[745]. An den herausgelösten Körpersubstanzen besteht darüber hinaus das Recht auf Eigentum. Das Verbot der Eizellspende verletzt die Eigentumsfreiheit der Eizellspenderin gemäß

740 Siehe S. 47.
741 Siehe S. 57.
742 Siehe dazu S. 14 der Arbeit.
743 Dazu Ausführungen auf S. 62.
744 Siehe S. 62 f.
745 Siehe S. 72.

Art. 14 Abs. 1 GG. Das Gesetz stellt einen Eingriff in die Eigentumsfreiheit dar, der nicht gerechtfertigt ist. Der Gefahr der Kommerzialisierung oder der Ausbeutung der Frau kann anders begegnet werden, als durch das absolute Verbot der Weitergabe der weiblichen Keimzelle. Auch moralische Aspekte, wie die Verhinderung der gespaltenen Mutterschaft, ändern an diesem Ergebnis nichts. Dieser Aspekt war im Zusammenhang mit der Eigentumsfreiheit als Eingriffsrechtfertigung in Erwägung zu ziehen, da hier, anders als bei Art. 6 GG nicht nur kollidierendes Verfassungsrecht zu einer Rechtfertigung eines Eingriffs führen kann. Eine moralische Vorstellung allein stellt jedoch keinen legitimen Zweck eines Gesetzes dar. Trotz Einschätzungsspielraums des Gesetzgebers bei der Schaffung von Normen, hat sich dieser an den Vorgaben der Verfassung zu orientieren. Dies gilt insbesondere für Strafnormen als ultima ratio. Der Gesetzgeber kann insofern nicht jedes beliebige Gut als schützenswertes Rechtsgut definieren. Ansonsten würde die klare Grenze zwischen Recht und Ethik verschwimmen[746]. Insofern muss immer eine rechtliche und nicht nur moralische Notwendigkeit zur Schaffung der Norm bestehen. Wurden keine empirischen Untersuchungen der gesetzlich zu regelnden Materie vorgenommen und fehlt eine verallgemeinerungsfähige, widerspruchsfreie und hinreichend differenzierte Vorüberlegung zur gesetzlichen Norm, ist dies Indiz für ein willkürliches Handeln des Gesetzgebers. Das Gesetz selbst ist dann „Trojanisches Pferd“ zur Normierung eines ethischen Prinzips, einer bereits zuvor gefassten moralischen Wertung der Materie[747]. Die Grundrechte auf Selbstbestimmung und Eigentumsfreiheit für die Spenderin bestehen nebeneinander, da durch Art. 14 GG keine Berücksichtigung der persönlichkeitsrechtlichen Aspekte stattfindet.

Über diese Verletzung der Freiheitsrechte der Eizellspendenempfängerin und der Eizellspenderin hinaus, liegt im Verbot der Eizellspende gegenüber der erlaubten Samenspende auch eine Ungleichbehandlung, die nicht gerechtfertigt ist. In beiden Fällen geht es um die Spende einer der Fortpflanzung dienenden Körperzelle. Dies ist im Fall der Samenspende erlaubt und im Fall der Eizellspende nicht. Insofern wird Gleiches ungleich behandelt. Als Rechtfertigung für eine unterschiedliche Behandlung kommen nur zwingende objektiv biologisch-funktionale Unterschiede in Betracht[748]. Im Schrifttum wird unter diesem Kriterium insbesondere die unterschiedliche Anzahl entstehender Elternteile bei Samen- und Eizellspende erwogen. Dies ist jedoch kein zulässiges Vergleichskriterium, da

746 Siehe Ausführungen S. 73.

747 Siehe S. 77.

748 Siehe S. 80.

ausschließlich objektiv biologisch-funktionale Unterschiede eine Rolle spielen dürfen. In Betracht kommen daher nur: 1. Aufgabe der einzelnen Zelle und 2. die Bedeutung der Spende für den jeweiligen Organismus, für die einzelne Person und für die Gesellschaft. Die Aufgabe der Eizellspende für die Gesellschaft, ist die Gesellschaft an sich zu erhalten. Diese modifiziert sich im Falle der Eizellspende zwar insofern, als dass es zur Entstehung der gespaltenen Mutterschaft käme. Entstehen bei der Weitergabe von Sperma lediglich genetischer und sozialer Vater, so kann es im Fall der heterologen Eizellspende zur genetischen, biologischen und sozialen Mutterschaft kommen. Dieser Umstand ändert jedoch letztlich nichts an der Aufgabe der Spende des Genmaterials in der Gesellschaft, nämlich deren Erhalt. Unter Erhalt der Gesellschaft kann nämlich gerade nicht verstanden werden, dass die Gesellschaft in der aktuell existierenden Form weiter besteht, in der sie sich gerade befindet. Änderungen in der Struktur und Zusammensetzung der Gesellschaft sind unvermeidbar und in einer pluralistischen Gesellschaft auch wünschenswert. Die Dreifachspaltung kann somit insgesamt nicht als derart negativ bewertet werden, als dass die Eizellspende als solche in der Gesellschaft nicht mehr dem Erhalt dieser diente.

Insofern bestehen keine biologisch-funktionalen Unterschiede zwischen der Eizellspende und der Samenzellspende, die eine unterschiedliche Behandlung ausnahmsweise rechtfertigen würden[749].

Die deutsche Verfassung stellt auch spezifische Anforderungen an die Eizellspende in der Forschung. In erster Linie ist in diesem Zusammenhang die Forschungsfreiheit zu erörtern. Der Eingriff in die Forschungsfreiheit gemäß Art. 5 Abs. 3 GG durch das Verbot des therapeutischen Klonens ist jedoch gerechtfertigt. Nach Entkernung und Neubekernung einer Eizelle zum Zweck des therapeutischen Klonens entsteht vor der Reprogrammierung und Aktivierung ein Mensch. Die verfassungsrechtlich garantierten Rechte des Menschenwürdeschutz gemäß Art. 1 GG und der Lebensschutz gemäß Art. 2 Abs. 2 GG sind zu beachten. Eine Forschung an Embryonen verbietet sich infolgedessen.

Die dänische Rechtslage zur Eizellspende in der reproduktiven und regenerativen Medizin ist seit ihrer ersten Ausgestaltung 1997 bis ins Jahr 2012 in sehr wesentlichen Bereichen insgesamt sieben Mal umgestaltet worden. Besonders hervorzuheben sind dabei die veränderten Familienkonstellationen, in denen nunmehr eine Eizellspende zu Reproduktionszwecken erfolgen darf. Waren es zunächst nur verheiratete Paare und solche in eheähnlichen Beziehungen, die eine Eizellspende empfangen durften, sind es mittlerweile auch alleinstehende Frauen.

---

749 S. 82 der Arbeit.

Im Jahr 2006 führte Dänemark die Prüfung der sog. Elterntauglichkeit ein. Die Norm diesbezüglich wurde in den Jahren 2010 und 2012 überarbeitet. Letztlich hat sich auch die Einstellung zur anfangs erforderlichen Donoranonymität geändert. Eine Überarbeitung erfolgt in der letzten Gesetzesänderung 2012. Auch im Bereich der Forschung haben sich weitreichende Modifikationen im Verlauf der Zeit ergeben[750].

Aus diesen gesetzlichen Regelungen und Anordnungen folgen Rechtsansprüche für den Bürger, der diese bei verwaltungsrechtlichen Prüfungsinstanzen einklagen kann. Ein Paar hat demzufolge einen Anspruch auf eine Eizellspendenbehandlung an einem öffentlichen Krankenhaus, wenn eine medizinische Indikation besteht, keine gemeinsamen Kinder existieren, der Samen vom Partner stammt, Elterntauglichkeit vorliegt und kein Verwandtschaftsverhältnis zum Spender besteht[751].

Forschung ist nur an überzähligen embryonalen Stammzellen möglich und nur, wenn sie einem gesetzlich festgelegten Sinn und Zweck dienen.

Die dänische gesetzliche Regelung zur Eizellspende in der Reproduktionsmedizin und der Forschung entspricht den internationalen Rechtsvorschriften der EMRK und der Bioethikkonvention. Sie ermöglicht die Eizellspende bei Paaren mit einer medizinischen Indikation zur Eizellspende am regionalen Krankenhaus, wenn die Frau nicht älter als 45 Jahre ist, über die Behandlungs- und Schwangerschaftsrisiken aufgeklärt wurde und die Elterntauglichkeit gesichert ist. Die Versicherung trägt die Kosten der medizinischen Behandlung, wenn das Paar noch kein eigenes bzw. gemeinsames Kind hat. Ein Eingriff in die Fortpflanzungsfreiheit gemäß Art. 8 EMRK liegt lediglich in der Regelung der Elterntauglichkeit des §6a Gesetz Nr. 923. Hiernach dürfen nur Eltern, die „tauglich" sind eine Eizellspende in Anspruch nehmen. Tauglichkeit im Sinne des Gesetzes liegt vor, wenn keine Missbrauchsvorwürfe gegen das Paar oder einen Teil vorliegen und sichergestellt ist, dass das Kind nicht sofort nach der Geburt in ein Heim muss. Dieser Eingriff ist gemäß Art. 8 Abs. 2 EMRK gerechtfertigt. Im Fall des Verbots der Eizellspende zieht der Gerichtshof als Rechtfertigung den Schutz der Gesundheit, Moral und der Rechte und Freiheiten anderer heran. Der Gesetzgeber hat im Rahmen der Interessenabwägung nach ständiger Rechtsprechung des Gerichtshofes einen Prognosespielraum. Dieser variiert je nachdem, ob in den Mitgliedstaaten ein Konsens zu der zu regelnden Sachlage besteht, wie stark in den Kernbereich des gewährten Konventionsrechts eingegriffen wird, und ob Fragen ethischer und moralischer Bedeutung geregelt werden. In Bezug auf den Faktor „Kernbereich" ergibt sich für

750 S. 105 der Arbeit.

751 Siehe S. 114 der Arbeit.

das Verbot der Eizellspende bei der Elternuntauglichkeit ein sehr starker Eingriff in die Rechte des Bürgers. In diesem Fall ist die Fortpflanzungsfreiheit nämlich ausgeschlossen. Insofern kommt es zu einer Verkleinerung des Beurteilungsspielraums der Staaten. Da es sich im weiteren aber um ethische und moralische Fragen dreht, zu denen kein Konsens besteht, findet insofern wiederum eine Erweiterung des Beurteilungsspielraums statt. Nimmt man diese Faktoren zusammen, ist der Beurteilungsspielraum ca. um ein Drittel verkleinert. Vor diesem Hintergrund ist zugunsten Dänemarks von einem Agieren innerhalb des ihnen zustehenden Ermessensspielraumes auszugehen. Dänemark stellt zumindest die widerstreitenden Interessen des Bürgers an der Fortpflanzungsfreiheit denen des Staates gegenüber, dass Kinder bei ihren Eltern und nicht in staatlicher Obhut aufwachsen. Dabei erlaubt der dänische Gesetzgeber die Eizellspende grundsätzlich und räumt damit den Interessen des Bürgers den Vorzug ein. Der Ausnahmefall der Elterntauglichkeit fällt in den Beurteilungsspielraum Dänemarks, da diesbezüglich kein Konsens in den Konventionsstaaten besteht und eine moralische/ethische Frage betroffen ist. Eine darüber hinausgehende Verkleinerung des Beurteilungsspielraums kann im vorliegenden Fall auch nicht über einen mittlerweile überwiegenden Konsens hinsichtlich der Zulassung der Eizellspende argumentiert werden. Dieser hätte im Fall S.H./Österreich beispielsweise zu einer zusätzlichen Verkleinerung des Beurteilungsspielraumes führen können bzw. sollen. Bei der dänischen Regelung geht es aber nicht um die Zulässigkeit der Eizellspende generell, sondern um deren Verbot in einzelnen Ausnahmefällen. Außerdem handelt es sich bei der Feststellung der Elternuntauglichkeit nicht um eine endgültige und unumstößliche Feststellung. Das Paar oder die alleinstehende Frau kann in einem festgelegten zeitlichen Abstand eine erneute Überprüfung veranlassen. Außerdem sind die wesentlichen Merkmale der demokratischen Gesellschaft wie Pluralismus, Toleranz und eine offene Geisteshaltung zu beachten, die im vorliegenden Fall auch für eine weite Auslegung des Ermessens sprechen. Das Kriterium der Elterntauglichkeit liegt damit innerhalb des Aktionsspielraumes Dänemarks und ist als Eingriff in das Recht auf Fortpflanzungsfreiheit gerechtfertigt[752].

Darüber hinausgehende verfassungsrechtliche Normen Dänemarks existieren nicht. Diese enthält nur einzelne Grundrechte, die weder die Reproduktionsmedizin noch die Regenerativmedizin abdecken. Dazu hat Dänemark die EMRK inkorporiert und bezieht sich insofern ausschließlich auf internationale Bestimmungen[753].

---

752 Siehe S. 131 f.

753 Dazu auf S. 123 f.

Den inhaltlichen Vergleich der Regelungen erschwert der Umstand, dass der umfangreichen und detaillierten Regelungssystematik Dänemarks ein Totalverbot und damit nur eine einzige Regelung Deutschlands gegenüber steht. Die Rechtsstruktur der beiden Regelungen unterscheidet sich insofern sehr stark. Letztlich ergibt der Vergleich, dass das dänische Recht sich an den internationalen Bestimmungen zum Thema Eizellspende in Forschung und Reproduktionsmedizin orientiert, und alle am Verfahren beteiligten Rechte in angemessenen Ausgleich zu bringen sucht. Deutschland hingegen verbietet die Eizellspende umfassend aufgrund des Kindeswohls und berücksichtigt die verfassungsrechtlichen Freiheiten der übrigen Beteiligten nicht. Diese Unterschiede basieren auf der unterschiedlichen Rechtskultur der Staaten[754]. Dabei ist deutlicher Vorteil der dänischen Regelungen die schnelle Rechtsentwicklung, die zu einer hohen Normakzeptanz in der Bevölkerung führt, da alle Rechte der Beteiligten regelmäßig Thema im öffentlichen Diskurs sind und laufend Änderungen diskutiert und umgesetzt werden[755].

Die Gegenüberstellung der Normen ergibt insofern einen Vorteil der dänischen Regelung hinsichtlich der Berücksichtigung der beteiligten Interessen, ihrer Entwicklungsfreudigkeit und ihrer Einbeziehung geänderter Lebensverhältnisse. Insofern geht es also bei der Schaffung einer zukünftigen Regelung der Eizellspende insbesondere um die Vollziehung des „Wandels von der anwendungsorientierten Interpretationswissenschaft zur rechtsetzungsorientierten Handlungs- und Entscheidungswissenschaft“[756]. Entsprechend der Aufforderung des EGMR, muss insofern die existierende Rechtslage den Bedürfnissen der Betroffenen und dem medizinischen Stand der Wissenschaft angepasst werden. Unter Berücksichtigung der diskutierten Kriterien wie dem Alter der Eizellspenderin bzw. der Empfängerin und der medizinischen Indikation[757], ist die Eizellspende in der Reproduktionsmedizin letztlich den verfassungsrechtlichen Vorgaben entsprechend zu gestatten[758].

754 Siehe S. 136.
755 Dazu auf S. 140.
756 Dazu auf S. 142.
757 Siehe S. 145 f.
758 Siehe S. 149 f.

K. Glossar

I. Intrauterine Insemination - IUI

Die IUI ist eine Behandlungsmethode männlicher Infertilität. Sind die Anzahl und die Beweglichkeit der Samenzellen herabgesetzt, wird nach dieser Methode über einen Katheter der Samen zum Zeitpunkt des Eisprungs oder kurz davor direkt in die Gebärmutter eingebracht und muss dann selbst den Weg in den Eileiter zur Eizelle finden[759].

II. Gamete Intra Follopian Transfer - GIFT

Diese Behandlungsmethode betrifft Männer und Frauen und behandelt Fälle mit ungeklärter Ursache für die ungewollte Kinderlosigkeit[760]. Hierbei werden die Eierstöcke durch Hormongabe überstimuliert, damit mehrere Eifollikel zur Verfügung stehen. Unter Vollnarkose wird eine Laparoskopie (Bauchspiegelung) durchgeführt. Dabei werden die Follikel mit dem Laparoskop abgesaugt. Der Samen des Mannes und maximal drei Eizellen, die zuvor unter dem Mikroskop ausgesucht wurden, werden im Anschluss mittels Transferkatheter direkt am äußeren Ende des Eileiters deponiert[761].

III. In Vitro Fertilisation und Embryonentransfer - IVF und ET

Mit der In-Vitro-Fertilisation und dem anschließendem Embryonentransfer wird dem irreparablen Eileiterverschluss, der Endometriose, der eingeschränkten Samenqualität, der Sterilität durch Bildung von Antikörpern und der ungeklärten Sterilität begegnet[762] und ist somit eine Kombination von Behandlungsmethoden für Frauen und Männer. Nach einer hormonellen Stimulation der Eierstöcke

759 Ritzinger/Weissenbacher in: Später Kinderwunsch-Chancen und Risiken, S. 125.
760 Schmedders/Wlotzka, Ungewollte Kinderlosigkeit und Reproduktionsmedizin, S. 126.
761 Ritzinger/Weissenbacher in: Später Kinderwunsch-Chancen und Risiken, S. 125.
762 Ritzinger/Weissenbacher in: Später Kinderwunsch-Chancen und Risiken, S. 126.

werden die reifen Eifollikel unter Ultraschallkontrolle durch eine spezielle Hohlnadel durch die Scheide abgesaugt. Daraufhin werden die Eizellen mit den Samenzellen in einer Glasschale in einer speziellen Nährflüssigkeit zusammengebracht. Bei 37°C wird das Zellgemisch ca. 24 Stunden lang in einem Wärmeschrank aufbewahrt. Im Fall der erfolgreichen Befruchtung werden maximal 3 befruchtete Eizellen in die Gebärmutter übertragen.

IV. Intrazytoplasmatische Spermieninjektion - ICSI

Die ICSI dient der Behandlung extremer Fertilitätsstörungen des Mannes, zum Beispiel bei der Azoospermie, wenn also entweder kaum Spermien vorhanden, sie unbeweglich oder fehlgebildet und daher von selbst nicht in der Lage sind, in eine Eizelle einzudringen[763]. Bei der intrazytoplasmatischen Spermieninjektion reicht schon ein einziges Spermium aus, um eine Eizelle zu befruchten. Wie bei der IVF werden nach hormoneller Stimulation der Frau per Punktion mehrere reife Eizellen entnommen, in die dann unter dem Mikroskop die vorher ausgewählte einzelne Samenzelle mittels Pipette injiziert wird[764]. Soweit kein Spermium im Ejakulat vorhanden ist, besteht die Möglichkeit, Spermien direkt aus dem Hoden oder Nebenhoden zu gewinnen. Der weitere Verlauf der Behandlung entspricht dem der IVF[765].

V. Hilfsmittel reproduktionsmedizinischer Maßnahmen

Um medizinische Eingriffe zu minimieren, werden entnommene Eizellen konserviert. Nach einer hormonellen Stimulation lassen sich ungefähr 3–10 Eizellen gewinnen. Wenn die Spermien in mehr als drei Eizellen eingedrungen sind, aber noch keine Verschmelzung stattgefunden hat, können diese Eizellen im Vorkernstadium tiefgefroren werden[766]. Solange die Erbinformationen von Ei- und Samenzelle noch nicht verschmolzen sind, gilt die Eizelle mit dem Samen noch

---

763 Schmedders/Wlotzka, ungewollte Kinderlosigkeit und Reproduktionsmedizin, S. 127.
764 Ludwig/Diedrich, Die Hebamme 2003, 16 S. 6, 8.
765 Ritzinger und Prof. Dr. Weissenbacher in: Später Kinderwunsch-Chancen und Risiken, S. 127.
766 Zum Verfahren: Mayrhofer, Reproduktionsmedizinrecht, S. 24.

nicht als Embryo. Falls die Frau bei dem ersten Versuch nicht schwanger geworden ist, können für weitere IVF Behandlungen die Eizellen wieder aufgetaut werden. Gesetzlich ist die Erzeugung von Embryonen in der Retorte nur zum Zweck der Fortpflanzung erlaubt. Überzählige Vorkernstadien müssen daher nach dem Eintritt der Schwangerschaft vernichtet werden.

Weiteres Hilfsmittel der Reproduktionsmedizin ist das Ovarian Tissue Banking[767]. Bei diesem Verfahren, wird einer Frau Eierstockgewebe mit den angelegten Primordialfollikeln operativ entnommen und anschließend krykonserviert. Primordialfollikel sind die früheste Entwicklungsstufe der Follikel. Es ist möglich, dieses Gewebe über Jahre tiefzufrieren und nach dem Auftauen entweder die Primordialfollikel aus dem Gewebe zu extrahieren und in vitro reifen zu lassen oder das Gewerbe wieder in den Körper der Frau zu transplantieren.

767 Mayrhofer, Reproduktionsmedizinrecht, S. 25.

Literaturverzeichnis

Abdalla H., Burton, G., Kirkland, A., Johnson, M., Leonard, T., Brooks, A., Studd, W., Pregnancy: Age, pregnancy and miscarriage: uterine versus ovarian factors, Human Reproduction 1993 Vol. 8, S. 1512–1517, zitiert als: Abdalla et al., Human Reproduction 1993 Vol. 8.

Abramov Y., Elchalal U., Schenker J.G., Severe OHSS, An epidemic of severe OHSS: a price we have to pay?, Human Reproduction, 1999, Vol. 14 Issue 9, S. 2181–2883, zitiert als: Abramov et al., Human Reproduction, 1999, Vol. 14 Issue 9.

Achen, T., Den bioetiske udfordring. Et retspolitisk studie af forholdet mellem etik, politik og ret i det lovforberedende arbejde vedrørende bio- og genteknologi in Danmark, Norge og Sverige, Linkæping, 1997.

Achterberg, N. Die Reine Rechtslehre in der Staatstheorie der Bundesrepublik Deutschland, in: Der Einfluss der Reinen Rechtslehre auf die Rechtstheorie in verschiedenen Ländern, Wien, 1978.

Ahuja K., Simons, E.G., Fiamanya, W., Dalton, M., Armar, N.A., Kirkpatrick, P., Sharp, S.J., Arian-Schad, M., Seaton, A., Watters, A.J., Egg-sharing in assisted conception: ethical and practical considerations, Human Reproduction 1996 Vol.11, Issue 5, S. 1126–1131, zitiert als: Ahuja et al., Human Reproduction 1996 Vol.11, Issue 5.

Ahuja, K.K., Simons, E.G., Cancer of the colon in an egg donor: policy repercussions for donor recruitment, Human Reproduction Vol. 13 1998, S. 227–231, zitiert als: Ahuja/Simons, Human Reproduction Vol. 13 1998.

Alexy, R., Begriff und Geltung des Rechts, 4. Auflage, Freiburg, München, 2005.

Apostolischer Stuhl, Verlautbarungen Nr. 74 vom 10.03.1987, Hrsg.: Sekretariat der Deutschen Bischofskonferenz.

Anschütz, G., Die Verfassung des Deutschen Reichs vom 11. August 1919, Ein Kommentar für Wissenschaft und Praxis, 14. Auflage, Berlin, 1933.

Appel, I., Verfassung und Strafe, Berlin, 1998.

Badura, P., Staatsrecht, 3. Auflage, München, 2010.

Bals-Partsch, M., Ortmann, O., Felderbaum, R., Weibliche Sterilität durch Erkrankungen der Hypophyse, der Schilddrüse und der Nebenniere, in: Diedrich, K., Endokrinologie und Reproduktionsmedizin, Band 3, 4. Auflage, München, Wien, Baltimore, 1998, S. 226–237.

Bals-Pratsch, M., Dittrich, R., Frommel, M., Wandel in der Implementation des Deutschen Embryonenschutzgesetzes, Journal für Reproduktionsmedizin und Endokrinologie 2010, 7(2) S. 87–95, zitiert als: Bals-Partsch/Dittrich/Frommel, Journal für Reproduktionsmedizin und Endokrinologie 2010, 7 (2).

Beck, S., Die Bedeutung der Wortbedeutung, in: Dabrock, P., Ried, J., Therapeutisches Klonen als Herausforderung für die Statusbestimmung des menschlichen Embryo, Paderborn 2005, S. 209–234.

Beck-Gernsheim, E., Vom Kinderwunsch zum Wunschkind, in: Brähler, E., Vom Stammbaum zur Stammzelle-Reproduktionsmedizin, Pränataldiagnostik und menschlicher Rohstoff, Gießen, 2002, S. 11–28.

Beier, H., Totipotenz und Pluripotenz, in: Vossenkuhl, W., Stammzellenforschung und therapeutisches Klonen, Göttingen, 2002, S. 36–54.

Beitz, U., Zur Reformbedürftigkeit des Embryonenschutzgesetzes, Frankfurt am Main, 2009.

Benda, E., In-vitro-Fertilisation, Genomanalyse und Gentherapie, Bericht der Arbeitsgruppe des Bundesministers für Forschung und Technologie und des Bundesministers der Justiz, in: Gentechnologie, Chancen und Risiken Band 6, München, 1985.

Berger, M., Embryonenschutz und Klonen beim Menschen – Neuartige Therapiekonzepte zwischen Ethik und Recht, Frankfurt am Main, 2007.

Bernat, E., Anmerkungen zum Urteil des österreichischen Verfassungsgerichtshofs in: MedR 2000, Heft 8 S. 389–396, zitiert als: Bernat, MedR 2000, Heft 8.

–: Anmerkungen zum Urteil EGMR 3.11.2011, 57813/00, Zeitschrift für Familien- und Erbrecht 2012/7, S. 24–28, zitiert als: Bernat, EEF-Z, 2012/7.

Bikas, D., Ahner, R., Lang, U., Husslein, P., Physiologie des mütterlichen Organismus, in: Schneider, H., Husslein, P., Schneider, K.T.M., Die Geburtshilfe, 3. Auflage, Heidelberg, 2006, S. 169–182.

Bjarup, J., Skandinavischer Realismus, Hägerström/Lundstedt/Olivecrona/Ross, Freiburg, München.

Böckenförde, E., Menschenwürde als normatives Prinzip, die Grundrechte in der bio-ethischen Debatte, JZ 2003, S. 809–815, zitiert als: Böckenförde, JZ 2003.

Böse, M., Grundrechte und Strafrecht als „Zwangsrecht“, in: Hefendehl, R., Hirsch, v.A., Wohlers, W., Die Rechtsgutstheorie - Legitimationsbasis des Strafrechts oder dogmatisches Glasperlenspiel?, Baden-Baden, 2003, S. 89ff.

Bohn, R., Dänische Geschichte, München, 2001.

Briggs, R., King, T.J., 1952: Transplantation of living nuclei from blastula cells into enucleated frog´s eggs, in: Proceedings of the National Academy of sciences USA, 1952 Vol. 38, S. 455–463.

Breitenbach, M., Laun, P., Einige biologische Grundlagen der modernen Reproduktionsmedizin und der Stammzell- bzw. Gentherapie, in: Fischer, M., Zänker, K.S., Medizin und Bioethik, Frankfurt am Main, 2006, S. 29–50.

Breuer, C., Person von Anfang an? Der Mensch aus der Retorte und die Frage nach dem Beginn des menschlichen Lebens, 2. Auflage, Paderborn, Wien, München, Zürich, 2003.

Bundesministerium für Gesundheit, Fortpflanzungsmedizin in Deutschland, Thesen des wissenschaftliche Symposiums des Bundesgesundheitsministeriums aus dem Jahr 2000 in Zusammenarbeit mit dem Robert-Koch-Institut in Berlin, Berlin, 2000.

Catenhusen, W.-M., Stammzellpolitik in Deutschland, in: Joerden, J.C., Moos, T., Wewester, C., Stammzellforschung in Europa, Frankfurt am Main, 2009, S. 55–73.

Coester-Waltjen, D., Befruchtungs- und Gentechnologie beim Menschen-rechtliche Probleme von morgen? FamRZ 1984, S. 230–236 und in: Gentechnologie, Chancen und Risiken, München, 1985, zitiert als: Coester-Waltjen, FamRZ 1984.

–, Gutachten B zum 56. Deutschen Juristentages „Künstliche Befruchtung-Zulässigkeit und zivilrechtliche Folgen“, Berlin, 1986.

–, Europäischer Gerichtshof für Menschenrechte, Anmerkungen zum Urteil v. 01.04.2010 (S.H./Österreich), FamRZ 2010 S. 957, 958, zitiert als: Coester-Waltjen, FamRZ 2010.

Cornides, J, Das Verbot der Eizellspende als „Diskriminierung“, ZfL 2010, S. 106–117, zitiert als: Cornides, ZfL 2010.

Cremer, W., Grundrechtsverpflichtete und Grundrechtsdimensionen nach der Charta der Grundrechte der Europäischen Union, EuGRZ 2011, Heft 19–21, S. 545–554, zitiert als: Cremer, EuGRZ 2011.

Der Spiegel 2005, Die Babygrenze, in: Spiegel 46/2005 S. 108–118.

Depenbusch, M./Schultze-Mosgau, A., Eizell- und Embryonenspende, Reproduktionsmedizin 2013, S. 287–295.

Deutsch, E., Der Diskussionsentwurf eines Gesetzes zum Schutz von Embryonen, in: ZRP 1986, S 242–243, zitiert als: Deutsch, ZRP 1986.

Deutsch, E./Spickhoff, A., Medizinrecht, 6. Auflage, Berlin, 2003.

Deutsche Gesellschaft für Gynäkologie, Endokrinologie und Fortpflanzungsmedizin, die deutsche Gesellschaft für Reproduktionsmedizin und der Bundesverband Reproduktionsmedizin, Diskussionspapier zu den Vorbereitungen für ein Fortpflanzungsmedizingesetz (FMG), in: Journal für Reproduktionsmedizin, 2001 Heft 5, S. 301–305, zitiert als: Deutsche Gesellschaft für Gynäkologie, Endokrinologie und Fortpflanzungsmedizin, die deutsche Gesellschaft für

Reproduktionsmedizin und der Bundesverband Reproduktionsmedizin, Journal für Reproduktionsmedizin, 2001.

Deutscher Richterbund, Menschenwürde oberster Maßstab. Thesen des Deutschen Richterbundes zur Fortpflanzungsmedizin und zur Humangenetik – Beschluss der Vertreterversammlung, in: DRiZ 1986, S. 229–230, zitiert als: Deutscher Richterbund, DRiZ 1986.

Diedrich, K., Askan Schultze-Mosgau, Wolfgang Holzgreve, Walter Jonat, Klaus-Theo Schneider und Jürgen Weiss, Gynäkologie und Geburtshilfe, Berlin Heidelberg, 2007.

Djerassi, C., Sex in an age of technological reproduction: ICSI and Taboos, Wisconsin, 2008.

Dreier, H., Stufungen des vorgeburtlichen Lebensschutzes, ZRP 9/2002, S. 377–383, zitiert als: Dreier, ZRP 9/2002.

Dübeck, I., Einführung in das dänische Recht, Baden-Baden, 1996.

Duttge, G., Die Präimplantationsdiagnostik zwischen Skylla und Charybdis, GA 2002, S. 241–258, zitiert als: Duttge, GA 2002.

Eckmann, H., Rechtspositivismus und sprachanalytische Philosophie, Der Begriff des Rechts in der Rechtstheorie H.L.A. Harts, Berlin, 1969.

Emmenegger, S., Gesetzgebungskunst - gute Gesetzgebung als Gegenstand einer legislativen Methodenbewegung in der Rechtswissenschaft um 1900 - zur Geschichte der Gesetzgebungslehre, Tübingen, 2006.

Englert, Y., Rodesch, C., Van den Bergh, M., Bertrand, E., Infertility: Oocyte shortage for donation may be overcome in a program with anonymous permutation of related donors, Human reproduction 1996, Vol. 11, No. 11, S. 2353–2357, zitiert als: Englert/Rodesch/Bergh/Bertrand, Human reproduction 1996, Vol.11, No. 11.

Epping, V., Grundrechte, 5. Auflage, Heidelberg, 2012.

Ernst, S., Mitschuld am Embryonenverbrauch? Das moraltheologische Prinzip der Mitwirkung und die Bewertung der Stichtagsregelung, in: Hilpert, K., Forschung contra Lebensschutz? Der Streit um die Stammzellforschung, Freiburg, 2009, S. 297–319.

Eser, A., Frühwald, W., Honnefelder, L., Markel, H., Reiter, J., Tanner, W., Winnacker, E.-L., Klonierung beim Menschen - biologische Grundlagen und ethisch-rechtliche Bewertung, Stellungnahme für den Rat für Forschung, Technologie und Innovation, Bundesministerium für Bildung, Wissenschaft, Forschung und Technologie, Bonn, 1997.

Evangelische Kirche, Von der Würde des werdenden Lebens-Extrakorporale Befruchtung, Fremdschwangerschaft und genetische Beratung, Tagung Gentechnologie, Genmanipulation und Reproduktionstechnik, Mühlheim, 1985.

Fassbender, K., Der Schutz des Embryos und die Humangenetik: zur Verfassungsmäßigkeit des neuen Stammzellgesetzes und des Embryonenschutzgesetzes im Lichte des einschlägigen Arztrechts, MedR 21/2003, S. 279–286, zitiert als: Fassbender, MedR 21/2003.

Fechner, E., Menschenwürde und generative Forschung und Technik, JZ 1986, S. 653, zitiert als: Fechner, JZ 1986.

Fischer, F., Rheinischer Kommentar zur Europäischen Menschenrechtskonvention, Berlin, 2010.

Forkel, H., Verfügungen über Teile des menschlichen Körpers, JZ 1974, S. 593–599, zitiert als: Forkel, JZ 1974.

Franz, W.-M,/David, R., Embryonale Stammzellen-Chancen für die Therapie und ethische Herausforderung, in: Praktische Ethik in der Medizin, Lübeck, 2003.

Frändberg, Å., Die skandinavische Reaktion auf Hans Kelsens Reine Rechtslehre, Einfluss und Kritik, in: Der Einfluss der Reinen Rechtslehre auf die Rechtstheorie in verschiedenen Ländern, Wien, 1978, S. 69–97.

French, A., Adams, C., A., Anderson, L., S., Kitchen, J., R., Hughes, M., R., Wood, S., H., Development of Human Cloned Blastocysts Following Somatic Cell Nuclear Transfer with Adult Fibroblasts, in: Stem Cells Feb. 2008, Vol. 26, Issue 2 S. 485–493, zitiert als: French et al., Stem Cells Feb. 2008, Vol. 26, Issue 2.

Frowein J./Peukert W., Europäische Menschenrechtskonvention, EMRK Kommentar., 3. Auflage 2009, Kehl am Rhein.

Frühwald, W., Die Zeit nach “Dolly”, in: Hager, G., Beginn, Personalität und Würde des Menschen, 3. Auflage, Freiburg, München, 2009, S. 537–567.

Fülle, F, Embryonenforschung und Embryonenschutz. Rechtliche Rahmenbedingungen sowie nationale, regionale und internationale Standards der pränatalen Biomedizin, Frankfurt am Main, 2007.

Garrido, N., Zuzuarregui, J.L., Meseguer, M., Simón, C., Remohi, J., Pellicer, A., Sperm and oocyte donor selection and management: experience of a 10 year follow-up of more than 2100 candidates, Human Reproduction Vol. 17 Issue 12, 2002, S. 3142–3148, zitiert als: Garrido et al., Human Reproduction Vol. 17 Issue 12, 2002.

Giwer, E., Rechtsfragen der Präimplantationsdiagnostik: eine Studie zum rechtlichen Schutz des Embryos im Zusammenhang mit der Präimplantationsdiagnostik unter Berücksichtigung der grundrechtlicher Schutzpflichten, Berlin, 2001.

Golombok, S., Murray, C., Brinsden, P., Abdalla, H., Social versus Biological Parenting: Family Functioning and the Socioemotional Development of Children Conceived by Egg or Sperm Donation, in: Journal of Child Psychology and

Psychiatry, Vol. 40, Issue 4, Mai 1999, S. 519–527, zitiert als: Golombok et al., Journal of Child Psychology and Psychiatry, Vol. 40, Issue 4.
Goodwin, A., Determination of Legal Parentage in Egg Donation, Embryo Transplantation, and Gestational Surrogacy Arrangements, Family Law Quarterly, 1992, S. 275ff.
Grünhut, M., Methodische Grundlagen der heutigen Strafrechtswissenschaft, in: Hegler, A., Festgabe für Reinhard von Frank zum 70. Geburtstag, Tübingen, 1930, S. 1–32.
Günther, H.-L., Der Diskussionsentwurf eines Gesetzes, MedR 1986, S. 259–265, zitiert als Günther, MedR 1986.
Günther, H.-L./Taupitz, J./Kaiser, P., Embryonenschutzgesetz, Juristischer Kommentar mit medizinisch-naturwissenschaftlichen Einführungen, Stuttgart, 2008.
Gurdon, J.B., Elasdale, T.R., Fischberg, M., Sexually mature individuals of Xenopus laevis from the transplantation of single somatic nuclei, in: Nature 1958 Vol. 182, S. 64–65.
Gutmann, T., Strafbarkeit des Klonens von Menschen, in: Roxin, C., Schroth, U., Medizinstrafrecht. Im Spannungsfeld von Medizin, Ethik und Strafrecht, 2. Auflage, Stuttgart, 2001.
Grabenwarter, C., Pabel, K., Europäische Menschenrechtskonvention, 5. Auflage, München, 2012.
Häberle, P., Rechtsvergleichung im Kraftfeld des Verfassungsstaates, Berlin, 1992.
Hansen, K., Kultur und Kulturwissenschaft, Tübingen, 2011.
Hart, H.L.A., Akzeptanz als Basis einer positive Rechtsordnung, in: Hoerster, N., Recht und Moral, Stuttgart, 2002.
Hartlev, M., Coercive treatment and human dignity, in: Sinding Aasen, H., Halvorsen, R., Barbosa da Silva, A., Human Rights, Dignity and Autonomy in Health Care and Social Services: Nordic Perspectives, Antwerpen, Oxford, Portland, 2009, S. 129–144.
Hassemer, W., Theorie und Soziologie des Verbrechens. Ansätze zu einer praxisorientierten Rechtsgutslehre, Frankfurt am Main, 1973.
Hattenhauer, H., Europäische Rechtsgeschichte, 4. Auflage, Heidelberg, 2004.
Hatzinger, K., Die Stammzelldebatte in Europa, in: Joerden, J.C., Wewetzer, C., Moos, T., Stammzellforschung in Europa: Religiöse, ethische und rechtliche Probleme, Frankfurt am Main, 2009.
Hauskeller, C., Sprache und Diskursstruktur-Ethische Implikationen und gesellschaftliche Kontexte des Forschungsfeldes humane Stammzellen, in: Stammzellenforschung und therapeutisches Klonen, Göttingen, 2002, S. 103–118.

Heckötter, U., Die Bedeutung der Europäischen Menschenrechtskonvention und der Rechtsprechung des EGMR für die deutschen Gerichte, 2007, Köln.

Hepp, H., Reproduktionsmedizin im Spannungsfeld von Wissenschaft und Recht, in: Bender, H.G., Dall, P., 54. Kongress der deutschen Gesellschaft für Gynäkologie und Geburtshilfe, Düsseldorf, 10.-14. September 2002, S. 298–308.

Heinemann, T., Klein, C., Klonierung menschlicher Stammzellen - medizinisch-naturwissenschaftliche Konzepte und Ergebnisse der Forschung, in: Rager, G., Beginn, Personalität und Würde des Menschen, 3. Auflage, Freiburg, München, 2009, S. 219–318.

Heinz, W., Der gesetzliche Embryonenschutz in Deutschland nach gegenwärtigem und zukünftigen Recht, in: Lorenz, D., Rechtliche und ethische Fragen der Reproduktionsmedizin, Internationales Symposium im Rahmen der Kooperation zwischen dem Fachbereich Rechtswissenschaft der Universität Konstanz und der Universidad Santo Tomas, Bogota, Baden-Baden, 2003, S. 190–225.

Henninger, T., Europäisches Privatrecht und Methode, Entwurf einer rechtsvergleichend gewonnenen juristischen Methodenlehre, Tübingen, 2009.

Heun, W., Embryonenforschung und Verfassung - Lebensrecht und Menschenwürde des Embryos, JZ 2002, S. 517–568.

Hieb, A., Die gespaltene Mutterschaft im Spiegel des deutschen Verfassungsrechts - Die verfassungsrechtliche Zulässigkeit reproduktionsmedizinischer Verfahren zur Überwindung weiblicher Unfruchtbarkeit. Ein Beitrag zum Recht auf Fortpflanzung, Berlin, 2005.

Hilgendorf E./Beck S., Biomedizinische Forschung in Europa, Berlin Heidelberg, 2010.

Hirschmüller, A.-K., Internationales Verbot des Humanklonens, Frankfurt am Main, 2009.

Hochedlinger K., Jaenisch R., Nuclear transplatation, embryonic stem cells and the potential for cell therapy, New England Journal of medicine, 17. Jul 2003, S. 275–286, zitiert als: Hochedlinger/Jaenisch, New England Journal of medicine, 17. Jul 2003.

Hochuli, E., Geburtshilfe, Gynäkologie und Grenzgebiete, 3. Auflage, Bern, 1996.

Hömig, D., Grundgesetz Kommentar, 9. Auflage, Baden-Baden, 2010.

Hörnle, T., Grob anstößiges Verhalten - Strafrechtlicher Schutz von Moral, Gefühlen und Tabus, Frankfurt am Main, 2004.

Hoerster, N., Kompromisslösungen zum Menschenrecht des Embryo auf Leben? JuS 6/2003, S. 529–532, zitiert als: Hoerster, JuS 6/2003.

Hofmann, H., Biotechnik, Gentherapie, Genmanipulation-Wissenschaft im rechtsfreien Raum? JZ 1986 S. 253–260, zitiert als: Hofmann, JZ 1986.

Hoffmann, J.M., Die Europäische Menschenrechtskonvention und nationales Recht, Ein Vergleich der Wirkungsweise in den Rechtsordnungen des Vereinigten Königreichs und der Bundesrepublik Deutschland, Köln, 2010.

Hollerbach, A., Rechtsethik, in: Robbers, G., Ausgewählte Schriften, Berlin, Heidelberg, 2006, S. 601.

Innenministerium Dänemark, Fremskridtets pris: rapport, Indenrigsministeriet, 1984.

Ipsen, N. C., Private Normenordnungen als Transnationales Recht?, Berlin 2008.

Ipsen, J., Der "verfassungsrechtliche Status" des Embryo in vitro, JZ 2001, S. 989–996, zitiert als: Ipsen, JZ 2001.

Jaenisch, R., Human Cloning - the science and ethics of nuclear transplantation, New England Journal of Medicine 30 Dec. 2004, S. 2787–2791, zitiert als: Jaenisch, New England Journal of Medicine 30 Dec. 2004.

Janis, M.W., Kay, R.S., Bradley, A.W., European Human Rights Law, 3. Auflage, Oxford, 2008.

Jarass H.D., Charta der Grundrechte der Europäischen Union, Kommentar, München, 2010.

Jarass, H.D., Pieroth, B., Grundgesetz Kommentar, 12. Auflage, München, 2012.

Jauernig, O., Bürgerliches Gesetzbuch, Kommentar, 14. Auflage, München, 2011.

Jeschek, H.-H./Weigend, T., Strafrecht Allgemeiner Teil, 5. Auflage, Berlin, 1996.

Joerden, J.C., Stammzellgesetzgebung und Doppelmoral, in: Joerden, J.C., Wewetzer, C., Moos, T., Stammzellforschung in Europa: Religiöse, ethische und rechtliche Probleme, Frankfurt am Main, 2009, S. 208.

Joerden, J.C., Noch einmal: Wer macht Kompromisse beim Lebensschutz? Eine Antwort auf Hörster, JuS 2003 S. 1051–1054, zitiert als: Joerden, JuS 2003.

Jungfleisch, F., Fortpflanzungsmedizin als Gegenstand des Strafrechts?, Eine Untersuchung verschiedenartiger Regelungsansätze aus rechtsvergleichender und rechtspolitischer Perspektive, Berlin, Heidelberg, 2005.

Kandler, H.-C., Rechtliche Rahmenbedingungen biomedizinischer Forschung am Menschen: Das Zusatzprotokoll zum Übereinkommen über Menschenrechte und Biomedizin über biomedizinische Forschung, MedR 2008 S. 17, zitiert als: Kandler, MedR 2008.

Karpen, U., Gesetzgebungslehre - neu evaluiert, 2. Auflage, Baden-Baden, 2008.

Karpenstein, U., Mayer, F., Europäische Menschenrechtskonvention, Handkommentar, München, 2012.

Kaufmann, A., Rechtsphilosophie, 2. Auflage, München, 1997.

Kaufmann, M., Costa, S.D., Scharl, A., Die Gynäkologie, Berlin, 2003.

Keller, R., Günther H.-L., Kaiser, P., Kommentar Embryonenschutzgesetz, 1. Auflage, Stuttgart, 1992.

Kelsen, H., Auseinandersetzungen zur Reinen Rechtslehre, Wien, New York, 1987.

Kemp, P., Lebech, M., Rendtorff, J., Den bioetiske vending, København, 1997.

Kettner, M., Neue Formen gespaltener Elternschaft, in: Aus Politik und Zeitgeschichte, B27/2001, S. 34–43.

Koch, H.-G., Erzeugung und Verwendung „therapeutischer Klone" aus rechtlicher Sicht. Nationale Rechtslage-rechtsvergleichende Kontraste-rechtspolitische Optionen, in: Dabrock, P., Ried, J., Therapeutisches Klonen als Herausforderung für die Statusbestimmung des menschlichen Embryo, Paderborn, 2005.

–, Embryonenschutz ohne Grenzen?, in: Arnold, J., Menschengerechtes Strafrecht, Festschrift für Albin Eser zum 70. Geburtstag, München, 2005, S. 1091–1118.

Kranz, S., Biomedizinrecht in der EU-Kompetenzen des europäischen Gesetzgebers im Spannungsfeld nationaler Regelungsdivergenzen, Ethisierung des Rechts und Kommerzialisierung des Menschen, Tübingen, 2008.

Kunz, K.-L., Mona M., Rechtsphilosophie, Rechtstheorie, Rechtssoziologie, Bern, 2006.

Lang, P., Quellen zur dänischen Rechts- und Verfassungsgeschichte (12.–20. Jhdt.), Frankfurt am Main, 2008.

Lanz-Zumstein, M., Die Rechtsstellung des unbefruchteten und befruchten Keimguts: ein Beitrag zu zivilrechtlichen Fragen im Bereich der Reproduktions- und Gentechnologie, München, 1990.

–, „Befruchtungs- und Gentechnologie bei Menschen - rechtliche Probleme von morgen?, in: Lanz-Zumstein, M., Gentechnologie, Chancen und Risiken, Bd. 9, München, 1986.

Laufs, A., Die künstliche Befruchtung beim Menschen- Zulässigkeit und zivilrechtliche Folgen, JZ 1986, S. 769–777, zitiert als: Laufs, JZ 1986.

Laufs, A., in:, Laufs, A./Katzenmeier C./Lipp, V., Arztrecht, 6. Auflage, München, 2009.

Leeton J., Harman, J., Attitudes toward egg donation of thirty-four infertile women who donated during their in vitro fertilization treatment, Journal of In Vitro Fertilisation and Embryo Transfer, Vol. 3, No. 6 1986, S. 374–378.

Lehmann, M., Die In-Vitro Fertilisation und ihre Folgen-Eine verfassungsrechtliche Analyse, Bonn, 2007.

Limbeck, A., Embryonenschutzgesetz und Forschung am menschlichen Stammzellen, Bad Münstereifel, 2006.

Losch, B. Kulturfaktor Recht, Köln, 2008.

Ludwig, M., Haben Kinder nach einer künstlichen Befruchtung ein erhöhtes Gesundheitsrisiko?, Die Hebamme 1/2003, zitiert als: Ludwig, Die Hebamme 1/2003.

Lüttger, H., Der Tod und das Strafrecht, JZ 1972, S. 309, zitiert als: Lüttger, JZ 1972.

Maier, B., Ethik in der Gynäkologie und Geburtshilfe - Entscheidungen anhand klinischer Fallbeispiele, Berlin, Heidelberg, New York, 2000.

Madsen, H. B., Sundhedsret, 2. Udgave, København, 2010.

Mangoldt, H.v., Klein, F., Starck, C., Kommentar zum Grundgesetz, 6. Auflage, München, 2010.

Marx, M., Zur Definition des Begriffs Rechtsgut - Prolegomena einer materialen Verbrechenslehre, Köln, 1972.

Maunz, T., Dürig, G., Grundgesetz Kommentar, Loseblatt: 63. Ergänzungslieferung, Lfg. 44, München, 2011.

Mayrhofer, M., Reproduktionsmedizinrecht, Graz, 2003.

McCreath, K., Howcroft, J., Campbell, K., Coleman, A., Schneike, A., Kind, A., Production of gene-targeted sheep by nuclear transfer from cultured somatic cells, Nature 405, 2000, S. 1066–1069, zitiert als: McCreath et al., Nature 405, 2000.

Merkel, R., Forschungsobjekt Embryo, Verfassungsrechtliche und ethische Grundlagen der Forschung an menschlichen embryonalen Stammzellen, München, 2002.

Meyer, J., Charta der Grundrechte der Europäischen Union, 3. Auflage, Baden-Baden, 2011.

Mitalipov, S., M. Tachibana, P. Amato, M. SSparman, N.M. Gutierrez, R. Tipper-Hedges, H. Ma, E. Kang, A. Fulati, H.S. Lee, H. Sritanaudomohai, K. Marterson, J. Larson, D. Eaton, K. Sadler-Fredd, D. Battaglia, D. Lee, D. Wu, J. Jensen, P. Patton, S. Gokhale, R.L. Stouffer, D. Wolf, Human Embryonic Stem Cells Derived by Somatic Cell Nuclear Transfer, Cell, Volume 153, Issue 6, Mai 2013, S. 1228–1238.

Müller-Terpitz, R., Der Embryo ist Rechtsperson, nicht Sache, ZfL 2006, S. 34–42, zitiert als: Müller-Terpitz, ZfL 2006.

Münchner Kommentar, Zivilrechtskommentar, 5. Auflage, München, 2006 (§90)/2009 (§823).

Münch, von I., Kunig, P., Grundgesetzkommentar, Bd. 1, 5. Auflage, München, 2000.

Murray C., MacCallum, F., Golombok, S., Egg donation parents and their children: follow-up at age 12 years, in: Fertility and Sterility Vol. 85 Issue 3, March 2006,

S. 610–618, zitiert als: Murray et al., Fertility and Sterility Vol. 85 Issue 3, March 2006.

Nationaler Ethikrat, Stellungnahme - Klonen zu Fortpflanzungszwecken und Klonen zu biomedizinischen Forschungszwecken, Berlin, 2004.

Neidert, R., Das überschätzte Embryonenschutzgesetz-was es verbietet und nicht verbietet, ZRP 35/2002, S. 467–471, zitiert als: Neidert, ZRP 35/2002.

Neidert, R., Ist eine Änderung des Embryonenschutzgesetzes notwendig?, in: Protokoll Arbeitskreis Ärzte und Juristen, Würzburg, 2003, S. 13ff.

Neumann, J., Das Kreuz mit den Argumenten. Schwangerschaftsabbruch, Reproduktionsmedizin, Stammzellforschung und die Frage nach dem moralischen Status des Embryo, in: Joerden, J.C., Wewetzer, C., Moos, T., Stammzellforschung in Europa: Religiöse, ethische und rechtliche Probleme, Frankfurt am Main, 2009, S. 211–241.

Nieschlag, E./Wagenfeld, A./v. Schönfeldt, V./Schlatt, S., Keimzellspende: Möglichkeiten und Entwicklungen, in: Bundesministerium für Gesundheit, Fortpflanzungsmedizin in Deutschland - Wissenschaftliches Symposium des Bundesministeriums für Gesundheit in Zusammenarbeit mit dem Robert Koch Institut vom 24. Bis 26. Mai 2000 in Berlin, Baden-Baden, 2001, S. 109–122.

Norsigian, J., Egg Donation for IVF and Stem Cell Research: Time to Weigh the Risks to Women´s Health, In: Population and Development Programm at Hampshire College, Examining Reproductive Technologies, No. 33 2005, S. 22–25, zitiert als: Norsigian, Population and Development Programm at Hampshire College, Examining Reproductive Technologies, No. 33 2005.

Novaes, S.B., The medical management of donor insemination, in: Haimes, E., Daniels, K., Donor Insemination-International social science perspectives, Cambridge, 1998.

Nowak, C., Der Status der Forschung in der EU Grundrechtscharta und der Europäischen Menschenrechtskonvention, in: Hilgendorf/Beck, Biomedizinische Forschung in Europa, Baden-Baden, 2010.

Papier, Hans-Jürgen, Ehe und Familie in der neuen Rechtsprechung des BVerfG, NJW 2002, S. 2129–2133, zitiert als: Papier, NJW 2002.

Passuello, V., Seufert, R., Fischl, F., Vom Kinderwunsch zur Geburt-mögliche Risiken und Probleme in: Journal für Gynäkologische Endokrinologie, 2009 3 (3)S. 12–16, zitiert als: Passuello/Seifert/Fischl, Journal für Gynäkologische Endokrinologie, 2009.

Paul, A-K., Möglichkeiten und Grenzen der Forschung an embryonalen Stammzellen und des therapeutischen Klonens, Hamburg, 2004.

Pecks U., Maass N., Neulen J., Eizellspende – ein Risikofaktor für Schwangerschaftshochdruck Metaanalyse und Fallserie, Deutsches Ärzteblatt, Jan 2011, S. 23–31.

Pearson, H., Health effects of egg donation may take decades to emerge, Nature, Aug. 2006 Vol. 442 (7103), S. 607–608, zitiert als: Pearson, Nature, Aug. 2006 Vol. 442 (7103).

Peters, A./Altwicker, T., Europäische Menschenrechtskonvention, Mit rechtsvergleichenden Bezügen zum deutschen Grundgesetz, 2. Auflage, München, 2012.

Pieroth, B., Schlink, B., Grundrechte-Staatsrecht II, 26. Auflage, Berlin, Münster, 2010.

Pöschl, M., Anmerkungen zur Entscheidung EGMR 3.11.2011, 57813/00, Recht der Medizin 2012/53 S. 70–75, zitiert als: Pöschl, RdM 2012.

Quaas M., Zuck, R., Medizinrecht, 2. Auflage, München, 2008.

Raiser, T., Grundlagen der Rechtssoziologie, Stuttgart, 2009.

Radbruch, G., Gesetzliches Unrecht und übergesetzliches Recht, in: Recht und Moral, Stuttgart, 2002, S. 46–49.

Rager, G., Präimplantationsdiagnostik und der Status des Embryo, ZME 46/2000 S. 81–89, zitiert als: Rager, ZME 46/2000.

Rauprich, O., Berns, E., Vollmann, J., Die Finanzierung der Reproduktionsmedizin, in Gynäkologische Endokrinologie, 2011 Vol. 9, S. 60–68.

Reinke, Mathias, Fortpflanzungsfreiheit und das Verbot der Fremdeizellspende, Berlin, 2008.

Rendtorff, J.D., Kemp, P., Basic ethical principles in European Bioethics and Biolaw, Vol. 1: Autonomy, Dignity, Integrity and Vulnerability, Copenhagen, 2000.

Raiser, T., Grundlagen der Rechtssoziologie, Tübingen 2007.

Rideout, W., M., Hochedlinger, K., Kyba, M., Daley G., Q., Jaenisch, R., Correction of a genetic defect by nuclear transplantation and combined cell and gene therapy, in: Cell 2002 Vol. 109, S. 17–27.

Ritzinger, P., Weissenbacher, Prof. Dr. E.R., Später Kinderwunsch-Chancen und Risiken, Vorsorge bei später Schwangerschaft, München, 2003.

Roitzheim, G., Viele Fragen bleiben offen: Anmerkungen zur Biomedizin-Konvention, DriZ 1997, S. 92, zitiert als: Roitzheim, DriZ 1997.

Ross, Alf, On Law and Justice, Berkeley/Los Angeles, 1959.

Roth, C., Eigentum an Körperteilen: Rechtsfragen der Kommerzialisierung des menschlichen Körpers, Berlin, Heidelberg, 2009.

Roxin, C., Strafrecht, Allgemeiner Teil Band 1: Grundlagen. Aufbau der Verbrechenslehre, 4. Auflage, München, 2006.

Rubel, J., Entscheidungsfreiräume in der Rechtsprechung des Europäischen Gerichtshofes für Menschenrechte und des Europäischen Gerichtshofs, Hamburg, 2005.

Rudolphi, H.-J., Systematischer Kommentar zum Strafgesetzbuch, SK-StGB, Loseblatt, 124. Ergänzungslieferung, München, 2010.

Sachs, M., Grundgesetzkommentar, 5. Auflage, München, 2009.

Sass, H.-M., Extrakorporale Fertilisation und Embryonentransfer, in: Flöhl, R. Genforschung, Fluch oder Segen?, München 1985.

Sauer, M., V., Paulson, R.J., Lobo, R.A., Pregnancy after age 50: application of oocyte donation to women after the natural menopause, in: The Lancet, Feb. 1993, Vol 341 S. 321–323, zitiert als: Sauer et al., The Lancet, Feb. 1993.

Schavan, A., Ein ethisches Dilemma, in: Hilpert, K., Forschung contra Lebensschutz? Der Streit um die Stammzellforschung, Freiburg, 2009, S. 242–249.

Schirren, C., Unerfüllter Kinderwunsch - Leitfaden Reproduktionsmedizin für die Praxis, Köln, 2003.

Schlag, M., Verfassungsrechtliche Aspekte der künstlichen Fortpflanzung, insbesondere das Lebensrecht des in vitro gezeugten Embryo, Wien, 1991.

Schmedders, M./Wlotzka, K., Ungewollte Kinderlosigkeit und Reproduktionsmedizin, in: Kolip, P., Weiblichkeit ist keine Krankheit-Die Medikalisierung körperlicher Umbruchphasen im Leben von Frauen, Weinheim, München, 2000, S. 117–142.

Schmidt-Bleibtreu B./Klein, F./Hofmann, H./Hopfauf, A., Grundgesetz Kommentar, 12. Auflage, Berlin, Bonn, 2011.

Schöler, H., Potential von Stammzellen, in: Dabrock, P., Ried, J., Therapeutisches Klonen als Herausforderung für die Statusbestimmung des menschlichen Embryo, Paderborn, 2005, S. 37ff.

Schöler, C., Deutsche Rechtseinheit, Partikulare und nationale Gesetzgebung (1780–1866), Köln, Weimar, Wien, 2004.

Schöler, H.R., Potential von Stammzellen-ist der Mensch regenerierbar?, Naturwissenschaftliche Rundschau 56, 2005, S. 525–539, zitiert als: Schöler, Naturw. Rdsch. 56, 2005.

Schönke, A./Schröder, H., StGB-Kommentar, 28. Auflage, München, 2010.

Schreckenberger, W./Merten, D., Grundfragen der Gesetzgebungslehre, Berlin, 2000.

Schreiber, H.-L., Wohin entwickelt sich die Fortpflanzungsmedizin?, in: Schreiber, H-L., Rosenau, H., Ishizuka, S., Recht und Ethik im Zeitalter der Gentechnik-Deutsche und japanische Beiträge zu Biorecht und Bioehtik, Göttingen, 2004, S. 111–119.

–, Recht als Grenze der Gentechnologie, in: Schünemann, B., Achenbach, H. Bottke, W., Haffke, B., Rudolphi, H.-J., Festschrift für Claus Roxin zum 70. Geburtstag, Berlin, New York, 2001, S. 891–904.

Schroeder, F.-C., Die Rechtsgüter des Embryonenschutzgesetzes, in: Kühne, H.-H., Festschrift für Koichi Miyazawa. Dem Wegbereiter des japanisch-deutschen Strafrechtsdiskurses, Baden-Baden, 1995, S. 533–547.

Schroth, U., Forschung mit embryonalen Stammzellen und Präimplantationsdiagnostik im Lichte des Rechts, in: Oduncu, F.S., Schroth, V., Vossenkuhl, W., Stammzellenforschung und therapeutisches Klonen, Göttingen, 2002, S. 172–182.

Schroth, U., Forschung mit embryonalen Stammzellen und Präimplantationsdiagnostik im Lichte des Rechts, JZ 2002, S. 170–179, zitiert als: Schroth, JZ 2002.

Schulz, S., Das Recht der Reprogenetik-flexibel und transparent?, ZRP 2003 S. 363–366, zitiert als: Schulz, ZRP 2003.

Schultze-Mosgau A., Schill, T., Strik, D. , Germer, U., Gynäkologie und Geburtshilfe, Heidelberg, 2007.

Schuppert, G.H., Governance und Rechtsetzung, Grundfragen einer modernen Regelungswissenschaft, Baden-Baden, 2011.

Schweidler, W., Menschliches Leben und menschliche Würde: Begriffsabgrenzungen, in: Beckmann, R., Löhr, M., Der Status des Embryo, Würzburg, 2003, S. 57–70.

Seelig, A., Ludwig, M., Oocyte Donation, in: Ludwig, M., Pregnancy and birth after assisted reproductive technologies, Berlin, Heidelberg, New York, 2002.

Seibel, M.M., Toward reducing risks and costs of egg donation, Fertility and Sterility Vol. 64 (1) Jul 1995, S. 199–201.

Simerly et al., 2003: Molecular correlates of Primate nuclear transfer failures, in: Science 2003 Vol. 300, S. 297.

Singer, P., Praktische Ethik, 2. Auflage, Stuttgart, 1993.

Sodan, H., Grundgesetz, Beck´scher Kompakt Kommentar, 2. Auflage, München, 2011.

Soergel, H.-T., Bürgerliches Gesetzbuch mit Einführungsgesetz und Nebengesetzen, Kommentar, §§1–240, 16. Auflage, Hamburg, 2011.

Sommer, U., Familie in Deutschland-ein Auslaufmodell?, in: Bender, H.G., Dall, P., 54.Kongress der Deutschen Gesellschaft für Gynäkologie und Geburtshilfe, Düsseldorf, 10.–14. September 2002.

Spickhoff, A., Medizinrecht, Kommentar, 1. Auflage, München, 2011.

Spranger, T.M., Recht und Bioethik: Verweisungszusammenhänge bei der Normierung der Lebenswissenschaften, Tübingen, 2010.

Starck,C., Gutachten B zum 56. Deutschen Juristentages, „Künstliche Befruchtung-Zulässigkeit und zivilrechtliche Folgen“, Berlin, 1986.

–, Forschungsfreiheit und ihre Grenzen, in: Starck, C., Verantwortung der Wissenschaft, Tübingen, 2005, S. 71–93.

Starck, C., Mangoldt, v.H., Klein, F., Kommentar zum Grundgesetz, Band 1, 6. Auflage, München, 2010.

Stauber, M., Psychosoziale Aspekte der ungewollten Kinderlosigkeit, in: Bender, H.G., Diedrich, K., Künzel, W., Endokrinologie und Reproduktionsmedizin, Band 3, 4. Auflage, München, 1998.

Staudinger, von J., Kommentar zum Bürgerlichen Gesetzbuch mit Einführungsgesetz und Nebengesetzen, Buch 1, Allgemeiner Teil, 11. Auflage, Berlin, 1957.

Steinbock, B., Perspective- Egg donation and human embryonic stem cell research, New England Journal of Medicine 01/2006, S. 324–326, zitiert als: Steinbock, New England Journal of Medicine 01/2006.

Stettner, R., Verfassungsbindungen des experimentierenden Gesetzgebers, NVWZ 1989, S. 806–812, Stettner, NVWZ 1989.

Stolleis, M., Geschichte des Öffentlichen Rechts in Deutschland, Vierter Band, Staats- und Verwaltungswissenschaft in West und Ost 1945–1990, München, 2012.

Ströbel-Richter, Y., Brähler, E., Chancen und Verzicht-Grenzen der Fortpflanzungsmedizin bei ungewollter Kinderlosigkeit, Dortmund, 2005.

Strowitzki, T., Der Einfluss von Körpergewicht, Ernährung und Sport auf die Reproduktionsendokrinologie, in: Diedrich, K., Klinik der Frauenheilkunde und Geburtshilfe, Endokrinologie und Reproduktionsmedizin, Band 1, 4. Auflage, München, Jena, 2001, S. 234–245.

Sun, F.Z., Moor, R.M., Nuclear transplantation in mammalian eggs and embryos, in: Current topics in Development Biology, 1995, Vol. 30 S. 147–176.

Sundhedsret, Karnov (*Kommentar*), København, 2006.

Tag, B., Das siebte Forschungsrahmenprogramm und seine Herausforderungen, in: Hilgendorf, E., Beck, S., Biomedizinische Forschung in Europa, Baden-Baden, 2010, S. 61–74.

Taupitz, J., Privatrechtliche Rechtspositionen um die Genomanalyse, Eigentum, Persönlichkeit, Leistung, JZ 1992, S. 1089ff.

Taupitz, J., Der deliktsrechtliche Schutz des menschlichen Körpers und seiner Teile, NJW 1995, S. 745–752, zitiert als: Taupitz, NJW 1995.

Taupitz, J., Der rechtliche Rahmen des Klonens zu therapeutischen Zwecken, NJW 2001, S. 3433–3440, zitiert als: Taupitz, NJW 2001.

Taupitz, J., Menschenwürde von Embryonen-europäisch-patentrechtlich betrachtet. Besprechung zu EuGH „Brüstle/Greenpeace“, GRUR 1/2012 S. 1–5, zitiert als: Taupitz, GRUR 1/2012.

Thomssen, C., Der Onkologe, Vol. 11 Nr. 3, 2005, S. 265–272.

Thorn, P., Gametenspende und Kindeswohl – Entwicklungen in Deutschland und international, Hessisches Ärzteblatt 3/2006, S. 173–175, zitiert als: Thorn, Hessisches Ärzteblatt 3/2006.

Trapp, T., Erdö, F., Bührle, C., Blunk, J., Küstermann, E., Fleischmann, B., Xia, Y., Hoehn, M., Hossmann, K.-A., Stem cells for the treatment of stroke: malignant transformation of homologous transplants, in: Acta Neuropathologica, 2002 Vol. 104, S. 572–572, zitiert als: Trapp et al., Neuropathologica, 2002 Vol. 104.

Trips-Hebert, R., Hybrid-Embryonen, Herausforderung für den Gesetzgeber? ZRP 2009, S. 80–82, zitiert als: Trips-Hebert, ZRP 2009.

Trounson, A., Mohr, L., Human pregnancy following cryopreservation, thawing and transfer of an eight-cell embryo, Nature Vol. 305, 1983, S. 707, zitiert als: Trounson, Nature Vol. 305, 1983.

Urdl, W., Felberbaum, R., Küpker, W., Probleme der Mehrlingsschwangerschaft nach assistierter Reproduktion, Gynäkologische Endokrinologie 2007, Vol. 5 No. 4, S. 212–218, zitiert als Urdl/Felberbaum/Küpker, Gynäkologische Endokrinologie 2007, Vol. 5 No. 4.

Vaskovics, L., Pluralisierung der Elternrolle. Soziale, biologische, genetische und rechtliche Elternschaft, in: Brähler, E., Stöbel-Richter, Y. Hauffe, U., Vom Stammbaum zur Stammzelle. Reproduktionsmedizin, Pränataldiagnostik und menschlicher Rohstoff, Gießen, 2002, S. 29–43.

Verdross, A., Die naturrechtliche Basis der Rechtsgeltung, in: Hoerster, N., Moral und Recht, Stuttgart, 2002, 42–46.

Voss, D., Rechtsfragen der Keimbahntherapie, Hamburg, 2001.

Voß, I., Schutz der Grundrechte in der Medizin und Biologie durch die Charta der Grundrechte, Berlin, 2011.

Wandall, R., Rosendahl, S., Researching Law in Denmark, Copenhagen, 2009, Internet Ressource http://www.nyulawglobal.org/globalex/denmark1.htm Stand: 26.11.2012.

Wanitzek, U., Rechtliche Elternschaft bei medizinisch unterstützter Fortpflanzung, Bielefeld, 2002.

Weghofer, A., Was sagen die Betroffenen zum Schicksal überzähliger Embryonen? Einstellung von IVF Patienten zu Eizellspende und Embryonenadoption in: Geburts- und Frauenheilkunde 2002, 62(6) S. 574–577.

Weilert, K. Heterologe In-Vitro-Fertilisation als europäisches Menschenrecht? MedR 2012 Vol. 30 S. 355–359, zitiert als: Weilert, MedR 2012.
–: Fortpflanzungsautonomie als Anspruch, Zeitschrift für Evangelische Ethik, 2013 S. 48–61, zitiert als: Weilert, ZZfEE 2013 S. 48.
Wendehorst, C., Rechtliche Anforderungen an ein künftiges Fortpflanzungsmedizingesetz, in: Platzer, K., Oduncu, F., Henn, W., Der Zugriff auf den Embryo, Göttingen, 2005 S. 35–51.
Wendtland, C., Die Forschung mit menschlichen Stammzellen als Gegenstand der Rechtsetzung, Frankfurt am Main, 2005.
Wesel, U., Geschichte des Rechts in Europa-Von den Griechen bis zum Vertrag von Lissabon, München, 2010.
Weyrauch, V., Zulässigkeitsfragen und abstammungsrechtliche Folgeprobleme bei künstlicher Fortpflanzung im deutschen und US amerikanischen Recht, Düsseldorf, 2003.
Wiestler, O., Brüstle, O., Forschung an embryonalen Stammzellen, in: Oduncu, F., Schroth, U., Vossenkuhl, W., Stammzellenforschung und therapeutisches Klonen, Göttingen, 2002, S. 68–77.
Willadsen, S.M., Nuclear transplantation in sheep embryos, in: Nature 1986 Vol.320, S. 63–65.
Wilmut, I., Schniecke, A.E., McWhir, J., Kind, A.J., Campbell, K.H., Viable offspring derived from fetal and adult mammalian cells, in: Nature 385 (6619), 1997 S. 810–813 (27.2.1997), zitiert als: Wilmut et al., Nature 385 (6619), 1997.
Witteck, L., Erich, C., Straf- und verfassungsrechtliche Gedanken zum Verbot des Klonens von Menschen, MedR 5/2003 S. 259 S. 258–262, zitiert als: Witteck, MedR 5/2003.
Wollenschläger, M., Das Verbot der heterologen In-vitro-Fertilisation und der Eizellspende auf dem Prüfstand der EMRK, MedR 29/2010, S. 21–28, zitiert als: Wollenschläger, MedR 29/2010.
Wolf, A. Staatliche Steuerung der Biotechnologie am Beispiel des Klonens von Menschen, Berlin, 2005.
Wolf, E., Reprogrammierung durch Zellkerntransfer, in: Oduncu, F., Schroth, U., Vossenkuhl, W., Stammzellenforschung und therapeutisches Klonen, Göttingen, 2002, S. 55–67.
Wurzel, G., Born, G., Embryonenschutzgesetz-Schutz vor Mißbräuchen auf dem Gebiet der modernen Biologie und Medizin am Lebensbeginn, BayVBl. 1991, S. 705, zitiert als: Wurzel/Born, BayVBl. 1991.

Young, L.E., Sinclair, K.D., Wilmut, I., Large offspring syndrome in cattle and sheep, in: Review of Reproduction 1998, Vol. 3, S. 155–163, zitiert als: Young et al., Review of Reproduction 1998, Vol. 3.

Yuehua J., Balkrishna N. Jahagirdar, R. Lee Reinhardt, Robert E. Schwartz, C. Dirk Keene, Xilma R. Ortiz-Gonzalez, Morayma Reyes, Todd Lenvik, Troy Lund, Mark Blackstad, Jingbo Du, Sara Aldrich, Aaron Lisberg, Walter C. Low, David A. Largaespada & Catherine M. Verfaillie, Pluripotency of mesenchymal stem cells derived from adult marrow, in: Nature 2002, Vol. 418, S. 41–49, zitiert als: Yuehua et al., Nature 2002, Vol. 418.

Zahle, Henrik, Danmark Riges Grundlov med Kommentarer, København, 2006.

Zech H., Zech, N., Kontroversen in der Reproduktionsmedizin in Europa, Schweizer Med. Forum Nr. 14, Apr. 2003 S. 338.

Zierl, G., Zivilrechtliche Aspekte artifizieller Reproduktion, DRiZ 1986, S. 302–307, zitiert als: Zierl, DRiZ 1986.

Zimmermann, R., Römisches Recht und europäische Kultur, in: Dreier, H./Hilgendorf, E., Kulturelle Identität als Grund und Grenze des Rechts, Stuttgart, 2008, S. 29–54.

Zumstein, M., Keimzellspende - juristische Thesen, in: Fortpflanzungsmedizin in Deutschland-Wissenschaftliches Symposium des Bundesministeriums für Gesundheit in Zusammenarbeit mit dem Robert Koch Institut in Berlin vom 24.–26. Mai 2000, Baden-Baden, 2001.

Zweifert, K., Kötz, H., Einführung in die Rechtsvergleichung, 3. Auflage, Tübingen, 1996.

Beglaubigte Übersetzung aus der dänischen Sprache

LBK Nr. 923 vom 04/09.2006, gültig
Bekanntgabedatum: 15.09.2006 Ministerium für Gesundheit und Vorsorge
Spätere Änderungen der Vorschrift

GESETZ Nr. 1546 vom 21.12.2010 § 1
GESETZ Nr. 593 vom 14.06.2011 § 47
GESETZ Nr. 602 vom 18.06.2012 § 1

Übersicht (Inhaltsverzeichnis)

Der vollständige Text

Bekanntgabe des Gesetzes, welches die künstliche Befruchtung bei ärztlicher Behandlung, die Diagnostik, Forschung usw. abhandelt

Hiermit wird das Gesetz Nr. 460 vom 10. Juni 1997, welches die künstliche Befruchtung bei ärztlicher Behandlung, die Diagnostik, Forschung usw. abhandelt, inklusive Änderungen durch die Gesetze Nr. 427 vom 10. Juni 2003, § 13, Nr. 69 vom 4. Februar 2004, Nr. 240 vom 5. April 2004 und Nr. 535 vom 8. Juni 2006 bekannt gegeben.

Dieser veröffentlichte Gesetzestext gilt erst vollständig ab dem 1. Januar 2007, laut § 2 des Gesetzes. 535 vom 8. Juni 2006.

Kapitel 1

Anwendungsbereich

§ 1. Dieses Gesetz gilt für die künstliche Befruchtung, die Diagnostik, Forschung usw., welche von einem Arzt oder unter ärztlicher Anleitung vorgenommen wird, mit Ausnahme von § 18, wenn eine Schwangerschaft auf eine andere Art und Weise als durch den Geschlechtsverkehr zwischen Mann und Frau erreicht werden soll.

Abs. 2 Das Gesetz gilt außerdem für die biomedizinische Forschung und für biomedizinische Versuche, in denen Ei- oder Samenzellen von Menschen, befruchtete Eizellen oder Embryos verwendet werden.

Kapitel 1a

Behandlungsangebot in Bezug auf eine künstliche Befruchtung in den regionalen Krankenhäusern

§ 1 a. Die Regionalbehörden dürfen mit Ausnahme von Abs. 2 und § 7, Abs. 3 die Behandlung in Bezug auf eine künstliche Befruchtung nur alleinstehenden kinderlosen Frauen und Paaren, welche keine gemeinsamen Kinder haben, anbieten.

Abs. 2 Alleinstehenden Frauen oder Paaren, welche bereits ein Kind durch künstliche Befruchtung bekommen haben und bei welchen nach der Behandlung noch eingefrorene Eizellen vorhanden sind, kann vom Krankenhaus innerhalb der unter § 15, Abs. 1 erwähnten Frist das Einsetzen der Eizellen angeboten werden, sodass die alleinstehende Frau oder das Paar weitere Kinder bekommen kann.

Kapitel 2

Behandlungsverbot

§ 2. Künstliche Befruchtung darf nicht durchgeführt werden, es sei denn, dies geschieht in Hinblick auf eine Vereinigung einer genetisch unveränderten (nicht modifizierten) Eizelle mit einer genetisch unveränderten (nicht modifizierten) Samenzelle.

§ 3. (Gestrichen)

§ 4. Identische unbefruchtete oder befruchtete Eizellen dürfen nicht zur selben Zeit oder darauf folgend bei einer oder mehreren Frauen zum Zweck der Befruchtung eingesetzt werden.

§ 5. Eine künstliche Befruchtung darf nur vorgenommen werden, wenn die Eizellen von der Frau stammen, die das Kind auch gebären soll, oder wenn das Sperma von ihrem Partner stammt.

§ 6. Künstliche Befruchtung darf nicht angewendet werden, wenn die Frau älter als 45 Jahre ist.

§ 6a. Stellt der für die Behandlung in Bezug auf die künstliche Befruchtung verantwortliche Arzt fest, dass Zweifel bestehen, ob die alleinstehende Frau oder das Paar das Kind nach der Geburt ausreichend versorgen kann, muss die Durchführung einer künstlichen Befruchtung abgelehnt werden.

Abs. 2 Stellt der für die Behandlung in Bezug auf die künstliche Befruchtung verantwortliche Arzt fest, dass begründete Zweifel bestehen, ob die alleinstehende Frau oder das Paar dazu fähig ist, sich ausreichend um das Kind zu kümmern nach der Geburt, muss der Arzt mit der Zustimmung der alleinstehenden Frau oder des Paares einen weiteren Fachmann zurate ziehen, um festzustellen, ob die Eignung als Elternteil(e) vorhanden ist, bevor mit der Behandlung begonnen wird. Wird eine solche Zustimmung nicht erteilt, muss der Arzt die Durchführung der künstlichen Befruchtung verweigern.

Abs. 3 Weist ein Arzt die Durchführung einer künstlichen Befruchtung aufgrund von Umständen, welche unter Abs. 1 und 2 erwähnt werden, ab, kann hiergegen innerhalb von 4 Wochen beim Sozialgericht Berufung eingelegt werden.

Abs. 4 Der Innen- und Gesundheitsminister kann weitere Regeln und Bestimmungen unter den Abs. 1–3 festlegen.

§ 7. Eine genetische Untersuchung von befruchteten Eizellen darf nur dann vorgenommen werden, wenn ein wesentlich erhöhtes Risiko für eine schwere erbliche Krankheit bekannt ist.

Abs. 2 Außerdem kann eine genetische Untersuchung in Verbindung mit einer künstlichen Befruchtung außerhalb des Körpers vorgenommen werden, wenn eine solche Untersuchung zur Bestätigung oder zum Ausschluss einer wesentlichen Chromosomenanomalie dient.

Abs. 3 Die Gesundheitsbehörde kann jedoch nach dem Einholen einer medizinischen Einschätzung in konkreten Fällen die Erlaubnis zur Anwendung von Präimplantationsdiagnostiken im Zuge einer künstlichen Befruchtung erteilen, wenn dies zum Zwecke der Behandlung eines Kindes mit einer lebensbedrohenden Krankheit in dieser Familie geschieht.

Abs. 4 Der Innen- und Gesundheitsminister kann weitere Regeln und Genehmigungen unter laut Abs. 3 festlegen.

§ 8. Die künstliche Befruchtung mit ausgewählten Samen- und Eizellen zum Einsetzen in die Gebärmutter einer Frau in Hinblick darauf, dass das Geschlecht des Kindes bestimmt werden soll, darf nicht vorgenommen werden, es sei denn, dass dies geschieht, um eine ernsthafte geschlechtsspezifische Erbkrankheit beim Kind ausschließen zu können.

§ 9. Die Weiterentwicklung der Eizelle zu einem menschlichen Individuum darf nicht außerhalb der Gebärmutter der Frau stattfinden.

§ 10. Eizellen oder Eierstöcke von weiblichen Abortembryos, tot geborenen Mädchen oder toten Frauen dürfen nicht verwendet werden.

§ 11. Die Transplantation von Eierstöcken in eine Frau, mit dem Zweck, Unfruchtbarkeit (Infertilität) zu behandeln, darf nicht stattfinden.

Kapitel 3

Verkauf, Spende und Aufbewahrung von menschlichen Eizellen

§ 12. Der Verkauf und das Unterstützen des Verkaufs von befruchteten oder unbefruchteten menschlichen Eizellen sind untersagt.

§ 13. Eine künstliche Befruchtung darf nicht durchgeführt werden, wenn eine Absprache zwischen jener Frau besteht, bei der die Schwangerschaft erreicht werden soll, und einer anderen Frau, für die sie dieses Kind gebären soll (Leihmutterschaft).

§ 14. Eine künstliche Befruchtung mit Eizellen, welche von einer anderen Frau gespendet werden, darf nicht stattfinden, wenn die Identität dieser Spenderfrau der Frau oder dem Paar, welche(s) die Eizelle bekommen soll, bekannt ist. Auch darf die Frau oder das Paar, welche die Eizelle bekommen soll, die Identität der Spenderin nicht bestimmen.

§ 15. Befruchtete und unbefruchtete menschliche Eizellen dürfen bis zu 5 Jahre lang aufbewahrt werden, woraufhin sie vernichtet werden müssen.

Abs. 2 Im Falle, dass der Mann oder die Frau stirbt, das Paar sich trennt oder scheiden lässt, müssen die aufbewahrten befruchteten Eizellen vernichtet werden.

Abs. 3 Im Falle, dass die Frau stirbt, müssen die unbefruchteten Eizellen des Partners oder Ehepartners vernichtet werden.

§ 16. Es ist untersagt, befruchtete oder unbefruchtete menschliche Eizellen, welche hier im Land zum Zwecke einer künstlichen Befruchtung oder zum Zwecke der Forschung entnommen worden sind, außer Landes zu bringen.

§ 17. Der Gesundheitsminister legt die Regeln in Bezug auf die Spende, die Verwendung, das Einsetzen und die Aufbewahrung von menschlichen Eizellen fest.

Abs. 2 Die Gesundheitsbehörde wird dazu ermächtigt, die gesundheitsspezifischen Regeln in Bezug auf die Spende, die Verwendung, das Einsetzen und die Aufbewahrung von menschlichen Eizellen festzulegen.

Kapitel 4

Spende, Anwendung und Aufbewahrung von Sperma

§ 18. Die künstliche Befruchtung mit manipulierten, hierunter sortierten, Samenzellen darf nur von einem Arzt oder unter der Aufsicht eines Arztes vorgenommen werden.

§ 19. Im Falle, dass der Mann stirbt, müssen die aufbewahrten Samenzellen des Partners oder Ehepartners vernichtet werden.

§ 20. Der Gesundheitsminister legt die weiteren Regeln in Bezug auf die Spende, die Verwendung und die Aufbewahrung von Spendersperma fest.

Abs. 2 Die Gesundheitsbehörde wird dazu ermächtigt, die gesundheitsspezifischen Regeln in Bezug auf die Spende, die Verwendung und die Aufbewahrung von Sperma, hierunter auch zum Zweck der Vorbeugung von Krankheiten, festzulegen.

Kapitel 5

Behandlungskontrolle

§ 21. Der Einsatz von neuen Behandlungs- und Diagnosemethoden in Verbindung mit einer künstlichen Befruchtung ist nicht gestattet, bevor der Gesundheitsminister diese aufgrund einer ethischen und gesundheitsfachlichen Einschätzung anerkannt hat.

Abs. 2 Der Gesundheitsminister legt die Regeln für das Anmelden und die Anerkennung von neuen Behandlungs- und Diagnosemethoden in Verbindung mit einer künstlichen Befruchtung fest.

§ 22. Die Behandlungsstätten müssen die Behandlungsergebnisse in Bezug auf künstliche Befruchtungen an die Gesundheitsbehörde weiterleiten. Die Gesundheitsbehörde legt die Regeln hierfür fest.

Kapitel 6

Information und Einwilligung

§ 23. Bevor eine künstliche Befruchtung vorgenommen wird, muss eine schriftliche Einwilligung für die Behandlung von der Frau und gegebenenfalls von ihrem Mann oder Partner eingeholt werden. Der behandelnde Arzt muss sich vergewissern, dass diese Einwilligung zu Beginn der Behandlung noch gültig ist.

Abs. 2 Die Einwilligung kann aufgrund von schriftlicher oder mündlicher Information über die Wirkung und Nebenwirkungen der Behandlung, hierunter das Risiko, das mit der Behandlung verbunden ist, gegeben werden. Diese Information muss außerdem eine Information über die Möglichkeit einer Adoption beinhalten.

Abs. 3 In den Fällen, wo Eizellen oder Sperma gespendet werden, muss außerdem eine schriftliche Einwilligung des Mannes oder der Frau, der/die als Spender fungiert, vorliegen.

§ 24. Der behandelnde Arzt muss sicherstellen, dass die Information über zivilrechtliche Folgen durch den Empfang von gespendeten Eizellen oder gespendetem Sperma zum Zweck einer künstlichen Befruchtung an die empfangende Frau oder das empfangende Paar weitergegeben wird.

Kapitel 7

Forschungs- und Versuchsverbot

§ 25. Biomedizinische Versuche an befruchteten menschlichen Eizellen sowie an Eizellen oder Sperma, welche(s) zur Befruchtung verwendet werden/wird, dürfen nur in folgenden Fällen stattfinden:

1. Wenn diese den Zweck haben, die In-vitro-Befruchtung oder ähnliche Techniken zum Zwecke der Erreichung einer Schwangerschaft zu verbessern.

2. Wenn diese den Zweck haben, die Techniken für die genetische Untersuchung von befruchteten Eizellen zum Zwecke einer Feststellung einer schwerwiegenden Erbkrankheit oder einer wesentlichen Chromosomenanomalie (Präimplantationsdiagnostik) zu verbessern.
3. Wenn die Versuche mit befruchteten Eizellen oder Stammzellen hiervon den Zweck haben, neues Wissen zu erlangen, welches die Möglichkeiten zur Behandlung von Krankheiten bei Menschen verbessern soll.

Abs. 2 Das Entnehmen oder Befruchten von Eizellen für andere Zwecke als die, die unter Abs. 1 angeführt werden, ist untersagt.

§ 26. Befruchtete Eizellen dürfen außerhalb der Gebärmutter einer Frau nur 14 Tage lang ab der Befruchtung am Leben erhalten werden. Die Zeit, in der die befruchteten menschlichen Eizellen eingefroren sind, wird hier nicht mitgerechnet.

§ 27. Befruchtete menschliche Eizellen, welche für die biomedizinische Forschung, hierunter für die normale Qualitätssicherung im Zuge einer Einpflanzung der Eizelle verwendet werden, dürfen nur dann in die Gebärmutter der Frau gepflanzt werden, wenn die befruchteten Eizellen genetisch unverändert (nicht modifiziert) sind und die vorangegangene Forschung nach einer fachlichen Einschätzung die Eizellen in ihrer weiteren Entwicklung nicht eingeschränkt oder beschädigt hat.

Abs. 2 Forschungsprojekte laut § 25 müssen vom wissenschaftstechnischen Komiteesystem anerkannt werden, welches vor einer eventuellen Freigabe untersucht, ob die Projekte erlaubten Zwecken dienen.

§ 28. Folgende Versuche dürfen nicht durchgeführt werden:

(1) Versuche, die das Schaffen von erblich identischen menschlichen Individuen zum Zweck haben.
(2) Versuche, welche das Herstellen von menschlichen Individuen durch die Verschmelzung von genetisch verschiedenen Embryos oder Teile von Embryos zum Zweck haben, bevor sich diese in der Gebärmutter einnisten.
(3) Versuche, welche das Herstellen von menschlichen Individuen, welche Hybriden mit einer Erbmasse, die Teile einer anderer Spezies beinhaltet, sind, zum Zweck haben.
(4) Versuche, welche zum Zweck haben, die Entwicklung von menschlichen Individuen in einer artfremden Gebärmutter zu ermöglichen.

Kapitel 8

Strafregeln

§ 29. Alle Übertretungen der §§2–6 und 7–16 werden geahndet, es sei denn, es ist laut einer anderen Gesetzgebung ein höheres Strafausmaß anzuwenden. § 18. Übertretungen laut § 19, §21, Abs. 1, und §§ 22–28 werden mit Geldbußen und Gefängnisstrafen bis zu 4 Monaten geahndet.

Abs. 2 Spender von Eizellen oder Sperma sowie die Frau oder das Paar, welche(s) eine Einwilligung in Bezug auf die künstliche Befruchtung unterschrieben hat, können laut diesem Gesetz nicht zur Verantwortung gezogen werden. Dasselbe gilt für die Frau, die Eizellen überlässt, es sei denn, dass dies laut § 12 unrechtmäßig geschieht.

Abs. 3 In Vorschriften, welche aufgrund dieses Gesetzes erstellt werden, kann ein Strafausmaß für die Übertretung dieser Vorschriften festgelegt werden.

Abs. 4 Laut den Bestimmungen dieses Gesetzes, Kapitel 5, können Gesellschaften usw. (juristische Personen) zur Verantwortung gezogen werden.

Kapitel 9

Inkrafttreten usw.

§ 30. Das Gesetz tritt am 1. Oktober 1997 in Kraft. §§ 6, 15 und 16 treten am Tag nach der Bekanntgabe in der Lovtidende (Anmerkung des Übersetzers: elektronische Zeitschrift, von der dänischen Regierung herausgegeben) in Kraft.
Abs. 2 (Übergangsbestimmungen in Bezug auf das Gesetz 460 vom 10. Juni 1997 werden nicht angeführt)

§31. (Nicht angeführt)

§ 32. Dieses Gesetz gilt nicht für die Färöer Inseln und Grönland, kann aber auf königliche Anordnung für die Färöer Inseln in Kraft treten, jedoch mit den Abweichungen, welche die speziellen färöischen Umstände zulassen.

Gesetz Nr. 535 vom 8. Juni 2006 beinhaltet folgende Bestimmungen in Bezug auf das Inkrafttreten und die Übergangsbestimmungen:

§ 2 Das Gesetz tritt am Montag, 1. Januar 2007, in Kraft.

Abs. 2 § 15, Abs. 1 des Gesetzes in Bezug auf die künstliche Befruchtung bei ärztlicher Behandlung, die Diagnostik, Forschung usw., welches durch den §1, Abs. 6 dieses Gesetzes geändert wird, tritt am Tag nach der Bekanntgabe in der Lovtidende in Kraft und kommt für alle entnommenen und eingefrorenen Eizellen mit dem Tage des Inkrafttretens des Gesetzes zur Anwendung.

Innen- und Gesundheitsministerium, am 4. September 2006
Lars Løkke Rasmussen/John Erik Pedersen

www.ingramcontent.com/pod-product-compliance
Ingram Content Group UK Ltd.
Pitfield, Milton Keynes, MK11 3LW, UK
UKHW021905290926
8980IPUK00015B/1075

9 783631 653272